홀리 에로스

HOLY EROS : Recovering the passion of God

James D. Whitehead and Evelyn Eaton Whitehead

Copyright © 2009 by James D. Whitehead and Evelyn Eaton Whitehead
Published by Orbis Books, Maryknoll, New York 10515-0308
Korean translation copyright © 2014 by ST PAULS, Seoul, Korea

원초적 생명의 에너지
홀리 에로스

발행일 2014. 7. 31.

글쓴이 제임스 D. 화이트헤드, 에벌린 이튼 화이트헤드
옮긴이 성염
펴낸이 서영주
총편집 한기철
편집 손옥희, 김정희 **디자인** 강은경
제작 김안순 **마케팅** 김용석 **인쇄** 영신사

펴낸곳 성바오로
출판등록 7-93호 1992. 10. 6
주소 서울특별시 강북구 오현로7길 20(미아동)
취급처 성바오로보급소 **전화** 944-8300, 986-1361
팩스 986-1365 **통신판매** 945-2972
E-mail bookclub@paolo.net
www.**paolo**.net
www.facebook.com/**stpaulskr**

값 16,000원
ISBN 978-89-8015-842-3
교회인가 서울대교구 2013. 12. 16 **SSP** 994

이 도서의 국립중앙도서관 출판예정도서목록(CIP)은 서지정보유통지원시스템 홈페이지(http://seoji.nl.go.kr)와 국가자료공동목록시스템(http://www.nl.go.kr/kolisnet)에서 이용하실 수 있습니다. (CIP제어번호 : CIP2014022292)

이 책은 저작권법의 보호를 받으므로 무단전재와 무단복제를 금합니다.
이 책 내용의 전부 또는 일부를 재사용하려면 반드시 저작권자와 성바오로출판사의 동의를 얻어야 합니다.

원초적 생명의 에너지

홀리 에로스

제임스 D. 화이트헤드 · 에벌린 이튼 화이트헤드 글
성염 옮김

성바오로

에로스와 영성 생활 사이의 깊숙한 상호 침투,
이 점을 다시 한 번 탐구할 필요가 있다.
서구 그리스도교 세계에서 엄청나게 고민하는 이 영역은
성적性的인 것이 영적靈的인 것을 만나서
하느님께 이르는 새 오솔길을 찾아내 주기를
간절히 기다리는 중이다.

- 찰스 테일러

(Charles Taylor, *A Secular Age* p.767 : 2007년 종교학 발전에 기여한 인물에게 수여하는 템플턴상 수상)

차 례

서문
오늘날의 영성 탐구

1부 에로스와 그레이스의 혼인

1. 에로스라는 이름 · 023
생명 에너지에 이름을 붙여 불러 주기

2. 그레이스라는 이름 · 038
하느님의 축복과 호의 받아들이기

3. 정열적이고 무절제한 하느님 발견하기 · 055

4. 에로스의 영성 · 072
우리 마음의 욕망을 '위해서' 기도드리기

2부 에로스와 함께하는 육체의 로맨스

5. 일상생활의 에로스 · 089
관능, 감정, 성

6. 몸의 은혜로움 · 106
지혜와 에너지의 창고

7. 우리 몸과 친해지기 · 124
한계가 없지 않으나 사랑스럽고 거룩하다

8. 쾌락의 에로스 · 141
현존, 그리고 고마운 마음에 이르는 길

3부 에로스에 이르는 뜻밖의 통로

9. 희망의 에로스 · 157
다른 세상에서 온 초대받지 않은 심부름꾼

10. 고통의 에로스 · 172
저항하고 또 수용하는 에너지

11. 분노의 에로스 · 189
사회 변화의 원동력

12. 동정의 에로스 · 206
정의를 추구하는 열정의 다리

4부 에로스의 리듬

13. 현존과 부재 · 225
빛과 어둠을 존중하기

14. 붙잡기와 놓아주기 · 241
관계 맺음의 규칙 배우기

15. 축제와 단식 · 253
영혼에 자양분을 주기

16. 에로스의 그늘 · 263
생명의 에너지가 길을 잃을 때

결론 · 277
선물의 에로스

서문
오늘날의 영성 탐구

영성spirituality은 하느님의 살아 계시는 실재에 드리는 우리의 응답이다. 하느님의 이 신비는 예수 그리스도라는 사람으로 우리에게 드러난다. 그 신비가 우리 그리스도인을 위해서 '육신을 취하신' 것이다. 하느님의 실재는 그분의 영으로 늘 우리를 품고 계신다. 그 영은 우리 가운데서 그리고 역사의 어디서든 활동하신다. 우리를 격려하고 희망을 갖게 하시며, 하느님께서 만드신 세상에서 우리가 행하는 창조와 온정과 정의의 원천이 되신다.

그리스도교 영성은 성경이 전승하는 이야기와 상징으로 구체화된다. 성경은 하느님의 영을 추상적인 철학 용어가 아니라 그보다 훨씬 오래되고 더욱 실제적인 용어인 '루아'ruah, 곧 '숨'이라는 히브리 단어로 설명한다. 이 이미지는 우리 자신의 호흡처럼 친숙하고, 산소만큼 불가결한, 갈망을 드러내는 한숨이나 신음과도 같은 하느님의 친밀함을 불러일으킨다. 신앙 공동체는 이 신비로운 현존과, 모든 피조물을 구원하시려는 그분의 목적을 경외하며 하느님의 영에 힘을 받아 그분을 따르는 삶을 살려고 노력하는 사람들의 모임이다. 이 공동체는 우리의 공통된 소명, 즉 말씀과 성사聖事로 세상에 쏟으시는 하느님의 사랑을 증거하는 예수님의 사명에 동참하라는 소명을 키워 낸다.

그렇지만 신학자 마거릿 마일즈[1]가 지적하는 것처럼 서구 그리스도교의 영성 전통은 성경의 세계관과 상치하는 두 가지 기본 전제의 영향을 받았다. 첫째는, 인간의 일상 세계보다 훨씬 고상한, 별도의 영적 차원이 있다는 것이다. 둘째는, 우리는 신앙인으로서 사람들과 세상사와 거리를 두어야 하며, 그래야만 영적인 영역에 더 충실할 수 있다는 것이다. 이런 전제는 복음서에 근거하지 않고, 육신 대 영혼, 열정 대 이성, 에로스_eros_ 대 아가페_agape_를 설정하는 서구 철학 사상의 이원론二元論에 뿌리를 둔다.

우리에게 친숙한 신앙인의 자세도 이런 대립 개념을 반영한다. 우리는 '영성'을 '성스러운 영역'으로 간주하며 세속의 근심과 책무에서 벗어난 안식처로 그것을 찾아왔다. 영성은 우리를 초자연 영역과 연결해 준다. 우리는 그 영역이 일상생활보다 무한히 가치 있다고 배웠고, 영靈이 우리의 '낮은 본성'과 육체의 요구나 필요에서 풀려나고 싶어 한다고 배웠다. 이런 식으로 영성을 이해하는 풍조가 여전히 많은 사람들에게 통하고 있으며, 그런 사람들은 자신의 실생활에서 본성의 욕구와

---

[1] cf., Margaret Miles, *Practicing Christianity. Critical Perspectives for an Embodied Spirituality* (New York, Wipf and Stock, 2006).

영성 사이의 긴장이 예리하게 작용하고 있다고 느낀다. 그렇지만 그리스도인들은 은총을 체험함으로써 이런 대립이 가깝게 느껴지지 않으며 그릇된 것임을 차차 알아 가고 있다.

오늘날 많은 신앙인들이 '세상의 영성'을 추구한다. 일상의 삶에서 우리 존재가 하느님의 영과 접촉하기를 간절히 바란다. 보이는 일상성 그대로, 위기와 더불어 위안이 교차하는 형태 그대로 가장 리얼한 세계에, 우리 삶 속에 살아 계시고, 우리 세계 안에 살아 계시는 하느님의 영에 접속하기를 동경한다. 영적 탐구는 세상과 연결되는 의미 있는 길을 추구한다. 진정한 기쁨을 가져오는 소소한 즐거움들을 들어 올리고, 시대적 징후를 내포하는 복합적인 문제들을 직시하게 하는 그런 길을 찾는 것이다.

만연한 인간적 갈증

영성은 그리스도인의 체험에 국한하지 않는다. 역사 전반에 걸쳐 전 세계의 지혜 전승은 인간의 마음이 영적인 것을 향하도록 일깨워 왔다. 오늘날 여러 지역에서 또 다양한 배경에서 사람들은 영성이 자기 삶의 유의미한 차원임을 분명히 인식한다. 자신의 영적 탐구에 관해 이야기를 나누고 인생을 영적 여정으로 보기도 한다. 그리고 그 여정이 유다교, 불교, 이슬람교, 그리스도교 같은 특정 종교의 유산을 믿고 실천하는 데서 지지를 얻는 수가 참으로 많다. 그러나 "나는 영적인 것을 추구하는 사람이다. 하지만 신앙인은 아니다."라고 단호하게 말하는 사람들도 많다. 때로는 변명을 위한 말이기도 하지만, 모종의 분노나 원망에서 나오는 말인 경우도 많다. 그 단호함에는 "내가 자란 종교 집단이 내게 반감을 품게 만들었다."는 저의가 담겨 있다. 혹은 "내 종교 전승에서 물려받은 많은 신조가 더 이상 믿을 만한 것이 못 된다, 내가 '종교'로 알고 있던 것이 빛과 어두움, 믿음과 의혹이 뒤섞인 복합적인 내 여정에 대응해 주지 못한다."는 것이다. 사람들은 자신이 믿어 온 종교적 배경을 등지면서 어떤 상실감을 갖고, 영혼 깊은 곳에서는 계속 자양분을 갈망하고 있다고 인식한다.

  오늘날 세계적으로 수백만의 사람들이 특정한 종교나 영성 전통의 신조와 믿음을 그들 신앙심의 확실한 표시로 받아들인다. 그러나 많은 현대의 구도자들이 그들의 신앙심을 그와 다르게 표현하고 있다. 여러 영성 전통에서 신조와 수행 방식을 채택하기도 하고, 정형화된 모든 종교 전통을 떠나 자연이나 예술, 과학에서 신조를 찾기도 한다. 그렇지만 그 모든 표현에서 영적 여정은 신뢰할 만한 대상으로서 '자아'self보다 폭넓은 무엇을 모색하며, 인간과 삶을 변화시키는 실재와 성실한 접촉을 가지며 살겠다는 노력을 드러낸다.

신학자나 사회 과학자 등 오늘날의 학자들은 영성의 기본 의미에 대한 근원과 갈증은 인간성의 일부라고 말한다. 그런 염원을 종교적이라고 규정하기를 껄끄러워하는 사람들마저도 이 영적 감수성이 매우 광범위한 인간 특성이라고 인식한다. 그러나 '포괄적' 영성이라는 것은 없다고 말할 것이다. 의미에 대한 갈망, 초월에 관한 자각, 성스러움에 대한 체험, 이런 것들은 특정한 언어, 독특한 신조, 구체적 실천으로 표현되고 있다.

이 책에서는 오늘날 그리스도교 전통의 영적 탐구를 뒷받침하는 영적 자원(언어, 신조, 실천에 뿌리를 둔)을 검토할 것이다.

오늘날의 영적 탐구

오늘날의 영적 탐구는 가정생활과 직장, 공적 참여 활동 등의 일상적 경험을 더욱 깊이 탐색한다. 이들 친숙한 삶의 배경은 우리가 세상이 필요로 하는 것에 호응하는 기회를 제공한다. 한걸음 더 나아가 우리는 이런 만남들이 성스러운 공간임을 인식하며, 일상적으로 바로 거기서 하느님을 만나게 된다. 더 적절한 표현을 쓴다면, 바로 거기서 하느님이 우리를 만나신다.

　　오늘날 그리스도인들은 인간다운 번영을 모색한다. 그래서 인간 공동체의 실제적 웰빙을 추구하며, 이는 복음서가 영감을 준 목표이기도 하다. 사회생활에 창조적으로 참여하는 것이 그리스도인의 소명의 일부라고 자각한다. 지구를 보살필 책무, 사람에 대한 봉사는 곧 종교적 헌신으로 받아들여지고 있다. 이런 행위로써 우리는 은총으로 인류를 변화시키신다는 하느님의 약속이 실현되도록 돕는다.

　　현대의 영성은 여러 세기를 걸친 그리스도교 공동체가 증명한 신앙에서 지속적으로 그 힘을 얻는다. 그러나 오늘날 많은 그리스도인들을 위한 영성은 견고한 신앙인의 종교적 정체성에 뿌리를 둔 것이라기보다 하느님과 펼쳐지는 관계에 있다. 그 관계는 친밀함이 깊어지면서 함께 오는 성장, 불확실성, 그리고 경이감을 특징으로 한다. 그러니까 영성은 '영혼의 상태'라기보다 신적인 신비의 포옹*embrance of the Divine Mystery*이다.

　　오늘날 종교적으로 헌신하는 삶을 살아가는 사람들 다수가 특정한 신학적 교리의 신빙성에 그들 영성의 기반을 두려 하지 않는다. 오히려 그들의 영성은 인생의 경험을 둘러싼 끊임없는 의문들에 유의하는 자세에서 더 드러난다. 종교 지도자들은 영적 감수성에서 이 같은 축의 변화가 있음을 인정한다. 예를 들어 미국 주교들은 교회가 우리 시대의 영성적 갈망에 호응하고 싶다면 "상징적이고 정서적인 체계가 새로 필요하다."고 인정한 바 있다. 현대의 영성적 여정을 불러일으키는 갈증과 희망을 둘 다 표현하려면 신선하고도 설득력 있는 이미지, 정서적 반응이 풍부한 이미지들이 요구된다는 말이다.

    신학자들 사이에서도 우주와 우리 실존의 궁극적 신비를 유념하는 자각이 커지고 있다. 종교적 믿음을 표현하던 전통적인 형식문들은 우리가 너무 많이 알고 있다는 주장처럼 비쳐져 왔다. 그런 개념들은 너무 자세하고 너무 분명하고 너무 확실하다. 그러나 '하느님'은 풀어야 할 문제도 아니고 추론 이성으로 입증해야 할 이론도 아니다. 하느님의 실재에 관한 신학의 파악은 어디까지나 부분적임을 인정하기 때문에 현대 신학은 훨씬 실험적이다. 거룩한 초월성에 관한 상징을 풀이하는 해석들도 여전히 정화와 발전을 향해 열려 있지 않으면 안 된다.

    오늘의 영적 탐구는 세상 한가운데 계신 신비로운 현존을 자각하는 것에서 시작한다. 그리고 이 현존은 선물처럼 온다. 창조하고 지탱하고, 화합시키고 치유하는 능력을 지닌 선물이다. 우리가 개인적으로 관계하는 현존이고, 인류를 이끌어 편협한 자기 이익을 넘어서서 삶에 더욱 충만하게 참여하도록 이끄는 현존이다. 그 현존은 단순한 정의^{定義} 따위는 무시해 버리지만, 신학자 마이클 하임스²가 우리에게 주지시키는 바와 같이, 우리에게 그 현존을 서술하는 데 '가장 덜 적절한' 정의가 있다면 '과격한 사랑'$^{radical\ love}$이라고 할 만하다.

현대 그리스도교 사상가들, 그중에서도 교황 베네딕토 16세와 철학자 찰스 테일러³는 고대 이미지의 에로스^{eros}를 '하느님의 과격한 사랑'을 나타내는 적절한 상징으로 삼은 바 있다. 성적 흥분을 통해서 알려지고 성적 흥분을 넘어서는 것으로 알려진 바로 그 에로스다. 그 생명 에너지가 세계를 휘감아 다니면서 인간들의 마음에 생기를 주고 그들 마음을 치유한다. 애정으로 또한 동정심으로 체험되고, 욕망에서도 희망에서도 또한 체득되면서 에로스는 갈수록 아량이 커진다. 그렇게 해서 성경에서 아가페^{agape}라고 묘사되는 가장 포용력 있는 사랑 속으로 에로스가 겹쳐 들어간다.

이 책은 에로스의 함양을 모색한다. 우리의 접근법은 신학자 칼

---

2 cf., Michael Himes: *The Public Significance of Theology* (New York, Paulist Press, 1993).
3 교황 베네딕토 16세, 첫 회칙 「하느님은 사랑이십니다 Deus caritas est」(2005); Charles Taylor, *A Secular Age* (Cambridge MA., Harvard Univ. Press, 2007).

라너⁴의 지침 '되찾고 넘어서다'라는 방침을 따른다. 우리는 에로스의 고대 이미지로 돌아가, 그 이미지에서 오늘날 우리 사이에서 이루시는 하느님의 활동을 드러내는 잠재력을 되찾을 작정이다. 그리고 그 이미지가 그리스도교 전통에 들어오면서 육체와 성애와 욕망에 대해서 편협한 성향을 보인 사실을 인정할 참인데, 이제 그것을 넘어설 때가 되었기 때문이다. 우리는 사회학자, 신학자, 영성 작가 같은 현대 저자들과 어깨를 나란히 하고 대화하는 가운데 정열, 쾌락, 정의, 변혁 사이에 발생하는 상호 연관을 검토할 것이다. 끝으로, 우리 노력이 과녁으로 삼는 목표는 성 이레네우스가 표명한 신뢰심, 곧 '하느님의 영광은 온전히 살아 있는 인간' gloria Dei homo vivens⁵이라는 신념을 되찾는 일이다.

---

4 cf., Karl Rahner, "Considerations on the Active Role of the Person in the Sacramental Event," in *Theological Investigations* XIV, 161–180 (New York, Seabury Press, 1976).
5 「이단 반론」, IV,20,7 : PG 7,1057; SCh 100/2, 648–649. – 편집자 주

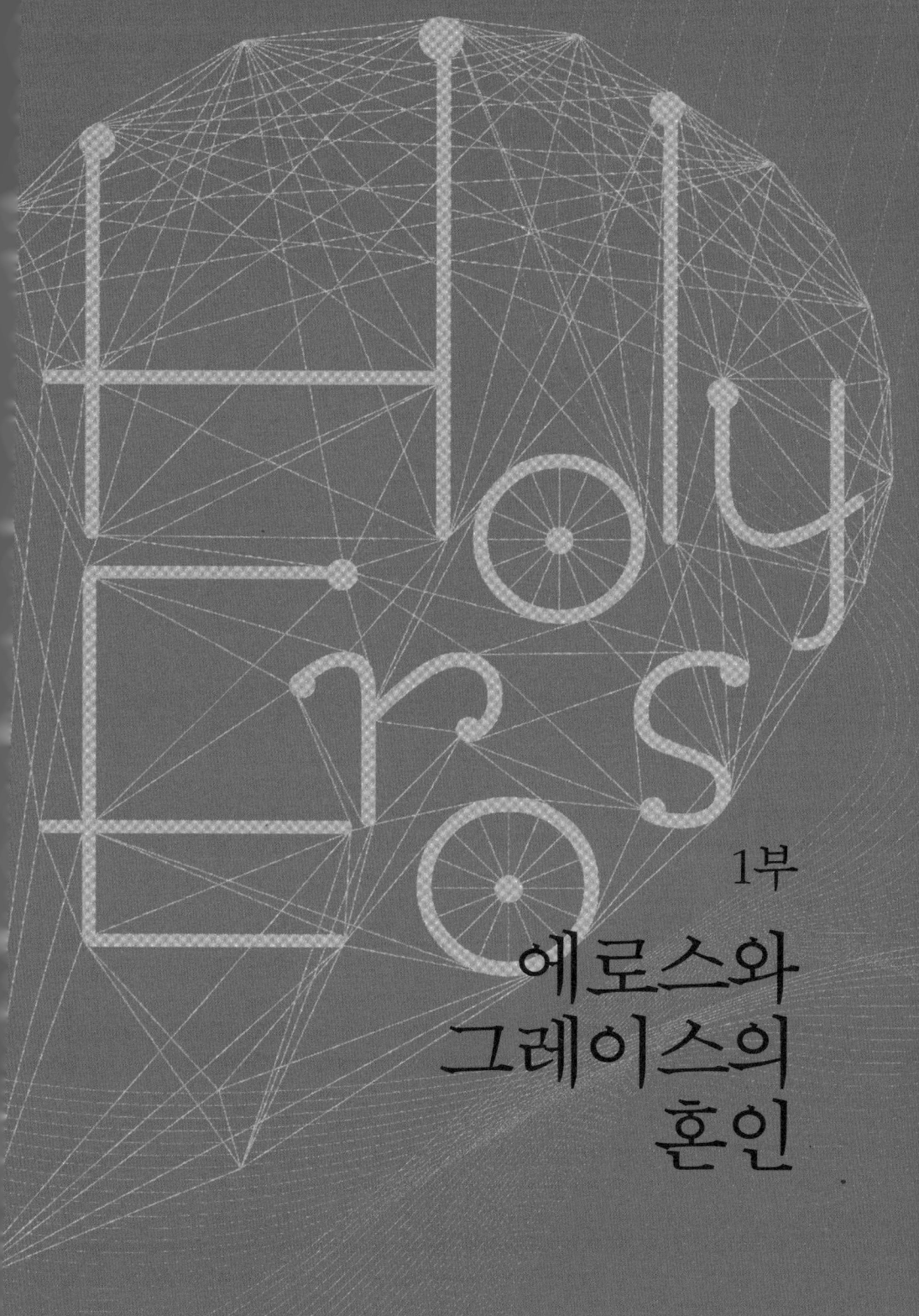

인생 여정은 에로스와 그레이스로 지탱된다.
에로스는 창조계 전부를 활성화하는 생명 에너지를 일컫는다.

우정과 사랑에 대한 욕망,
결실 풍부한 노동에 대한 욕망,
풍요로운 삶에 대한 우리의 욕망,
그 원천에 에로스가 있다.

그레이스는 자애로우신 하느님으로부터 흘러나오는
치유하는 에너지를 일컫는다.
그것은 동정심과 희망으로 세상을 변화시키는 에너지이다.

에로스와 그레이스는 하느님의 마음에서 서로 포옹한다.
그러나 우리 삶에서는 이 둘이 자주 헤어진다.

1부에서는 에로스와 그레이스라는 생명 에너지를
조화롭게 결합하고자 하는 인간의 갈증을 탐구한다.

1. 에로스라는 이름
생명 에너지에 이름을 붙여 불러 주기

에로스는 우리 성애 性愛 한가운데서 불꽃을 낸다,
삶에 참여하는 모든 열정을 주입시키면서.

하느님은 생명의 하느님이다. 박력 있고 경이롭고 또한 엄청난 extravagant 생기 生氣를 지니신 하느님이다. 창조계는 세상에 계시는 하느님의 현존, 그 넘치는 에너지를 입증한다. 우리가 품는 관대함, 용서를 베푸는 놀라운 능력, 끝없이 그 이상의 생명을 희구하는 욕망은 하느님이 주신 이 에너지가 우리 안에 있음을 증명하고도 남는다. 에로스 Eros! 고대 그리스에서는 어느 신 하나를 꼽아 이 말을 썼는데, 지금은 은유적으로 그리스도인들이 하느님의 선물로 인식하는 생명 에너지를 일컫는다.

에로스의 이름을 불러 주기

✚ 에로스란 세상을 휘돌아다니는 생명 에너지로, 모든 생명체에 활기를 불어넣는다. 꽃송이가 해님에게 얼굴을 돌리게 만드는 힘이고, 인간이 서로를 어루만지게 충동하는 에너지이며, 사람들로 하여금 바깥

으로 뻗어나가 그들 삶을 서로 영속적으로 엮어 가게 만드는 활력이다. 어린아이가 흙 속에 반짝이는 구슬을 손으로 집어 입으로 가져가도록 충동하는 자연 그대로의 에너지, 그것이 에로스이다. 에로스는 만지고 싶고 맛보고 싶고 먹어 버리고 싶어 한다.

✢ 에로스는 고통과 마주칠 때 우리 마음을 북돋우도록 돕고 치유하도록 움직이는 힘이다. 성性, 호기심, 동정심… 에로스는 우리 삶 전부를 관통해서 희열에 차게 만들고, 또 갈피를 못 잡게 휘젓는다. 책임지는 삶을 살아가려면 우리는 이 정체 모를 힘에 이름을 붙여 주고 또 길들여야 한다.

✢ 에로스는 가까워지고 싶은 욕망이다. 고독에서 빠져나오게 우리를 움직여 우정과 사랑을 믿으려는 모험을 하도록 우리를 떠미는 본능적 소망이다. 에로스는 결속을 향한다. 안아 주기를 보호받기를 기다리는 것들, 곧 아름다운 타인과 괴로워하는 사람과 자연 세계와 결속하게 한다.

✢ 에로스는 우리와 타인 사이를 좁히려는 갈망에서, 우리 마음의 욕망에 결합하려는 열망에서 드러난다. 신학자 제임스 넬슨[6]은 에로스를 묘사하여 '충만함과 깊은 결합을 향한 열망, 신적이면서도 인간적

---

[6] James Nelson, "Love, Power, and Justice in Sexual Ethics," in Lisa Cahill – James Childress eds., *Christian Ethics* (New York, Pilgrim Press, 1996), 284-298. [p.288].

인 에너지, 결합을 향하고 그 결합에 소속하고 싶어 하는 충동'이라고 했다.

갈망은 욕망에 부재 absence 라는 꼬리표를 붙인다. 잃어버린 연인, 지평선 저 멀리 아득한 희망, 손에 잡히지 않는 이상이 그러하다. 에로스는 아우구스티노가 "오, 하느님, 우리 마음이 안달합니다. 당신 안에 쉬기까지 우리 마음은 안달합니다."라고 기도하던 갈망이다.7 갈망으로서 에로스는 모든 인간 현존 안에 숨어 기다리는 어떤 부재不在를 나타낸다. 포옹도, 아무리 진지하고 믿음직한 포옹을 할지라도 우리는 그것과 영원히 함께할 수 없을 것이라는 두려움을 느낀다. 연인도 우리 자신도 결국 죽어 없어질 것이 분명한데 어떻게 우리 사랑이 영원하겠는가?

에로스가 우리 삶에서 빠져나가 버릴 때 우리는 에로스를 가장 극적으로 절감한다. 앤드류 솔로몬8은 자신이 우울증과 싸워 온 이야기를 담은 감동 소설 「정오의 악마」9에서 "우울의 반대는 행복이 아니라 생기生氣다."라고 썼다. 우울은 우리에게서 생기를 앗아간다. 기쁨과 고통이 뒤섞인 삶을 살아야 하는 우리가 우울증을 앓을 때 에로스의 생명 에너지는 우리를 내팽개친 듯, 유기한 듯 느껴진다.

우울증을 겪을 때는 세상에 대한 흥미를 잃으면서 열정이 우리를 떠난다. 극심한 우울증을 겪고 나면 중요한 깨달음을 얻게 되는데,

---

7 아우구스티노, 「고백록」 (성염 역주, 경세원, 2013) 1.1.1.
8 Andrew Solomon, *The Noonday Demon* (New York, Scribner, 2001), p.443.
9 이 책은 2004년 6월에 민음사에서 「한낮의 우울」이라는 제목으로 출간되었다.

그것은 그 에너지가 우리에게 속한 것이 아니라는 점이다. 즉 우리가 소유할 수 있는, 우리 것이 아니다. 에로스의 활력은 생득적인 것이 아니라 선물이며 은총이다.

에로스란 전통적으로 육체의 욕망과 즐거움에 붙여진 이름이다. 에로스는 그리스 신화를 거쳐 서구의 이미지 속으로 들어왔다. 고전 설화에서 에로스는 신들 가운데 가장 젊은 신의 이름이다. 저항할 수 없는 매력을 지녀 신과 인간의 마음을 사로잡았다. 초기 그리스 창조 설화는 에로스에게 육감적 사랑의 신 이상의 배역을 맡긴다. 에로스는 혼돈 속에 있는 우주에 질서를 세운 힘이다. 흩어져 있는 실재의 원소元素들을 한데 모아 인간 세계를 만들었다. 그러니까 '에로스'라는 용어의 원래 의미는 성적인 것 이상을 포괄한다.

그처럼 초기 신화에서 에로스는 생명을 제공하는 역동적 에너지를 의미했다. 창조와 파괴의 잠재력을 동시에 지닌 에너지로, 생명의 필수적 활력을 제공하면서도 그 위력이 소진되거나 파괴될 수 있었다. 그래서 에로스는 신의 선물로 받들어지는 한편, 광기狂氣의 원천으로도 간주되었다. 에로스 없는 삶은 차갑고 공허하지만, 길들이지 않은 욕망의 격정은 한 인간을 광기로 몰아갈 수도 있었다.

유다인 학자들이 히브리어 경전을 그리스어로 번역할 때 성경에 있는 육감적 애정과 에로틱한 사랑 이야기들을 어떻게 번역할 것인가 하는 문제에 직면했다. 에로스가 신의 이름인 줄은 알았지만 그 신은 그들의 하느님이 아니었다. 그래서 에로스라는 단어는 히브리어 성경에도 그리스어 신약 성경에도 나타나지 않는다. 딱 한 번의 예외를 빼놓고는.

잠언에 간음한 여자의 이야기가 나온다. "여자는 안절부절못하고 그 발은 집 안에 붙어 있지 못한다."(잠언 7,11) 그 여자가 한 남자를 집으로 불러들인다. "자, 우리 아침까지 애정에 취해 봐요. 사랑(에로스)을 즐겨 봐요. 남편은 집에 없어요. 멀리 길을 떠났거든요."(잠언 7,18-19) 성경에 유일하게 나타나는 에로스라는 말은 간통하는 정욕과 동일시된다.

성경에 나오는 사랑의 언어

창조계에 생기를 불어넣는 생명의 에너지로서 에로스의 실재가 성경에 없지는 않다. 하지만 이 변덕스러운 힘은 그리스 문화를 둘러싼 여러 신화에 그 명성이 뒤얽혀 있어 꺼림칙한 느낌을 주곤 했다.

'아가'는 성경에서 가장 에로틱한 책이다. 그런데 여기서도 번역자들은 '사랑'을 표현할 어휘를 찾으면서 '에로스'라는 단어는 피했다. 대신에 성스러운 시가_{詩歌}에서 연인들의 육감적 희열과 심리적 애정을 한데 지칭하려고 다른 그리스어 작품에서 단어를 골랐는데, 그것이 아가페*agape*이다.

"그이의 눈은 시냇가의 비둘기 같아… 그이의 몸통은 청옥으로 덮인 상아 조각이랍니다. 그이의 다리는… 하얀 대리석 기둥. 그이의 입은 달콤하고 그이의 모든 것이 멋지답니다."(아가 5,12.14-15.16)

이 시는 남녀의 정열적인 애정을 노래하는데, 아이들이나 결혼에 대한 언급은 거의 없다. 연인은 서로 육체의 아름다움을 노래하고 상대방과 함께하는 즐거움을 노래한다. 그들의 관계는 충분히 쌍방적이며 종종 여자가 에로틱한 교제를 주도한다.

　　에로틱한 이 텍스트는 여러 세기 동안 유다교와 그리스도교 학자들을 당황시켰다. 성적인 암시로 가득 찬 이미지들이 많은 사람의 심기를 불편하게 했지만, 저자가 위대한 솔로몬 왕이라고 알려져 있어 그들 신앙 공동체로서는 이 텍스트를 정경正經으로 받아들이지 않을 수 없다고 느꼈다.

　　텍스트를 존중하기로 한 이상 특별한 해석이 필요했다. 성적 이미지들은 하느님과 인간 영혼 사이의 강한 사랑을 나타내는 비유여야 했다. 인간 연인의 감미롭고 격정적인 애정이 아니라, '영성적' 신심信心에 정확히 초점을 맞추어 이해함으로써 이 시가는 구제받을 수 있었을 것이다. 그래서 이 텍스트의 에로틱한 충동을 '영성화'靈性化하는 전통이 비롯되었다. 십자가의 요한과 아빌라의 데레사 같은 그리스도교 신비가들도 인간과 하느님 사이의 사랑을 표현하는 데 성적 이미지를 동원했다. 하지만 그 에로틱한 신심은 서구 전통의 변두리에 머물렀고 지배적 전통은 관능과 영성 사이의 이분법을 지지했다.

　　성경의 하느님 눈에 든 여인 룻의 이야기에서도 성과 관능이 중심 역할을 한다. 룻은 유다 남자와 혼인한 모압 여자였다. 남편이 죽자 룻은 이방인 여자인 데다 아이 없는 과부였으므로 맨 뒤로 처지는 아웃사이더였다. 그러나 시어머니 나오미는 며느리 룻에게 다정했고 그녀를 이스라엘로 데려갔다. 룻이 나오미에게 하는 맹세처럼 두 여인 사이에 유대감이 깊었다. "어머님 가시는 곳으로 저도 가고 어머님 머무시는 곳에 저도 머무릅니다. 어머님의 겨레가 저의 겨레요 어머님의 하느님이 제 하느님이십니다. 어머님께서 숨을 거두시는 곳에서 저도 죽어 거

기에 묻히렵니다."(룻 1,16-17)

룻은 이스라엘에서 살길을 찾아야 했다. 그녀가 유다 율법을 배워 알기로는, 추수 때 밭의 주인은 밭에 곡식을 조금 남겨 가난한 사람들이 그것을 줍게 해야 했다. 룻은 자기에게 '호의를 베풀어 주는 사람' 곧 밭의 주인을 찾아가기로 했다. 그리고 이야기는 룻이 '우연히' 보아즈라는 부자의 밭에 이르렀다고 이어진다. 남자는 룻을 눈여겨보았고 그녀에게 신변 보호를 제시하며 자기 밭에서 곡식을 거두라고 허락한다. 룻은 그의 친절에 당황했고 직설적으로 그에게 묻는다. "저는 이방인인데, 저에게 호의를 베풀어 주시고 생각해 주시니 어찌 된 영문입니까?"(룻 2,10)

그 다음 에로틱한 장면이 함축된 이야기가 더해진다. 보아즈가 일꾼들을 데리고 보리를 까부는 날 저녁에 나오미는 타작마당으로 가라고 룻을 떠민다. "그러니 너는 목욕하고 향유를 바른 다음에 겉옷을 입고 타작마당으로 내려가거라."(룻 3,3) 나오미는 룻에게 보아즈 옆에 가서 누우라고, 그래서 그 남자가 아침에 일어나 여자가 자기 곁에 누워 있는 것을 알고 깜짝 놀라게 (그리고 행복하게) 만들라고 일러 준다. 룻은 보아즈의 '눈에 들었다.' "그가 룻과 한자리에 드니, 주님께서 점지해 주시어 룻이 아들을 낳았다."(룻 4,13) 그 아이가 다윗 왕의 조부였고 결국 예수님의 조상이 된다. 아웃사이더 룻이 나오미와 보아즈의 총애를 얻었고 하느님에게서 온 그 '총애'는 아들의 출산이라는 결실을 맺었다. 그리고 누구의 '눈에 들었다'는 문구는 이후 하느님의 그레이스*grace*를 표현하는 일상어가 되었다. 룻의 이야기에서 에로스와 그레이스가 놀랍고도 풍부한 결실의 모양으로 마주 끌어안는다.

에로스와 아가페

신약 성경 저자들도 인간 사랑과 하느님 사랑을 묘사하는 데 적절한 단어를 선택해야 했다. 유다인 조상들처럼 이 저자들은 에로스가 그리스 신화에서 어떤 신의 이름으로 널리 쓰인 사실을 잘 알았다. 그 단어가 격정과 에로틱한 희열을 함축한 것이어서 종교 경전의 텍스트에는 들어맞지 않는 것처럼 보였다. 그들에게는 사랑을 표현하는 다른 두 단어, 곧 아가페^{agape}와 필리아^{philia}가 있었다. 요한 복음의 "하느님께서는 세상을 너무나 사랑하신 나머지 외아들을 내주셨다."(요한 3,16)는 유명한 구절에서 하느님의 사랑은 그리스어 텍스트에서 '아가페'[10]로 나온다. 이 단어는 창조주와 예수님이 온 인류에게 품은 포용적 사랑을 가리키는 말이 되었다. 요한 복음 11장에는 사랑하는 라자로의 죽음을 비통해하는 예수님의 슬픔이 나온다. 여기서 복음서 저자는 '필리아'^{philia}라는 단어를 골랐다.[11] 이 단어는 그리스도인들이 서로에게 품어야 하는 형제애를 나타내게 된다.

신약 성경에는 '에로스'가 나오지 않았으나 동방 교회에서 그리스어를 사용하던 초기 신학자들은 하느님 사랑과 인간 사랑을 표현할 때 이 단어의 사용을 어색해하지 않았다. 니사의 그레고리오는 "영혼의 눈이 우리가 가까이 할 수 없는 하느님 본성의 아름다움에 고정될 때 영

---

10 αγάπη – 편집자 주
11 "예수님께서는 눈물을 흘리셨다. 그러자 유다인들이 '보시오, 저분이 라자로를 얼마나 사랑하셨는지!ephilei' 하고 말하였다."(요한 11,35-36)

혼이 품게 되는 참을 수 없는 사랑을 전달하는 데는 '에로스'가 '아가페'보다 낫다."고 믿었다.[12] 오리게네스도 그의 아가서 주해에서 긍정적인 의미로 이 단어를 사용했다. 5세기 위(僞) 디오니시오는 하느님의 신성한 갈망(에로스)에 대해 썼다.[13]

그러는 동안 서방 교회에서는 인간의 열정에 대해 더욱 비관적인 관점이 확산되었다. 신학자들은 이기적이고 세속적인 사랑인 '에로스'와 관대하고 거룩한 사랑인 '아가페' 사이에서 뚜렷한 이분법적인 견해를 갖게 되었다. 원죄에 관한 아우구스티노의 신학은 인간 본성에 깊은 균열, 즉 우리의 모든 열정을 신뢰할 수 없게 만드는 균열이 있다고 지적했다. 종교 개혁가 루터와 칼뱅은 바로 이 비관적 관점을 채택해, 타락한 인간 본성에서 우리를 하느님께 인도할 수 있는 것은 없고 은총이 있어야 비로소 가능하다고 주장하고자 했다.

인간 본성에 관한 이러한 해석은 20세기 루터교 신학자 안더스 니그렌의 저작에 틀을 제공했다. 「아가페와 에로스」[14]에서 니그렌은 '에로스'란 본질적으로 인간 욕망의 자기중심적 표현이라고 설명하고, '아가페'는 하느님의 전적으로 자기 증여적인 사랑이라고 이름 붙였다. 니그렌은 여기서 근본적인 대립을 본다. 에로스와 아가페는 본질적으로

---

12 cf., Peter Black, "The Broken Wings of Eros. Christian Ethics and the Denial of Desire." *Theological Studies* 64(2003), 110.
13 cf., Philip Sheldrake, *Befriending Our Desires* (Ottawa CA., Novalis, 2001), p.45.
14 cf., Anders Nygren, *Agape and Eros* (Sweden 1930/1936)(Chicago, 1953). 고구경 역 「아가페와 에로스」(크리스챤다이제스트, 1998)

다른 두 가지 사랑을 대표한다. 샐리 맥페이그[15]가 지적하듯이, "니그렌의 입장은 인간 존재의 하찮음에 근거하고 있다." 결국 니그렌은 에로스를 '아가페의 부패'로 본다.

니그렌의 작품은 여러 세대의 그리스도교 사상가들에게 영향을 끼쳤고, 신학적, 사목적 저술들에 채택되어 해석이 되었다. 그러나 1950년대부터 니그렌의 영향력은 사그라지기 시작했고 프로테스탄트의 폴 틸리히[16]와 가톨릭의 마르탱 다르시[17] 같은 신학자들이 에로틱한 사랑에 대한 그의 철저히 비관적인 견해에 도전하기 시작했다.

에로스를 다시 살리기

현대의 많은 학자들이 이런 도전에 목소리를 합했다. 교황 베네딕토 16세는 첫 번째 회칙 「하느님은 사랑이십니다」에서 인간과 하느님의 사랑의 상호 보완성에 대해 훨씬 긍정적인 가톨릭의 견해를 제시한다. 이 서한은 교의를 개관하는 것으로 시작하지 않고 '에로스'의 토론으로 시작한다. 베네딕토 교황은 이 용어를 거듭 사용하며 '에로스'를 "남녀 간의 사랑, 어떤 계획이나 의도에서 나온 것이 아니라 어느 모로 분명히 인간에게 부여된 것"(3항 참조)이라고 정의했다. 그는 이 힘의 풍부한

---

[15] Sallie McFague, *Models of God* (Philadelphia, Fortress Press, 1987), p.206.
[16] cf., Alexander Irwin, *Eros Toward the World. Paul Tillich and the Theology of the Erotic* (New York, Wipf and Stock, 2004).
[17] Martin D'Arcy, *The Mind and Heart of Love: Lion and Unicorn. A Study of Eros and Agape* (New York, Meridian Books, 1956), p.205.

이중성은 물론, 창조적이고 결실이 풍성한 온갖 사랑의 원천으로서 확실한 이성의 통제를 넘어서서 '인간에게 부여된' 무엇임을 인정한다.

베네딕토 교황은 다음 사실을 알아보았다. "에로스는 단순히 '성'으로 전락하여 상품화되었고, 사고파는 단순한 '물건'이 되었으며, 더 나아가 인간 자신이 상품화되었습니다." 하지만 에로스가 성숙되고 정화되면 그 인간적 활력은 '최고로 승화되고' '그 진정한 위대함'에 이를 수 있다(5항 참조). 베네딕토 교황은 인간을 위하시는 하느님의 사랑을 과감히 '에로스'라고 설명했다. 온 인류를 포용하는, 어떠한 편애도 없는 '아가페'의 포괄적인 하느님의 사랑과 동시에 하느님은 각각의 인간을 각별하게 열정적으로 사랑하기에 '에로스'의 이름이 붙을 만하다. "하느님께서는 사랑하시며, 그분의 사랑은 분명히 에로스라 할 수 있지만, 또한 전적으로 아가페이기도 합니다." 베네딕토 교황은 하느님의 사랑은 필히 '영적인 것'이라는, 말하자면 초연하고 사심 없는 것이라고 정의해 온 오랜 전통을 뒤집어엎는다. 그리고 성경의 예언자들이 "당신 백성에 대한 하느님의 열정을 묘사할 때 대담한 관능적 표상들을 사용"한 점을 상기시킨다(9항 참조).

철학자 찰스 테일러[18]는 '에로스'라는 단어에게 제자리를 찾아주자는 호소에 힘을 더한다. "에로틱한 욕망과 하느님 사랑 사이에 존재하는 연계점과 그 의미를 되찾아야 한다. 유다교 전통이든 그리스도교 전통이든 그것은 성경의 전통에 깊숙하게 자리 잡고 있다. 이 단어에 새로운 표현 방식을 강구해야 한다. 그러므로 '에로스와 영성 생활의 심

---

[18] Charles Taylor, *A Secular Age* (Cambridge MA., Harvard Univ. Press, 2007), p.767.

원한 상호 연관을 다시 탐색하는 일'이 요구된다. 서구 그리스도교 세계에서 가공할 긴장이 가득한 이 영역은 하느님께 이르는 새로운 길을 찾아내기를 강력히 촉구하고 있다."

오늘날 에로스의 통로

가장 친숙한 에로스의 얼굴은 성적 매력과 거기서 일어나는 애정이다. 에로스를 성애라는 의미로 축소하고, 성애를 성행위로 축소하는 풍조이지만, 에로스의 에너지는 생명을 부여하는 여러 길로 우리를 움직이게 한다. 에로스는 창조물의 경이로움과 황홀감을 불러일으키고, 세상의 모습과 광경은 끊임없이 우리를 움직이고 생기를 불어넣는다.

앤 베터스트 질송[19]에게 "에로스는 강력한 자기애, 이웃에게 열려 있는 사랑 그리고 하느님의 사랑을 하나로 연결한다." 이 생명력은 "성적이고 육체적이고 세상적인 것을 높이 찬양한다. 그것은 육체적 경험에 뿌리를 두고, 육과 영, 인간적인 것과 신적인 것의 통합을 모색한다."

에로스는 흔히 성적 충동과 결부된다. 그러나 수필가 노엘 옥센핸들러[20]는 부모와 아이 사이에서 에로스의 현존을 절감한다. 그는 어린 딸을 돌보면서 느끼는 희열을 이렇게 묘사한다. "아기를 보면서 주체하기 힘든 벅찬 감정을 생생하게 느꼈다. 온몸에 전율이 느껴져 강렬

---

[19] Anne Bathurst Gilson, *Eros Breaking Free* (Cleveland OH., Pilgrim Press, 1995). p.110.
[20] Noelle Oxenhandler, "The Eros of Parenthood," *The New Yorker Magazine* (1996.2.19.), 47-49.

한 에너지를 누그러뜨리고 가라앉혀야 했다. 그러지 않으면 아이를 으스러지도록 껴안고 강렬한 입맞춤으로 아이를 놀라게 할 것 같았다. 이 느낌을 나는 부모로서 갖는 에로스라고 부르고 싶다. 가슴 설레는 경이로움으로 한없이 부풀어 오르는 보드라운 느낌…."

에로스는 다양한 욕망과 갈망의 움직임에서도 나타난다. 에로스는 부재 가운데, 외로움의 고통 속에서, 채워지지 않는 욕망으로 탄식하는 가운데 꿈틀거린다. 에로스는 우리를 흔들어 깨워 고통스럽게 만든다. 우리는 자신의 아픔으로 일깨워지고 다른 사람들의 고통으로 마음이 흔들린다. 동정同情에서 오는 에로틱한 흔들림은 공동 의식과 보살핌이라는 행동을 하도록 우리를 움직인다.

창조와 파괴의 잠재력을 지닌 에로스의 뿌리 깊은 양면성은 오래전부터 인식되어 왔다. 역사 전반에 걸쳐 인간 문화와 종교 전통들은 이 변덕스러운 에너지를 교화하는 여러 방법을 주창했다. 교화의 목적은 에로스를 덜 열정적이게 만드는 것이 아니라 더 인격적이게 만드는 데 있다. 활동력을 떨어뜨리는 것이 아니고 더욱 풍부하게 만드는 것이다. 우리의 성적 정열만 아니라 에로스의 다른 많은 얼굴들이 이런 교화를 기다린다.

교화를 통해서 에로스는 로맨틱한 매혹에서 한평생의 헌신으로 확장되고, 감정적 동정에서 오는 아픔으로 정의를 추구하는 용기 있는 행동으로 나아가고, 감정이 이입되면서 굽이치는 파도가 낯선 사람, 이방인, 심지어 '원수'까지도 '우리와 같은 사람', 하느님의 사랑스러운 자녀로 인식하는 성숙한 역량으로 발전한다.

에로스의 매력은 그 에너지에 있다. 기쁨의 격랑, 열정의 충동,

동정으로 일어나는 동요, 즐거움에의 몰입이 그렇다. 에로스는 끓어넘치고 간절히 바라고 그러면서도 때로 파멸시키는 에너지로 그 이상의 생명을 향해서 우리를 또다시 밀어붙인다. 이렇게 뻗어나가다 애정으로 채워지기도 하고 만족을 모르는 탐욕으로 곤두박질치기도 한다. 하지만 에로스의 에너지는 우리의 '정열적인 하느님'으로 향하는 길을 열어 주기도 한다.[21]

---

[21] cf., Bernard Cooke, *Power and the Spirit of God. Toward an Experience-Based Pneumatology* (New York, Oxford Univ. Press, 2005); Donal Dorr, *Divine Energy. God Beyond Us, Within Us, Among Us* (Liguori MO., Triumph Books, 1996).

성찰

'에로스'라는 낱말은 친숙하지 않을지 모르지만 에로스에 대한 체험은 그렇지 않을 것이다. 잠시 삶에서 이 역동적인 에너지의 움직임을 느낀 순간을 살펴보자.

신체적 활력으로서의 에로스
갈망이나 욕망으로서의 에로스
동정으로서의 에로스
성적 충동으로서의 에로스
사랑으로서의 에로스

이 많은 에로스의 얼굴 가운데 가장 친숙한 것은 무엇인가? 삶에서 에로스의 그런 움직임을 최근에 느낀 경험을 떠올려 본다.

에로스의 많은 얼굴 가운데 낯설고 개인적인 경험과 거리가 먼 것은 무엇인가?

이상의 몇 가지 외에 현재 삶에서 의미 있게 와 닿는 에로스의 다른 움직임은 무엇인가?

2. 그레이스라는 이름[22]
하느님의 축복과 호의 받아들이기

> 은총이란 우리 신체에 입력되는 양육이며
> 도전이자 치유라는 영적 능력이다.

은총, 곧 그레이스^{grace}는 그리스도인의 삶 한가운데 자리 잡고 있다. 귀에 익은 성가에서 노래하듯이 '놀라운 은총'은 우리를 신앙으로 일깨우고 온갖 실수와 좌절에서 돌려세운다. 그런데 이 신비스러운 실재는 도대체 무엇일까? 여러 세기에 걸쳐 은총에 관한 그리스도교의 이해는 점차 추상적으로 변해 버렸다. '에로스'와 '그레이스'는 전혀 다른 세계에 살고 있는 듯하다. '그레이스'는 영계靈界에 속하고 하늘에서 내려와 우리 죄인들을 치유하고 돕는다. '에로스'는 하계下界에 속하고 성애와 애욕이라는 신체 영역에 속한다. 이토록 다른 두 실재는 과연 어떤 연관을

---

22 cf., Catherine Hilkert, *Naming Grace. Preaching and the Sacramental Imagination* (New York, Continuum, 2002); Robert Ludwig, "The Experience of Grace." in *Reconstructing Catholicism for a New Generation* (New York, Crossroad, 1995); Stephen Duffy, *The Graced Horizon, Nature and Grace in Modern Catholic Thought* (Collegeville MN., The Liturgical Press, 1992).

갖는가?

에로스의 생명 에너지가 우리의 창조주에 그 원천을 두고 있음을 인정할 때, 그리고 모든 은총/그레이스가 어지신 하느님에게서 흘러나오는 것을 깨닫는 때에 우리는 에로스와 그레이스의 동반 관계를 감지한다.

+ 우아한 graceful 댄서를 보라. 그의 몸은 유연한 리듬을 타고 움직인다. 뛰어오르고 빙글 도는 동작이 오랜 연습의 결과라는 것을 알지만 정말 자유롭고 자연스러워 보인다. 춤추는 여인의 몸이 마치 기도하듯이 움직일 때 그 움직임은 우리의 마음에 감동을 주고 환희를 불러일으킨다.

+ 상냥한 gracious 집주인을 보자. 그대가 그 사람 집에 들어갔을 때 다른 손님들이 많으면 어색함을 느낄 것이다. 그러나 집주인이 얼른 다가와 그대를 맞이한다. 외투를 받아 주고 사람들을 소개하면서 그대의 어색함을 가라앉혀 준다.

+ 고마워하는 grateful 마음을 보자. 수술을 받고 몇 달에 걸친 화학 요법으로 한 인간의 정신은 피폐해지고 육신은 황폐해졌다. 여러 날이 지난 어느 날 아침, 몸이 아주 조금 나아진 느낌이 든다. 미미하지만 의미 있는 변화를 감지하는 순간 희망이 솟는다. 그의 마음에는 감사함이 가득 차오른다.

'우아하고 graceful, 상냥하고 gracious, 고마워하는 grateful' 이 낱말들은 전부 "은총"이라는 뜻의 '그레이스' grace 에서 왔다. '그레이스'는 몸에 생기를 주고 정신을 새롭게 하는 놀라운 축복을 가리킨다. 가톨릭 유산에서 그레이스는 우리 몸에 입력되는 양육, 치유, 변모 같은 영적 능력과 동일하다. 그레이스는 우리의 기대나 공로를 넘어 존재한다. 우리가 만들어 낼 수도 통제할 수도 없는 힘과 생명력을 우리 삶에 불어넣는다.

'에로스'가 충만한 삶을 살도록 우리를 자극하는 생명의 에너지를 일컫듯이, '그레이스'는 우리 안에, 우리 가운데 계신 하느님의 강력한 현존을 일컫는다. 에로스의 그레이스는 우리를 삶과 이어 주는 생생한 연결점에서 빛을 발하며, 그런 수많은 관계를 통해 우리의 삶은 성장하고 보다 품위를 갖게 된다. 그레이스의 에로스는 사랑으로 아이들이 태어나고 삶의 갖가지 창조 행위와 헌신에서 우리가 충만하게 결실을 맺도록 격려한다. 이 선물을 상냥한 우리의 하느님이 주신다는 것을 알게 되고 우리는 그분께 감사를 드린다.

축복이라는 그레이스

성경에서 축복은 창조 단계를 가름한다. 각 단계에서 물, 빛, 땅과 식물, 그리고 동물이 출현하면서 창조주께서 "보시니 좋았다." 그리고 인간을 창조하시고는 "하느님께서 이들에게 복을 내리며 말씀하셨다. '번식하고 번성하여라.'"(창세 1,22) 까마득한 처음부터 하느님의 축복이 생명을 충만하게 불러내셨다.

하느님이 선택한 백성과 맺는 관계를 통해 축복은 이어진다. 그 축복은 번식, 즉 생명의 넘치는 충만의 약속이다. 시편 65장에서 하느님의 축복은 넉넉한 비와 하사품으로 그득한 한 해의 넘치는 곡식을 포함한다. 백성을 하느님께 묶어 놓은 계약으로 이 백성의 순종과 하느님의 풍성한 축복을 교환한다. "너희가 주 너희 하느님의 말씀을 잘 들으면, 이 모든 복이 내려 너희 위에 머무를 것이다."(신명 28,2)

이스라엘 민족은 그들의 성읍과 평야, 노동과 자식들을 두고 축복을 받았다. 하느님은 모세에게 유명한 '축복의 기도'(바라카 baraka라고 불린다)의 말마디를 일일이 일러 주시고 그것으로 당신의 축복을 전달하라고 가르치셨다. "너희는 이렇게 말하면서 축복하여라. '주님께서 그대에게 복을 내리시고 그대를 지켜 주시리라. 주님께서 그대에게 당신 얼굴을 비추시고 그대에게 은혜를 베푸시리라. 주님께서 그대에게 당신 얼굴을 들어 보이시고 그대에게 평화를 베푸시리라.'"(민수 6,23-26) 그러므로 '축복'과 '그레이스'는 명백히 연결되었다.

성서 학자 하비에르 레옹-뒤푸르[23]는 하느님의 축복을 그분의 아낌없는 관대함 lavish generosity의 표현이라고 정의했다. 시편 65장에서는 하느님의 축복이 '생명을 세차게 뿜어 나오게 하고', 성조聖祖들이 자기 가족에게 하던 축복이 자손들에게 '다산多産과 장수長壽의 능력'을 불러낸다.

우리는 '우리에게 유리한 수많은 우연'에서 하느님의 축복을 경험한다. 결혼한 부부는 그들을 처음 만나게 한 우연한 기회를 회상하며 그날이 없었더라면 함께한 나날과 거기서 맺어진 열매는 시작되지도 않

---

[23] Xavier Leon-Dufour, *Dictionary of Biblical Theology* (New York, Crossroad, 1973), pp.218-219.

앉을 것이라고 말한다. 갓 태어난 아기를 안으면 믿음이 없는 사람조차 그들이 "축복을 받았다."고 말한다.

하느님께 축복받았다고 느낄 때 우리는 축복하는 능력도 받는다. 식사 전에 축복을 비는 기도를 한다고 해서 마술처럼 음식에 신성한 힘을 불어넣는 것은 아니지만, 그 기도는 우리가 일상의 식사를 일상 이상의 것으로 의식하고 있음을 드러내는 것이다. 음식을 우리 생명을 유지하고 새롭게 만들면서 즐거움을 주는 선물로 인식하는 것이다. 그런 행위로 우리는 매일매일의 식사에 의미를 더하고 그 자양분은 열량 섭취 이상을 포함한다. 우리는 기도를 통해 식사를 음식으로만 간주하지 않고 선물로 간주하는 것이다.

우리는 하느님과 실랑이brush with God를 경험하면서 은총을 지각하는 일도 생긴다. '법률문제로 실랑이하다'라든가 '죽음과 실랑이하다'라는 표현을 쓰는데, 의미심장한 무엇이 다가올 때 그것과 가까이 접하려면 위험을 무릅써야 하는 경우를 말한다. 모세가 하느님과 더 친밀해지고 싶다고 간청하자 하느님은 경고를 내린다. "그러나 내 얼굴을 보지는 못한다. 나를 본 사람은 아무도 살 수 없다."(탈출 33,20) 그리고 나서 하느님은 절충안을 내신다. 하느님은 모세를 바위굴, 바위와 빈틈없는 곳 사이에 세우고 당신이 살짝 지나가는 동안 모세의 눈을 가려 주기로 하신다. 이 신비스러운 일화는 하느님의 은총에 관한 이야기다. 즉 하느님의 '눈에 들었다'는 이야기로, 하느님과 어디까지 가까워질 수 있는지 보여 준다.

야곱은 이상한 나그네와 밤새 씨름을 하면서 하느님과 친밀한 만남을 가졌다(창세 32장 참조). 그는 가족을 떠나보낸 후 혼자 밤을 새고 있었다. 어둔 밤에 야곱은 낯모르는 침입자의 습격을 받아 씨름을 하게 되었다. 야곱이 상대의 이름을 묻자 상대는 오히려 야곱의 이름을 물었다. 힘든 씨름이 계속되었고 야곱은 상대를 이길 수 없었으나 그에게 축복해 줄 것을 요구하여 그 요구는 받아들여졌다. 땀에 흠뻑 젖어 '하느님과 실랑이'를 벌인 야곱의 이야기에서 '에로스'와 '그레이스'가 서로 껴안았다.

우리가 자신을 신앙인이라고 규정하든 안 하든 우리는 이와 유사한 만남들이 있다는 것에 수긍한다. 갑작스런 위기에서, 만성적 질환에서, 인간관계의 실패에서, 중독을 벗어나려는 몸부림에서 우리는 '하느님과 실랑이'를 경험한다. 그런 경험은 야곱에게 일어났던 것처럼 우리에게도 상처를 남길 수 있다.[24] 모세의 경우처럼 하느님과 새로운 친밀감을 쌓거나 룻의 경우처럼 훨씬 에로틱한 경험일 수도 있다. 우리는 그런 경험으로 놀라거나 어리둥절해하고 위안을 받기도 한다. 여기서 에로스와 그레이스는 하느님의 신비를 일부 드러낸다. 그리스도인의 여정이란 평생의 과정이고 그동안 우리는 그런 신비로운 사건들을 자주 접하게 된다. '하느님과의 실랑이'는 우리 삶에 상처를 내기도 하고 삶을 드넓게 펼치고 치유하기도 한다.

'눈에 들다' - 에로스와 그레이스

---

[24] 창세 32,32-33 참조 : "그는 엉덩이뼈 때문에 절뚝거렸다. 그분께서 야곱의 허벅지 힘줄이 있는 엉덩이뼈를 치셨기 때문이다."

룻기에서 누구의 '눈에 드는' 내용은 성적이고 에로틱하다. 룻이 보아즈의 눈에 들었을 적에 룻은 타작마당 곁에서 보아즈와 "한자리에 들었고 주님께서 점지해 주시어 룻이 아들을 낳았다." 그 여자가 눈에 든 것은 현세에서 받은 은총이었다. 그러나 '눈에 들었다'는 문구는 성경 전반에 나타나는데, 하느님께서 우리에게 더욱 충만한 삶을 살도록 보내 주시는 신비로운 수많은 은총을 일컫는다. 우리가 하느님 눈에 들면 에로스와 그레이스가 얼싸안는다.

✢ 아브라함과 사라는 아이 낳을 나이가 이미 지났지만 그들이 아들을 낳으리라고 들어서 알았다. 뜻밖의 선물로 내리는 이 생식의 결실(축복으로서의 에로스 *eros as grace*)은 그들에게 중대한 소명을 준비시킨다. 하느님의 눈에 들어서 그들은 크나큰 민족을 일으키는 사람으로 뽑혔다. 그 선물은 본인들이 공을 세우거나 예상한 것이 전혀 아닌, 하느님의 무절제하심이 드러나는 파격적인 행위였다.

✢ 성경 저자들은 아브라함보다 훨씬 이전에 대홍수가 있었다는 것을 기억했다. 그러나 대홍수가 모든 생명을 다 없애 버리지는 않았다. 그 참화에서 구원된 사람들 가운데 노아와 그 가족이 있었다. 노아가 주님의 눈에 들었기 때문이다(창세 6,8 참조).

✢ 역사의 또 다른 중요한 갈림길에서 모세는 하느님과의 친밀한 대화 중에 자기가 '그분의 눈에 들었음'을 알았다(탈출 33,12 참조). 그러나 모세는 거기에 만족하지 않았다. "제가 당신 눈에 든다면, 저에게 당

신의 길을 가르쳐 주십시오. 그러면 제가 당신을 알 것입니다."라고 주님께 애원했다(탈출 33,13 참조). 모세는 자기 하느님과 훨씬 더 가까운 관계를 염원했던 것이다. 야훼의 얼굴을 마주 뵙는 총애를 바랐던 것이다.

축복이라는 그레이스와 '하느님의 눈에 듦'이라는 그레이스가 신약 성경의 마리아의 수태에서 함께한다. 자신의 몸에 새 생명이 잉태한다는 것을 알고 놀라면서 마리아는 자기가 하느님 눈에 들었음을 알게 된다. 루카 복음서에서는 마리아의 사촌 언니 엘리사벳이 '눈에 드는 총애'의 뜻을 일깨워 준다. "당신은 여인들 가운데에서 가장 복되시며 당신 태중의 아기도 복되십니다."(루카 1,42) 여기서도 축복은 수태와 새 생명으로 표현된다. 축복과 총애가 우리 생명을 은혜롭게 만들고 풍요로운 삶을 바라는 희망을 준다.

신약 성경을 저술하면서 바오로는 '눈에 들다'라는 히브리 개념을 표현하려고 그리스어 '카리스'^charis, '카리스마'^charisma라는 어휘를 사용했다. '카리스'는 하느님이 우리를 총애하는 자체를 선물로 일컫는 말이다. 하느님께로부터 흘러나온다는 점에서 '그레이스'이다. '카리스마'는 하느님이 신앙 공동체의 구성원들을 총애하기에 주신 능력과 탤런트를 의미하며, 믿는 사람들의 육신을 세우는 데 주어지는 선물이다. 이것은 우리 생활에 일정한 꼴을 갖추어 주는 그레이스이다.

바오로가 보는 카리스는 그리스도인들이 사랑이 많으신 하느님으로부터 오는 선물로 인식하는 기품氣稟이다. 설교, 가르침, 식별 같은 영적 선물은 우리 몸에 단단히 닻을 내리고 있는 카리스마들이다. 이런 선물을 받은 설교가라면 자기 몸, 즉 자세, 눈길, 음성, 몸짓 등을 사용하여 우리 믿음을 일깨우고 굳세게 만드는 메시지를 전달한다. 지루한 설교, 교리를 가르치면서도 영감을 일으키지 못하는 강의는 '에로스'가 결여된 것이며, '그레이스'를 활기차게 하는 것과는 거리가 멀다. 노래를 불러 사람들을 즐겁게 만드는 능력, 갈등을 해결하는 확실한 재능, 복잡한 행정 업무를 처리하는 수완 등 이런 것들도 우리 신체에 기초한 영적 카리스마들이다. 카리스는 폭넓게 스쳐 지나가면서 사람을 우아하게 만든다. 우리 몸은 균형이 잡히고 대인 관계에 잘 적응하며, 동정에 예민해지고 '하느님과 실랑이'에서 민첩해진다. 바오로 사도의 특별한 재능은 은총이 개개인들 안에서, 그리고 믿는 이들의 공동체 안에서 그들과 일체가 된다는 사실을 깨달은 데 있다. 때로는 바오로의 저술들이 육과 영을 완전히 갈라놓아야 한다고 제시한 것처럼 해석되어 왔다. 그러나 그가 '카리스'에 관해서 글을 쓸 때는 그레이스와 에로스의 친밀함을 존중했다.

에로스와 그레이스가 포옹하다

신약 성경 텍스트들이 엮어지던 수십 년 동안에 어느 로마인 저술가가 에로스의 결실에 관해 고찰했다. 서기 1세기의 인물 플루타르코스는 그리스도인이 아니었는데 신약 성경 저자들과 똑같은 언어, 똑같은 환경에서 「사랑에 관한 대화」[25]를 엮어 냈다. 그 시대의 풍조나 통상

---

[25] Plutarch, *On Love, the Family, and the Good Life: Selected Essays of Plutarch* (New York, Mentor Books, 1957).

적 사고와 달리, 플루타르코스는 낙관론에 입각해 부부애에서 에로스와 그레이스 사이의 접합점을 추적한다. 그는 이렇게 썼다. "배우자와 나누는 육체적 즐거움은 우정의 씨앗이며 위대한 비의秘儀에 참여하는 바탕이 된다. 육체적 즐거움은 비록 짧지만 거기에서 존경심, 관대함, 애정, 성실 등이 나날이 자라난다."

플루타르코스는 우리가 성경에서 보는 것과 똑같은 어휘를 사용하여 성적 즐거움과 그 결실을 직접 연관시킨다. 육체적 즐거움은 비록 짧은 순간 지속되지만, 결혼의 네 가지 특별한 덕목이 '피어나는 원인'이다. 플루타르코스는 성적 즐거움의 에로스를 표현하는 데 원예園藝의 이미지를 가져오는데, 그 이미지는 단지 아이를 낳는 것뿐 아니라 부부 사이의 더 풍성하고 깊고 충만한 사랑을 표현한다. 성적 즐거움은 부부의 사랑이 피어나는 데 본질적인 것이다.

플루타르코스가 성적 즐거움에서 성장한다고 간주한 네 가지 덕목, 곧 존경심, 관대함, 애정, 성실은 신약 성경에도 언급되어 있다. 부부 사이에 자라나는 존경의 덕목을 가리켜 플루타르코스는 '티메'time라는 그리스어를 사용하는데, 똑같은 이 단어가 신약 성경에서는 '존경', '경의', '존중'의 의미를 갖고 등장한다. 베드로의 첫째 서간에서는 이 단어가 에로틱한 뉘앙스로, 혼인을 배경으로 남편들에게 아내를 존중하라고 권한다(1베드 3,7 참조). 바오로는 그리스도인들이 가장 힘없는 사람들, 그리스도교 몸체의 낮은 지체를 존중하라고 가르치고(1코린 12,23 참조), "혼인은 존중되어야 한다."(히브 13,4 참조)고 지도했다.

플루타르코스는 성적 쾌락도 애정이라는 덕목을 낳는다고 보았다. (그가 사용한) '아가페시스'agapesis는 라틴어로 '카리타스'caritas 라고 표현되는 "관대한 헌신"이다. 물론 그리스도교 전통에서는 에로스^{eros}와 반대되는 것으로 아가페^{agape}가 나왔다. 아가페는 타인에 대한 무사무욕無私無慾하고 영적인 돌봄인 반면, 에로스는 에로틱한 만족을 이기적으로 탐하는 것으로 간주되었다. 그런데 플루타르코스는 에로스를 가리켜 처음에는 평생 반려자가 될 사람에게 갖는 강력한 매력으로 작용하지만 세월이 지나 서로에게 쏟는 마음이 성숙해지면서 관대하고 헌신적인 아가페의 사랑이 된다고 대담하게 제시했다.

　　　　플루타르코스는 성적 즐거움을 나누면서 성실과 신뢰가 뒤따라온다고 여겼다. 신약 성경에서 '피스티스'(pistis, faith)는 신앙인이 하느님께 갖는 믿음을 의미한다. 그러나 부부의 신의는 지속적으로 서로에게 헌신하는 가운데 나온다. 신의라는 중대한 혼인 덕목은 부부가 나누는 사랑에서 자라난다. 신뢰의 덕은 우리가 서로 의지할 수 있음을 알 때, 방어 태세를 버려도 된다고 느낄 때(완전히 포옹할 수 있으려면 반드시 버려야 하는) 비로소 깊어진다. 신학자 짐 코터[26]는 에로스와 신의라는 두 덕목의 특별한 연관을 "오랜 세월을 두고 서로에게 성실할 때 상대방에게 쏟는 완전한 신뢰에서 오는 즐거움의 그 섬세한 떨림"이라고 간략하게 표현했다.

　　　　존경과 애정과 신의라는 덕목이 신약 성경의 감성을 울리는 것이라면 네 번째 덕목은 복음의 핵심에 가장 가까이 다가가는 것이다. 플루타르코스는 남녀가 나누는 성적 즐거움이 성실한 연인들 안에 일종의 그레이스, 즉 '카리스'^{charis}를 생기게 한다고 믿었다. 부부가 오랜 세월

---

[26] Jim Cotter, "Homosexual and Holy." *The Way* (1988.7), 231-243.

을 두고 전개하는 함께 나누는 삶이라는 독특한 생활 양식이 두 사람이 나누는 에로틱한 즐거움에 뿌리내린 것이다. 플루타르코스의 이 견해에 주석을 달면서 역사 학자 피터 브라운[27]은 결혼의 그레이스를 "침상의 즐거움을 통해서 갖게 된 성숙한 신뢰와 애정이라는, 정의를 내릴 수 없는 어떤 특성"이라고 기술한다. 플루타르코스는 여기서 '그레이스'라는 단어를 복음서의 핵심에 자리 잡고 있는 단어로 구사한다. 그리스도인들은 '카리스'의 매력을 사랑이 많으신 하느님의 선물로 체험한다. 이것은 구체적으로 나타나는 그레이스이다. 우리의 '카리스마'는 그리스도의 지체를 건설하는, 눈에 보이고 실체가 있는 활동들로 드러나는 까닭이다.

그런데 '카리스'는 또 다른 뉘앙스, 노골적으로 에로틱한 뉘앙스를 풍긴다. 동사 '카리제스타이'*charizesthai*는 "누구를 만족시키다"라는 뜻이다. 누군가에게 쾌감을 제공해 만족감을 불러일으킨다는 뜻이다. 「향연」(182a, 218c)에서 플라톤은 연인의 육체를 만족시킨다고 묘사할 때 이 동사를 썼다. 오늘날 많은 그리스도인 부부들도 지금은 성애가 만족을 일으키는 거룩한 행위가 될 수 있다는 플루타르코스의 확신에 동의한다. 서로 상대방을 즐겁게 할 때 우리는 자기도취에 빠지지 않고 상대에게 그리고 모든 카리스의 원천이신 하느님께 감사드리게 된다. 그런 사랑에서는 에로스와 그레이스가 함께 잠자리에 든다.

그리스도인들 사이에서 '그레이스풀'*graceful*한 행위는 그리스도

---

[27] Peter Brown, *Body and Society: Men, Women, and Sexual Renunciation in Early Christianity* (New York, Columbia Univ. Press, 1988), p.133.

의 지체를 '만족시킨다.' 세 가지 예를 들면 '만족시키는 행위'에 담긴 부정적인 뉘앙스를 해소하는 데 도움이 되겠다.

✢ 친구를 맞으려고 또는 가족의 기념일을 축하하기 위해 식사를 준비할 때 우리는 사랑하는 사람들을 만족시킨다. 사랑을 다해 마련한 음식을 함께 먹으면서 사람들은 즐거워지고 고마운 마음을 갖는다. 그들의 만족감은 감각적이면서 영적이다.

✢ 전례에서 추는 춤은 그 자리에 모인 교회의 지체를 만족스럽게 한다. 몸으로 바치는 그 기도는 우리 눈을 즐겁게 하고 정신을 들어 높이며 감사하는 마음을 품게 한다. 수개월 전 우리는 어느 전국 대회를 폐막하면서 다문화 성찬례에 참석했다. 봉헌 예식에서 젊은 남녀들이 필리핀 민속 복장을 하고 우아한 동작으로 봉헌물을 들고 나왔다. 관능적인 리듬에 맞추어 몸을 흔들면서 젊은 예배자들은 전통 예식에 재기 발랄한 측면을 보태 주었다.

✢ 병든 사람을 돌보는 일 역시 카리스를 발휘하는 것이 될 수 있다. 열이 나는 몸을 씻기고 얼룩진 침대보를 깨끗하고 산뜻한 시트로 갈아 줄 때 우리는 환자의 몸을 만족스럽게 해 준다. 뻣뻣한 등에 로션을 듬뿍 발라줄 적에 만족스럽다는 신호가 목구멍에서 울려나온다. 이것도 '감각적인 그레이스'이다. 카리스는 육과 영이 포옹하는 곳에서 그레이스를 구체적으로 드러낸다. 즐거움과 그 풍성한 결실이 어우러진 감정을 불러일으킨다.

에로스와 그레이스의 결별

히브리 성경[28]에서는 신앙인들의 삶에서 감각적인 것과 은총으로 받는 요소들이 자연스럽게 한데 움직인다. 그들은 삶의 내밀한 영역에서 '눈에 들다'는 것을 체험했고, 유약하지만 분별력 있는 육체 안에 '그레이스'가 제자리를 찾은 것이다.

그런데 에로스와 그레이스 사이에 별거의 씨앗, 마지막 결별로 몰고 가는 불화는 이미 신약 성경에 나타났다. 바오로가 그레이스를 구체적으로 드러나는 선물로 이해하는 것을 공인하기는 했지만 그의 어법은 때로 육과 영을 완전히 갈라놓는 듯한 암시를 주었다. "무릇 육을 따르는 자들은 육에 속한 것을 생각하고, 영을 따르는 이들은 영에 속한 것을 생각합니다."(로마 8,5-6 참조) 물론 바오로가 말하는 '육'은 물리적 신체를 뜻하는 것이 아니고 육욕적이고 이기적이며 파멸적인 습성을 가리킨다. 하지만 오랜 세월 동안 다수의 그리스도인들은 이 같은 섬세한 구분을 놓치고 육체와 영혼 사이에, 육과 영 사이에 필연적인 대립 관계를 상상했다. 인간의 마음속에 자리 잡은 이 이원론은 에로스와 그레이스의 모든 동반 관계를 위협할 정도이다.

세기가 지나가고 그리스도교 신학자들은 신앙심을 침범해 들어오는 근대 과학을 퇴치한다는 열성으로 신앙과 이성 사이에 방화벽을 설치했다. 그 결과 그레이스는 '초자연적' 영역의 일부로, 자연 저 위 까마득한 곳에 존재한다는 견해를 갖게 되었다. 이 거리는 이성과 과학의

---

28 '구약 성경'을 지칭하는 표현이기도 하다.

비판으로부터 신학적 교의를 보호하겠다는 의도였다. 결과적으로, 초자연이라는 실재가 일상생활로부터 격리되고 말았다. 그리고 이는 육체와 영혼 사이, 에로스와 그레이스 사이의 균열을 더욱 심화시켰다.

그 후로 그리스도인들은 마치 '2층 세상'에 사는 사람들처럼 보였다. 위층은 지고한 하느님의 영역이자 하늘이고 그레이스이다. 아래층은 인간 삶의 온갖 혼란과 격정이 존재한다. 그런 분위기에서 영성은 점차 세상사와 유리되었다. 공적 삶에 종사하는 것보다 개인적인 기도가 더 중요해졌고, 성적인 것을 정화하는 과도한 관심이 사회적 의무를 수행하는 것을 밀쳐 냈다.

지난 반세기 동안 그리스도인들은 에로스와 그레이스의 밀접함에 대한 옛날의 신념을 되찾기 시작했다. 그것이 하나의 실재라는 것을 다시 인식한 것이다. 하느님이 우리에게 주신 하나의 창조물인 것이다. 칼 라너[29]의 표현을 빌리자면 "하느님의 은총에 의해 스며든 것이며 세상의 가장 깊숙한 뿌리에서부터 끊임없이 은총을 받아 왔다." 신학자 마이클 스켈리[30]가 상기시키듯이, "하느님 체험은 일차적으로 일상생활 한가운데 숨겨져 있음을 알게 된다. 희망을 경험하고, 책임감, 사랑, 죽음을 체험하는 가운데 숨겨져 있다."

'2층 세상'은 더 이상 존재하지 않는다. 이제 우리는 여기 '단층 세상'과 다시 사귀며 알아 나가는 중이다. 여기서 우리가 '하느님 눈에

---

[29] Karl Rahner, "Considerations on the Active Role of the Person in the Sacramental Event," in *Theological Investigations* XIV (New York, Seabury Press, 1976), pp.161–180.
[30] Michael Skelley, *The Liturgy of the World. Karl Rahner's Theology of Worship* (Collegeville MN., The Liturgical Press, 1991), p.60.

들게' 된다. 이 단층 세상에서, 이 하나의 본체에서 우리는 에로스의 얼굴이 여럿임을 깨닫게 된다. 호기심과 창작과 애정 속에, 상상과 이미지 속에, 고통과 희망 속에 에로스의 얼굴이 있다. 그리고 우리를 풍요로운 삶으로 데려다 주는 에로스의 모든 경이로운 도정에서 우리는 '그레이스'의 이름을 입에 올리게 된다.

성찰

이 장에서는 그레이스(은총)에 대한 그리스도인의 이해에 토대를 마련한 성경 이미지들을 살펴보았다.

기도를 곁들인 성찰을 위해 다음 이미지들 가운데 하나를 고른다.

주고받아 온 축복으로서의 그레이스
'하느님 눈에 드는' 일로서의 그레이스
몸에 입력된 카리스마, 영적 선물로서의 그레이스
그리스도의 몸인 지체를 사랑하는 행위, 그 몸을 만족시키는 활동으로서의 그레이스

묵상하는 분위기에서 위의 문구들 가운데 그레이스에 대한 자신의 체험과 가장 많이 연관된 문구를 그냥 여러 번 반복해 본다. 마음을 잠잠히 가라앉힌다. 분심이나 결심 같은 것은 일체 비우고… 그레이스의 이 진언(眞言, 만트라 mantra)을 음미하는 가운데 자신에게 솟아오르는 기억이나 기분에 주의를 기울인다. 그리고 찬미의 기도나 감사의 기도를 바치고 묵상을 마친다.

3. 정열적이고 무절제한 하느님 발견하기[31]

> 예언자들은… 상당히 에로틱한 이미지들을 사용해
> 하느님의 백성을 위하시는 하느님의 열정을 묘사했다.
> - 교황 베네딕토 16세

창조물을 관통하며 격정적인 생명력과 하느님의 놀라운 치유 능력이 만나는, '에로스'와 '그레이스'의 결합을 지지하려면 오래전 성경의 신념으로 돌아가야 한다. 그 결합에서는 창조계를 관통하면서 즉흥적으로 작용하는 어떤 힘이, 하느님의 놀라운 치유 능력과 함께 만난다. 상처받기 쉬운 동시에 무절제한, 알 수 없는 주님은 에로스와 그레이스가 함께 솟아나는 샘이다.

　　그리스도인들은 '정열적인 하느님' 이야기를 들어 왔다. 높은 곳에서 인간 세상을 굽어보며 세상사에 초연한 신성神性은 우리 성경에 나

---

[31] cf., Elizabeth Johnson, *She Who Is. The Mystery of God in Feminist Theological Discourse* (New York, Crossroad, 2000); Catherine LaCugna, "God in Communion with Us." in *Freeing Theology. The Essentials of Theology in Feminist Perspective* (San Francisco, Harper San Francisco, 1993); Kirsteen Kim, *The Holy Spirit in the World. A Global Conversation* (Maryknoll NY., Orbis Books, 2007).

오지 않는다. 예언자들에게도 신비가들에게도 그분은 자비로운 힘으로 살아 계신다. 성경은 하느님을 '셰키나'(Shekinah, 충실하신 현존), '루아하'(Ruah, 생기를 주는 영), '엠마누엘'(Emmanuel, 우리와 함께하시는 하느님)이라고 알려 준다. 이어지는 여러 이야기 속에서 히브리 성경은 하느님을 인류와 깊이 결속되어 있는 분으로 기록했다. 그분은 우리의 고통 때문에 마음이 흔들리고, 우리의 어리석음 때문에 낙담하고, 우리가 저지르는 불의 때문에 화를 내고, 우리의 참된 삶을 위해 질투하고, 언제나 또 줄기차게 사랑을 품고 우리를 향해 다가오는 분이다.

신약 성경에 드러나는 하느님도 정열적으로 인류에게 열중하는 분이다. 예수님은 이 신비로운 분을 '아빠'(Abba, 사랑이 많으신 아버지라고 불렀다. 연민의 정 때문에 아버지께서는 아들을 세상에 보내는데 그것도 세상을 단죄하기 위함이 아니라 구원하기 위함이고, 인간이 하느님 신비의 핵심으로 돌아오도록 재촉하려는 것이다. 하느님의 마음에서 쏟아져 나오는 성령은 우주를 가로지르고 인간의 역사를 관통해서 모든 창조물을 이 생명력으로 끊임없이 껴안는다.

정열적인 하느님 만나기

탈출기에서 우리에게 소개되는 하느님은 "자비하고 너그러우며 분노에 더디고 자애와 진실이 충만한"(34,6 참조) 분이다. 시편에서 만나는 하느님도 "자비하시고 너그러우시며 분노에 더디시고 자애가 넘치신다."(103,8) 호세아 예언서에서는 분노의 격정과 보살핌 사이의 긴장이 훨씬 강한 어조로 표현되어 있다. "내 마음이 미어지고 연민이 북받쳐 오른다. 나는 타오르는 내 분노대로 행동하지 않으리라."(호세 11,8-9 참조) 유다인 학자 에이브러햄 헤셸[32]은 분노와 연민이 오가는 이 심정을 대담하게도 하느님의 마음속에서 일어나는 '조울증'mood swings이라고 일컬었다.

그리스도인들도 처음에는 '하느님의 조울증'이라는 생각만 해도 안색이 창백해졌지만 차츰 성경에 나오는 하느님의 초상, 열정적으로 움직이는 하느님의 모습으로 고개를 돌리는 중이다. 대홍수와 노아가 목숨을 구한 이야기는 "(주님께서는) 세상에 사람을 만드신 것을 후회하시며 마음 아파하셨다."(창세 6,6)는 구절로 시작한다. 여호수아는 '질투하시는 하느님'이라고 썼다(여호 24,19 참조). 하느님의 후회, 동정, 질투, 슬픔 등을 설명한 이런 내용이 초월적 신에게 인간의 감정을 잘못 추정한 이야기에 불과할까? 오히려 우리가 하느님이라고 부르는 신비의 본질적인 특성을 드러내는 말이 아닐까?

종교 전승 초기에 그리스도교 신앙을 옹호하는 인물들은 로마 제국 내 지성인들이 제기하는 도전적 질문에 맞서야 했다. 하느님의 사랑하는 아들이라는 예수의 죽음은 지성인들에게도 결코 극복하지 못할 스캔들로 보였다. 어떻게 신성이 인간 생명으로 들어와서 그렇게 굴욕적으로 고통을 받고 파멸적인 종말을 맞을 수 있단 말인가? 당대의 지배적 철학에 의하면, 초월적 신은 모든 변화를 넘어서 있어야 하고, 약한 점을 보여서는 안 되며, 숭고한 위치에 존재하면서 나약하고 사멸하

---

[32] Abraham Heschel, *God in Search of Man. A Philosophy of Judaism* (New York, Farrar, Straus and Giroux,.1955).

는 존재들의 심리를 부단히 동요시키는 격정 따위에 흔들려서는 안 되었다.

초대 그리스도교 호교론자들은 그런 도전에 응하면서 성경의 하느님께 의상을 갈아입혀 드렸다. 정열과 욕망과 에로스의 하느님을 철학적 신성과 동일하게 만들었던 것이다. 서구에서 신학자들은 하느님을 완벽한 실체로 묘사하기 시작했다. 그런 초월적 실체라면 당연히 자족自足하는 존재일 것이며, 창조계와 친밀한 관계 따위는 맺을 수 없어야 하고(그런 관계는 하느님의 완전성을 제한하므로) 어떤 욕망이나 정열에도 휘둘리지 않을 것이다. 이런 묘사가 철학자들은 혹시 만족시켰을지 모르지만 성경 기록과는 전혀 다르다. 성경은 하느님이 계약 관계나 상호 헌신에 철저히 관여하시는 분이라고 그렸고, 그 때문에 하느님이 분노와 연민을 표현하시는 일이 용납되었다. 11세기에 와서 안셀모Anselm는 성경과 동떨어진 이런 이미지를 두고 탄식하며 기도를 올렸다 "당신께서는 어떻게 동정을 느끼시는 동시에 열정이 없으시다는 말입니까? 당신께서 열정이 없으시다면 동정도 못 느끼실 것입니다. 당신께서 동정을 느끼지 않으신다면 가엾은 무리를 두고 당신의 마음이 가여움을 느끼시는 일도 없을 것입니다. 하지만 가엾이 여기시려면 당신께서 동정심을 품으신다는 것은 당연한 것입니다."

그리스어를 쓰는 동방 그리스도교 교회는 열정의 하느님을 비교적 편하게 받아들인다. 같은 맥락에서 하느님과 에로스를 입에 올려도 곤란해하지 않는다. 그러나 하느님을 자율적인 분, 자족하는 분, 모든 욕망과 열정을 초월하는 분으로 이해하는 풍조는 서방 신학에서 더 지배적이다. 그래서 아우구스티노는 이런 글을 쓴다. "성경에 따르면 하느님은 분노하는 분이지만, 또한 어떤 감정에도 절대 동요하지 않는 분이기도 하다." 감정이 없는 하느님은 에로스와의 연관을 결별한 분이기도 하다.

　　12세기에 들어서자 유럽의 가톨릭 학자들은 성경으로 되돌아가는 긴 여정을 시작했다. 그들은 수수께끼 같은 수많은 성경 일화들과 감탄하지 않을 수 없는 이미지에 담긴 계시를 다시 들여다보았다. 이런 힘든 탐구를 통해서 감정이 있는 하느님, 심지어 에로틱한 하느님의 그림이 분명히 드러나기 시작했다. 히브리 성경에서 우리는 하느님의 가슴을 채우는 여러 감정들을 보아 왔다. 신약 성경을 고찰하면 놀랍게도 인간적인 예수님의 모습이 드러날 것이다.

예수님의 격정을 상기하다

　　다수의 그리스도인들이 예수님을 '마음이 온유하고 겸손한' 분으로 그리면서 자랐다. 하느님의 아드님이므로 예수님은 우리의 인생에 점철된 격정의 동요를 초월한 분이라고 배워 왔다. 그렇지만 복음서 이야기는 다르다. 죄를 제외하고 모든 점에서 우리와 같은 예수님이 나온다.

　　예수님의 생애에서 격정을 드러내는 것으로 가장 주목을 끄는 표현은 마태오 복음서에 실려 있다. 당신의 생애가 끝날 무렵 예수님은 언덕 위에 앉아서 예루살렘을 굽어보며 장탄식하신다. "암탉이 제 병아리들을 날개 밑으로 모으듯, 내가 몇 번이나 너의 자녀들을 모으려고 하였던가? 그러나 너희는 마다하였다."(마태 23,37)

　　분노의 격정은 칠죄종七罪宗 가운데 하나로 꼽히는 것인데 예수님의 생애에서는 걸핏하면 터져 나온다. 성전 입구에서 장사를 하던 환전상들에게 분노를 폭발하셨다(마태 21,12-13 참조). 그분은 유다인의 안식일 율법을 갖고 시시콜콜 트집을 잡는 사람들에게도 분노를 쏟으셨다(마르 3,5 참조). 위선자들을 '회칠한 무덤'에 견주면서 격분하셨다(마태 23,27 참조).

요한 복음서는 그리스 단어 하나를 써서 예수님의 생애 마지막 몇 달 동안 그분의 가슴을 채우고 있던 산란함을 표현했다.[33] 당신 친구 라자로가 죽었다는 소식에 "속이 북받치셨다."(요한 11,38 참조) 후일 당신의 죽음을 마주하며 "이제 제 마음이 산란합니다."(요한 12,27)라고 하셨다. 그리고 유다가 당신을 배반할 것을 아셨을 적에도 "예수님께서는 마음이 산란하셨다."(요한 13,21 참조) 요한 복음서의 다음 장을 보면 당신 벗들을 촉구하는 예수님의 말씀을 듣게 된다. "너희 마음이 산란해지는 일도, 겁을 내는 일도 없도록 하여라."(요한 14,27) 예수님의 마음이 거듭 산란해졌듯이 그들의 마음도 산란하였다.

예수님의 심란한 마음을 설명한 복음서 이야기들에서 우리는 격정이라는 것이 필연적인 동요임을 배우게 된다. 감정은 우리를 현세에 뿌리내리게 만들어 주변에서 일어나는 일에 마음을 동요하게 한다. 심각한 상실에 당면하면 필연적으로 슬픔을 겪는다. 매력 있는 사람을 만나면 희열로 흥분하는 것도 당연하다. 주변 세계가 암울해지면 우리도 우울하다고 느낀다. 그리스도인의 영성은 스토아적으로 감정에 흔들림 없이 냉철함을 유지할 수 있다고 기대하면서 감정을 피하려는 것이 아

---

[33] "산란하다"로 번역되는 그리스어 'ταρασσέσθω'는 라틴어 'turbari'를 가리킨다.

니다. 분노와 슬픔과 기쁨의 동요를 예수님의 생애에서 우리가 보는 격정의 움직임에 맞추어 조율하는 데 우리의 영성의 과제가 있다.

무절제한 우리 하느님

성경 속 하느님의 모습에서 우리는 격정적인 하느님 못지않게 '무절제한 주님'을 만난다. 창조에서도, 인류를 향한 아낌없는 사랑에서도 한계를 모르는 애정을 발견한다. 하지만 현대 사회에서는 '무절제'extravagance라는 낱말이 내포한 부정적인 면 때문에 그리스도인들은 이 표현을 싫어할 수도 있다. 경제는 과시적 소비로 치닫고 빈부의 격차는 날이 갈수록 커지는데, '무절제'는 덕이라기보다 흔히 악덕을 의미한다. 그럼에도 하느님의 무절제를 상기해 보는 것은 하느님의 마음을 들여다보는 의미 있는 통찰이 될 것이다.

하느님의 무절제는 창조계 전체에 드러난다. 우리가 살고 있는 우주는 그 크기와 다양함에서 경탄을 자아낸다. 천문학자들은 무수한 은하계와 블랙홀이 상상도 못할 만큼 거대하다고 알려 준다. 바티칸 천문대에서 장기간 근무한 천문대장의 말에 따르면, 우주에는 10^{22}(이것은 10이라는 숫자 옆에 '0'을 22개를 달아야 한다는 뜻이다) 개의 별이 있다고 한다. 또 우주에는 저 모든 별들이 생성해 온 분량보다 더 많은 양의 헬륨이 존재한다. 우주의 이 과다함은 뜨거운 '코스모스'cosmos의 초기 단계에 일어난 사건, '빅뱅'big bang이 아니고는 설명이 안 된다. 우리가 배우기로는 우주와 지구라는 우리 행성은 인류가 출현하기 전 수백억 년 동안 존재해 왔다. 이런 어마어마한 숫자는 우리 이해의 한계를 한없이 확장한다.

그런가 하면 생물학자들은 이 세상에 살고 있는 무수한 종류의 생물체 이야기를 들려준다. 예컨대 지금까지 확인된 개미의 종류는 1,400종이다. 이 풍부함을 어떻게 설명할 수 있을까? 수족관에서 헤엄치고 있는 열대어의 다양한 생김새와 색깔은 우리를 놀라게 하고 또 즐겁게 한다. 그런가 하면 참나무 한 그루에서 매년 가을 쏟아지는 도토리는 그 수를 헤아릴 수 없을 만큼 많다. 창조계의 지나칠 만큼 풍부한 창조물은 상상을 초월한다. 우리 세상에는 하느님의 한없는 풍부함이 꾸준히 과시되고 있다.

의문이 생긴다. 이 과다함의 의미가 무엇인가? 이토록 압도적으로 무한하고 복잡하고 많은 것은 무엇 때문인가? '무절제'가 하느님 창조의 특징일까? 그리스어로 글을 쓰던 신학자 니사의 그레고리오는 이미 4세기에 "가까이할 수 없는 하느님 본성의 아름다움에 시선이 고정될 때 영혼이 지닐 수 있는 넘치는 사랑은 '아가페'보다 '에로스'라는 단어로 번역하는 것이 낫다."고 단언했다.[34]

성경은 인류를 위하시는 하느님의 무절제한 애정을 기록한 책이다. 이 애정은 우리를 향한 하느님의 관대한 행위들에서 부단하게 드러났다. 하느님의 애정이 어느 정도인지를 처음 보여 준 실마리는 이스라엘과 맺은 계약에서 드러난다. 먼저 하느님이 합의에 관한 분명한 조건을 제시한다. 백성이 하느님의 율법에 순종하면 계약은 영원히 그들을 하느님께 묶어 놓을 것이다(예레 7,23; 11,4; 에제 11,20; 14,11; 호세 2,23 참조).

---

[34] Peter Black, "The Broken Wings of Eros, Christian Ethics and the Denial of Desire," *Theological Studies* 64(2003), 110.

언제인가 하느님은 이 조건부 동의안을 폐기한 것처럼 보인다(아마도 자주 계약을 어겼기 때문이 아닐까). 그리고 나서 하느님은 돌이 아니라 각 사람의 마음에 새겨질 계약을 제의한다(예레 31,33 참조). 이 계약은 이스라엘의 의로운 율법 준수에 바탕을 둔 것이 아니고 계산상 도저히 맞지 않는, 하느님의 무절제에 토대를 둔다. 현대에 와서도 교황 베네딕토 16세는 앞서 본 것처럼 우리에게 쏟는 하느님의 한없는 사랑을 설명하는 적절한 표현은 '에로스'라고 교정한다.

철학자 폴 리쾨르[35]는 우리가 하느님의 무절제를 더 잘 인식하도록 성찰을 격려한다. 하느님이 우리 가운데 신비롭게 현존하는 두 가지 다른 방식이 상호 보완하는 동력을 가리켜 보인다. 성경은 정의正義를 요청하는 하느님의 요구에서 드러나는 '형평의 논리'를 자주 전한다. 그러면서 또한 성경은 하느님의 무절제에서 드러나는 '과다함의 논리'를 알린다.

정의의 하느님이 더 친숙할지도 모른다. 성경의 하느님을 받아들이지 않는 사람도 성경에 "눈에는 눈, 이에는 이"(탈출 21,24)라고 나타난 상선벌악賞善罰惡의 명시적 요구를 머리에 떠올릴 것이다. 이런 도덕 자세는 호소력이 강하다. 우리는 세상이 적어도 도덕적이기를 기대한다. 사람들이 받을 가치가 있는 것을 갖도록 정의가 필요한 우주이기를 갈망한다. 예수님은 훗날 정의에 대한 이 가혹한 접근 방식을 배척하셨는데, 우리 대다수는 아직도 모든 잘못에 응분의 보복이 따른다는 생각에 머물러 있다.

---

[35] Paul Ricoeur, *Figuring the Sacred* (Minneapolis MN., Augsburg Fortress, 1995), p.326.

"사람은 자기가 뿌린 것을 거두는 법입니다."(갈라 6,7) 이 기념비적인 구절에서 우리는 '형평의 논리'를 다시 만난다. 바오로는 "적게 뿌리는 이는 적게 거두어들이고 많이 뿌리는 이는 많이 거두어들입니다."(2코린 9,6)라고 풀이한다. 이런 구절들은 우리의 덕과 악덕을 헤아리고 우리의 몫에 따라 보상을 마련하는 의로운 하느님에 기반을 둔 영성이 일게 한다. 그런 하느님상에서 '조심하는' 신앙심, 심지어 '계산하는' 신심이 자란다. 내가 과연 내 할 일을 충분히 했는가? 내 선행이 내 악행을 상쇄하고 남을 정도인가? 내가 지금까지 한 일로 구원을 받을 만한가?

바오로보다 한 세기를 앞선 로마 사람 키케로도 비슷한 성찰을 했다. "일하지 않는 자는 먹지도 마라." 대중적 지혜로 호소력을 갖는다. 사람은 자기가 계획한 일을 실천한 노고에 비례해서 보상을 받아야 하고 그래야 공정해 보인다. 이보다 정의로운 게 무엇이겠는가? 윤리적 세계에서는 우리의 투자에 정비례해 지급을 받을 것이다.

이런 관점이 호소력이 있음에도 불구하고 세상일이 항상 이런 식으로만 전개되지 않는다는 것을 삶은 우리에게 가르친다. 흔히 우리 편의 이익에 서서 남이 씨 뿌린 것을 우리가 거두기도 한다. 앞 세대의 수고로움으로 우리가 벌어들이지 않은 자원을, 공들이지 않은 재화를 물려받기도 한다. 또 결실을 볼 만큼 우리가 오래 살지 못해도 앞으로 올 세대를 생각하며 희망과 가치의 씨앗을 뿌린다. 그러므로 '형평의 개념'은 친숙하고 위안을 주는 것이기는 하지만 참인 만큼 거짓이기도 하다.

예수님께서 제자들에게 "내가 너희를 사랑한 것처럼 너희도 서로 사랑하여라."(요한 15,12)라고 역설하신 것을 보면 신약 성경에서도 형평과 균등이라는 도덕적 이념이 지속된다. 그리고 '큰 계명'이라고 알려진 도덕 지상의 명령에서 예수님은 이렇게 선포하신다. "'네 마음을 다하고 네 목숨을 다하고 네 정신을 다하여 주 너의 하느님을 사랑해야 한다.' 이것이 가장 크고 첫째가는 계명이다. 둘째도 이와 같다. '네 이웃을 너 자신처럼 사랑해야 한다.'는 것이다."(마태 22,37-39) 우리는 만유 위에 하느님을 사랑하지 않으면 안 된다. 그리고 자기 보살핌과 이웃을 위한 보살핌의 균형을 맞추어야 한다. 형평과 평등은 이런 것이다. 훌륭한 질서, 조화, 정의, 그리고 사랑의 균등한 표현 등이 '로고스'^{logos}의 세계이다.

성경의 무절제

성경에 일관된 두 번째 동력은, 평등과 정의의 호소를 보완하는 '과다함의 논리'이다. 무절제하다고 알려진 하느님을 가리켜 보이는 논리이다. 우리는 하느님이 세운 계약의 교환 조건에서 그 힌트를 발견한다. 인간과 그들의 창조주 사이에 균형 잡힌 관계를 조성하는 일련의 요구, 즉 신성한 '주고받기'$^{quid\ pro\ quo}$ 대신에 하느님은 조건 없는 계약을 선택한다. 그 협상은 전혀 딴 세상의 규칙을 제시한 것으로, 거기서는 모든 척도를 넘어 사랑이 솟아나온다.

마태오 복음에서 예수님은 이 주제와 정면으로 만난다. "'눈은 눈으로, 이는 이로.' 하고 이르신 말씀을 너희는 들었다. 그러나 나는 너희에게 말한다. 악인에게 맞서지 마라. 오히려 누가 네 오른뺨을 치거든 다른 뺨마저 돌려 대어라."(마태 5,38-39) 복수심과 엄정한 정의를 갈구하는 마음이 다른 것으로, 놀랍고도 무절제한 새로운 율법으로 대체되는 것이다.

다른 데서 예수님은 제자들과 '주고받는 문제'를 두고 이야기를 나눈다. "주어라. 그러면 너희도 받을 것이다." 처음 듣기에 이 말씀은 '형평의 논리'의 재다짐 같다. 하지만 예수님은 이런 말씀을 덧붙인다. "누르고 흔들어서 넘치도록 후하게 되어 너희 품에 담아 주실 것이다." (루카 6,38) 관대함은 같은 정도가 아니라 지나치게 '넘치도록' 보상을 받을 것이다. 복음서의 이 구절은 여러 문화에서 거행되는 의식 한 가지를 연상시킨다. 의식용 작은 술잔에다 철철 넘치게 술을 붓는 의식이다. 실수로 그러는 것이 아니라 의도적으로 그렇게 한다. 그것을 지켜보는 사람은, 특히 서양인이라면 달려 나가 술 붓는 사람을 제지하면서 "술을 낭비하지 마세요. 제사상이 더러워집니다."라고 할 것이다. 그러나 이 의식의 요점은 지나침 excess과 무절제 extravagance를 보여 주는 데 있다. 이런 의식은 작은 술잔만 한 우리 삶에 넘치도록 쏟아지는 많은 축복을 기념한다. 이 두 이미지를 연결하면 우리 하느님은 '술 붓기를 언제 멈춰야 할지 모르는 창조주'라고 해야 할 것이다.

복음서에는 무절제하고 과다함이 드러나는 비유로 차고 넘친다. 아주 작은 씨앗이 거대한 나무가 된다. 몇 개의 씨앗만 좋은 땅에 떨어져 열매를 맺는데 두 배나 열 배가 되는 게 아니라 백배가 된다(마르 4,8 참조).

방탕한 아들은 자기 몫의 상속을 다 허비하고도 무절제한 애정을 쏟는 아버지에게 환영을 받는다. 또 문 닫을 시각에 고용된 품꾼들이 하루 품삯을 다 받아, 그 관대한 처사에 하루 종일 일한 사람들은 불평한다. "맨 나중에 온 저자들은 한 시간만 일했는데도, 뙤약볕 아래에서 온종일 고생한 우리와 똑같이 대우하시는군요."(마태 20,12) 정당한 대우를 기대하는 일꾼들에게 주인은 이렇게 말한다. "내가 후하다고 해서 시기하는 것이오?"(마태 20,15)

이 모든 비유가 드러내려는 바는 적절한 처리 방식이나 올바른 평가가 아니고 지나치게 후한 대응이다. 리쾨르는 이 비유들을 설명하면서 '지나침의 설득력'rhetoric of excess이라는 표현으로 하느님의 무절제를 역설한다.[36] 이 이야기들은 우리가 받아 마땅한 것을 받는 것이 아님(하느님 감사합니다!)을 말한다고 볼 수 있다. 오히려 우리가 하느님께 지나치게 사랑받고 우리에게는 그럴 만한 공로도 이유도 없는데 축복을 받는다는 이야기이다.

무절제의 예수님을 비유한 이야기는 바오로가 지나치게 사용한 어휘에서도 되풀이된다. 바오로는 하느님의 무절제를 표현하는 데 그리스어 '페리스세우에인'perisseuein이라는 단어를 무려 스물두 번이나 사용한다. "하느님께서는 이 은총을 우리에게 넘치도록 베푸셨습니다."(에페 1,8) "내가 기도하는 것은, 여러분의 사랑이 지식과 온갖 이해로 더욱더 풍부해져"(필리 1,9 참조) "여러분이 서로 지니고 있는 사랑과 다른 모든 사람을 향한 사랑도, 여러분에 대한 우리의 사랑처럼 주님께서 더욱 자라게 하시고 충만하게 하시며"(1테살 3,12) 등이다. '넘치다'lavish, '풍부하다'overflow, '충만하다'abound 등의 표현은 하느님의 '무절제한' 은총을 표현하려고 바오로가 거듭 사용한 그리스어를 제각기 번역해 보려는 노

---

[36] Paul Ricoeur, "Thou Shalt Not Kill, A Loving Obedience," in *Thinking Biblically* (Chicago, Univ. of Chicago, 1998), p.116.

력이다. 신학자 데이비드 포드[37]는 이런 구절들을 가리켜 "하느님이 축복하고 사랑하고 계시하고 화해하시는 데 '넘치도록'*lavish* 후하심이 고루 미친다는 의미로 바오로가 구사한 '풍족함의 설득력'*rhetoric of abundance*의 본보기"라고 기술한다.

결핍과 풍족함

요한 복음서에서 우리가 만나는 예수님은 균형 잡힌 처신으로 그치는 분이 아니다. 오히려 군중을 먹이고 용서도 풍성하게 내리는 분이다. 여기서 예수님은 "나는 양들이 생명을 얻고 또 얻어 넘치게 하려고 왔다."(요한 10,10)는 말씀으로 당신의 사명을 알린다. 그 목표는 그냥 살아남는 생존이 아니고 풍성하게 개화하는 일이다. 단순히 존재하는 게 아니라 풍요롭게 사는 것이다. 바오로는 이 주제를 택해 예수님의 생애와 죽음을 통해 "죄가 많아진 그곳에 은총이 충만히 내렸다."(로마 5,20)고 선포한다.

예수님이 풍요로움을 내리는 이야기 중에 군중을 먹인 이야기는 공관 복음서에 다섯 번 나오는데, 그 수가 늘어나는 까닭은 아마도 중요성을 강조하기 위해서일 것이다(마태 14장, 마르 6장, 루카 9장이 모두 같은 사건의 다른 버전이다. 마태 15장과 마르 8장은 통계상의 수치를 달리해 같은 얘기를 되풀이한다). 큰 무리가 예수님 말씀을 들으러 왔다. 그런데 날이 저물고 사람들이 와 있던 장소는 외딴 곳이었다. 시간은 늦고 자원은 부족

---

[37] David Ford, *Self and Salvation* (Cambridge, Cambridge Univ. Press, 1999), p.113.

한 상황이었다. 예수님이 측근들을 불러 사람들에게 먹을 것을 주라고 하자, 그들은 자기네가 가진 것이라고는 빵 몇 개와 물고기 몇 마리뿐이라고 투덜거렸다. 그러나 예수님이 그 음식을 축복하자, 또 음식이 나누어지자 놀랍게도 군중 전부를 먹이고도 남았다. "사람들은 모두 배불리 먹었다. 그리고 남은 조각을 모으니 열두 광주리나 되었다."(루카 9,17)

이 이야기에서 변증법적 대조를 이루는 것은 결핍과 풍족함이다. 자원의 결핍을 거쳐 백성을 만족시키는 풍족함이 대조된다. 이것이 하느님의 아들 예수님만 할 수 있는 단 한 번의 기획 행사, 기적에 불과할까? 아니면 포괄적 메시지가 담겨 있는 것일까? 아마도 그 이야기가 우리에게 들려주려는 말은 사사로이 움켜쥐고 있어서 유통이 안 되고 쌓아두는 자원은 결핍을 낳는다는 것이다. 나누면 그 자원은 우리의 예측보다 널리 유통된다. 실제로 풍족해진다. 표면상의 결핍이 숨겨진 풍족함을 가리고 있을 때가 많다.

성령, 무절제한 하느님의 사절

그리스도인들이 창조주 하느님을 생명의 초월적 원천이라고, 그리스도를 하느님의 로고스 혹은 말씀이라고 강조할 때 그늘에 가려진 '삼위일체의 세 번째 위격'인 성령은 필요 없는 것처럼 보인다. 서구 그리스도교에서는 성부와 성자가 우리의 종교적 영상映像의 스크린을 모두 채워 왔다. 그리스도에 관련된 신학들이 성령에 대한 토론을 벌여 왔지만 세기를 거치는 사이에 모두 자취를 감추었다.

최근 수십 년 동안 학자들이 성경의 하느님상像으로 눈을 돌리면서 성령은 다시 주목을 받게 되었다. 성령은 세상 곳곳에 물결치고 있는 신비스러운 에너지를 일컫는다. 첫 제자들은 오순절에 다락방에 모여 있었다. 예수님의 부재不在에 고뇌하며 공허함으로 가라앉아 있었다. 그 때 불과 바람으로 체험되는 성령이 그들의 마음을 뜨겁게 하고 확신으로 그들을 일으켰다. 그래서 성령 강림 대축일에 우리는 이런 기도를 바친다. "주님, 당신 숨을 보내시어, 온 누리의 얼굴을 새롭게 하소서."

바람이 불고 싶은 대로 불듯이 성령의 하느님은 생기를 주고 치유한다. 바오로는 암울한 시기에 성령을 우리와 함께하며 "말로 다할 수 없이 탄식하시며 우리를 대신하여 간구해 주시는"(로마 8,26) 분으로 묘사한다. 몸에서 나오는 탄식, 말로 다할 수 없는 탄식은 때때로 성령이 현존한다는 신호이다. 바오로는 해방을 기다리는 인간의 염원을 '모든 피조물의 탄식'이라고 썼다(로마 8,22-23 참조). 그는 우리의 희망이 우리의 의덕義德에 있지 않고 하느님의 풍부한 은총에 있다는 점을 일깨운다. 생기를 주고 일으켜 세우고 치유하는 성령은 '에로스'의 일면이며 '하느님의 무절제'를 전하는 사절이다.[38]

---

[38] cf., Philip Sheldrake, *Spirituality and Theology. Christian Living and the Doctrine of God* (Maryknoll NY., Orbis Books, 2000); Philip Gulley – James Mulholland, *If God Is Love. Rediscovering Grace in an Ungracious World* (San Francisco, Harper San Francisco, 2003).

성찰

성경은 하느님의 열정을 기리는 이야기와 이미지들로 가득하다. 이 자료를 자신의 기도와 성찰의 초점으로 삼아 보자.

히브리 성경의 이야기들로 돌아가서, 하느님의 마음에서 일어난 강렬한 감정(분노나 애정, 동정이나 낙담)이 자신을 사로잡은 장절을 하나 상기하고, 그 내용을 찬찬히 살펴보는 시간을 갖는다. 기도하는 마음으로 본문을 읽고, 거기서 작용하는 격정이 무엇인지 확인하고, 자신의 경험과 결부시켜 본다.

그런 다음 복음서로 돌아온다. 예수님이 심한 감정으로 흔들린 여러 일화 가운데 하나를 떠올려 본다. 그 이야기 속으로 들어가, 그 배경과 무대에 자리를 잡고 앉아 예수님이 대응하는 격정을 경험해 본다. 그 격정(욕구, 슬픔, 희망) 안에서 그리스도의 격정과 자신이 어떻게 연결되는지 살펴본다.

이제 자기가 경험한 하느님의 '무절제'를 찬미하면서 "주어라. 그러면 너희도 받을 것이다. 누르고 흔들어서 넘치도록 후하게 되어 너희 품에 담아 주실 것이다."(루카 6,38)라는 예수님의 말씀을 묵상해 본다. 이 아낌없는 관대함이 하느님 체험의 일부가 된 과정을 상기해 본다. 하느님의 무절제가 자신에게 관대한 마음을 갖게 한 과정을 생각해 본다.

4. 에로스의 영성
우리 마음의 욕망을 '위해서' 기도드리기[39]

> 그대가 욕망하는 바를 위해서 기도하라.
> – 로욜라의 이냐시오

에로스는 타인을 향하도록 우리를 움직이는 생명의 에너지이다. 의미 있는 관계와 더욱 결실 있는 삶을 바라는 우리의 희망을 이끌어 가는 에너지이다. 우리의 가장 심원한 욕망에서, 거룩한 갈망에서, 그리고 풍부한 삶을 바라는 최선의 희망에서 에로스가 표출된다.

「영신수련」에서 로욜라의 이냐시오는 영적 여정에 있는 사람들에게 "그대가 욕망하는 바를 위해서 기도하라."고 권고한다. 이냐시오 영성의 핵심에 자리 잡은 이 충고는 놀라운 가톨릭 낙관주의를 반영하고 있다. 우리를 위하는 하느님의 뜻을 우리 자신의 가장 심원한 욕망 속에서 우리 자신이 식별할 수 있으리라는 믿음이다. 우리 본연의 갈망을 드러내고 거기에 신뢰를 둘 수 있다면 이 욕망들은 우리를 보다 풍성

---

[39] cf., Wendy Farley, *The Wounding and Healing of Desire* (Louisville KY., Westminster John Knox Press, 2005), pp.14, 31, 83; Diarmuid O'Murchu, *The Transformation of Desire* (Maryknoll NY., Orbis Books, 2007).

한 삶으로 밀고 나갈 것이다.[40]

이냐시오 이후 여러 세기가 흐른 지금, 작가 로널드 롤하이저[41] 또한 그와 같은 낙관론을 펴고 있다. "영성이란 우리가 욕망을 갖고 하는 일과 연관된다. 그 일은 우리 내면에 자리 잡은 에로스에 뿌리를 두고 있으며, 우리가 이 에로스를 어떻게 구체화하고 통제하는가의 문제이다. 영성이란 그 본질을 정의하자면, 우리가 이 에로스를 어떻게 조종하느냐는 것이다." 그러므로 영성의 여정은 풍족한 삶으로 인도할 욕망, 그런 욕망을 식별하고 기도하라고 우리를 초대한다.

욕망의 날개

우리의 욕망은 이름을 붙이기도 신뢰하기도 어렵다. 우리 마음 속에 꿈과 희망, 두려움과 갈망이 갈피를 못 잡고 혼재하는 것을 본다. 어떤 욕망은 우리를 기만하고 또 다른 욕망은 우리를 고귀함으로 이끌 힘을 갖고 있다.

심리학자 마크 엡스타인[42]은 우리 마음을 점령하고 있는 욕망들, 걷잡을 수 없이 잇달아 일어나는 욕망을 이렇게 묘사한다. "우리는

---

40 cf., Wilkie Au – Noreen Cannon Au, *The Discerning Heart. Exploring the Christian Path* (New York, Paulist Press, 2006); Willi Lambert, *The Sevenfold Yes. Affirming the Goodness of Our Deepest Desires* (Notre Dame IN., Ave Maria Press, 2005).

41 Ronald Rolheiser, *The Holy Longing. Search for a Christian Spirituality* (New York, Doubleday, 1999;「聖과 性의 영성」, 성바오로, 2006), p.7.

42 Mark Epstein, *Open to Desire. The Truth about What the Buddha Taught* (New York, Gotham Book, 2005), p.9.

불완전하다고 느끼며 완전함을 욕망한다. 우리는 불안정하다고 느끼고 편안하기를 욕구한다. 우리는 불안을 느끼고 위안을 욕망한다. 우리는 외로움을 느끼고 사람과의 연결을 욕망한다." 우리가 이런 감정을 품고 있으면서 불안과 욕망이 갈등하는 움직임들 사이에 사로잡혀 있음을 빈번히 절감한다. 이 두 에너지가 우리를 미래와 대면하게 만드는데, 욕망은 우리가 모르는 대상에 마음을 열게 하는 반면 불안은 자꾸 뒤로 빠지라고 권한다.

  이 두 가지 내면의 동력은 우리를 다른 방향으로 끌어간다. 욕망은 우리가 자기 자신에서 벗어나 관계가 가능한 쪽으로 움직여 나가게 하고, 불안은 우리를 우리가 이미 잘 아는 안전한 영역 안에 있으라고 붙잡는다. 엡스타인에게는 "욕망이 우리 활력이다." 욕망의 에로스는 "그 안에서 자아가 형성되는 도가니이다." 그 도가니 속에서 우리 개인의 희망은 흔히 가족의 기대나 문화의 규범과 이념에 휩쓸린다. 이런 여러 가지 영향력에서 벗어나는 법을 배우면서 우리의 삶은 결실이 풍부해지고, 다른 방향을 지시하는 사회적 압력에도 불구하고 자기 자신의 가장 심원한 욕망을 신뢰함으로써 우리의 삶은 결실이 가능해진다.

  우리에게 올가미를 씌우는 '필요'와 '요구'로부터 우리의 최고 희망을 풀어내는 방도가 무엇일까? 필요의 정도가 각각 다르다는 사실을 파악하는 일이 그 출발점이 되겠다. 물, 음식, 비바람을 피할 집은 우리 생존에 우선순위를 차지하는 필요이다. 우리가 생존만이 아니라 잘 사는 것을 고려할 때 필요한 것은 언어, 사랑, 공동체까지 포함하면서 확장되어, 생산적인 일을 하기 위한 기회와 사회나 정치 세계에 대한 참여도 포함한다.

마이클 이그나티에프[43]는 이런 필요들에 제3의 필요를 덧붙인다. "우리는 영靈을 필요로 한다. 우리의 운명이 단순히 우리가 존재한다는 '사실'만이 아니라 존재의 '의미'에 의문을 갖고 이해를 추구하는 유일한 종種이기 때문이다." 이런 필요, 즉 삶에서 의미를 찾고 고통과 죽음에 의미를 부여해야 하는 필요들이 덜 현실적인 것이라면 그만큼 절박하지 않다는 뜻이다.

요즘은 영적인 것에 필요한 것들이 광고에서 떠드는 필요들 가운데 맨 끝자리를 차지하고 있다. 상업과 장사꾼들의 감언이설에 말려들어 잠자는 데 도움이 되는 약이 '필요하고', 늦은 오후에는 여분의 에너지를 보충하기 위한 카페인 한 모금이 꼭 '필요하고', 성행위 시간을 연장시켜 줄 알약이 반드시 '필요하다'고 설득을 당한다. 소비문화에서는 그처럼 끝없는 필요들이 한없이 팽창하는 경제에 필수적이 되고, 그런 경제에 우리의 안녕 well-being이 직결되어 왔다.

여기서 '필요'는 계속 확대되는 '욕구'의 리스트와 겹치게 된다. 우리는 점차 '꼭 사야 되는' 상품, '꼭 봐야 하는' 연예 프로라고 소개되는 수많은 것들을 욕구하도록 길들여진다. 필수적이고 정당한 인간 '필요'들은 급속히 늘어나고 '욕구'로 떠오르며, 그들 스스로 자꾸 많아지고 불어난다. 그런 분위기에서 우리의 가장 심원한 욕망을 찾으려면 어떻게 해야 할까?

우리의 진정한 욕망들은 음식이나 주거 같은 기초적이고 생물학적인 필요 이상의 위치에 자리 잡고 있다. 소비 사회가 주입하는 피상

---

[43] cf., Michael Ignatieff, *The Needs of Strangers* (New York, Henry Holt, 1984).

적 '욕구'보다 훨씬 깊은 곳에 자리한다. 이냐시오가 "그 욕망을 위해서 기도하라."고 격려한 욕망은 일평생 사랑할 사람을 찾아내는 일, 태어나는 아기를 맞아들이는 일, 일생의 노력을 바칠 만한 가치 있는 직업을 선택하는 일과 연관된다. 이 심원한 욕망들은 에로스 영역, 즉 우리 삶이 피어나는 에로스 영역에 깃들어 있다.

  참된 욕망은 우리에게 위안을 주는 형태로 드러나고 또 지속한다. 사랑이나 일에 더욱 깊이 몰두하면 할수록 우리는 이렇게 자인한다. "이게 정말 내가 욕망하는 일이야. 무슨 장애물이 생겨도 하지 않을 수 없는 나의 가장 강력한 열망이야." 그리고 여기에 위안이 뒤따를 때 우리는 이 욕망이 예수님이 약속한 풍요로운 삶으로 이끌어 준다고 확신한다.

욕망을 신뢰하기

  그럼에도 우리는 의문을 갖는다. 우리의 욕망이 위험하지는 않을까? 상당수 그리스도인들은 자신이 욕망과 본능을 불신하고 있음을 실감한다. 우리의 신앙 유산 초기에 욕망은 음욕淫慾이나 이기심에 빠지게 만드는 것이었다. 육과 영의 이원론적 시각의 영향을 받은 그리스도인 저술가들은 '영'은 인간성에서 오로지 선만을 원하는 부분으로 간주하고, '육'은 오로지 욕망에 의해서 충동질당하는 육체적이고 욕정적인 부분을 상징했다. 인간 욕망이 '육'에 뿌리박고 있다면 욕망이 우리를 하느님에게서 멀어지게 하는 것은 당연해 보인다. 더구나 개신교 신학은 인간의 죄 짓는 본성을 부각시켜 타락한 세계가 그 본성 속에 자리 잡고 있는 것처럼 말했다. 하느님의 뜻과 인간 욕망은 거의 상관이 없는 것처럼 보였다.

에덴동산에서 우리의 첫 조상이 "쳐다보니 그 나무 열매는 먹음직하고 소담스러워 보였다. 그뿐만 아니라 그것은 슬기롭게 해 줄 것처럼 탐스러웠다.*desired*"(창세 3,6) 성경에서 욕망을 처음 언급한 내용은 파멸의 결과를 초래하는 운명적 선택을 상기시킨다. 우리 조상이 맨 처음 품은 욕망은 그들이 겪어야 할 유혹이기도 했지만 하느님이 낙원에 마련하신 계획을 해명해 주었다. 이로써 그리스도교가 생각하는 욕망은 불길한 출발이 되었다.

신약 성경에서 '욕망'은 흔히 음욕이나 육욕과 결부되었다. 마태오 복음서의 유명한 구절을 상기해 보라. "음욕을 품고 여자를 바라보는 자는 누구나 이미 마음으로 그 여자와 간음한 것이다."(마태 5,28) 바오로 역시 "탐내서는 안 된다."라는 계명을 언급하면서 욕망을 두고 같은 그리스어 단어를 사용했다(로마 7,7 참조).

욕망을 죄 짓는 욕정과 결부시키는 일은 신약의 야고보서에서 절정에 이른다. 길을 잃은 욕망은 여기서 남자를 꾀는 요부, 유혹하고 죄 짓게 하며 결국 죽음에 이르게 하는 여자로 인격화된다. "사람은 저마다 자기 욕망에 사로잡혀 꼬임에 넘어가는 바람에 유혹을 받는 것입니다. 그리고 욕망은 잉태하여 죄를 낳고, 죄가 다 자라면 죽음을 낳습니다."(야고 1,14-15) 여기서 인간의 욕망은 여성의 유혹이라는 성적 은유로 등장하고 성애, 죄, 죽음으로 이어진다.

욕망이 천한 대접을 받는 일은 그리스도교 학자들 사이에서 이어졌다. 2세기 말 클레멘스는 참다운 그리스도인은 '아무런 욕망도 품지 않는' 경지를 목표로 삼아야 한다고 강조했다. 두 세기 후에 등장한 아우구스티노도 큰 차이가 없었다. 에로틱한 욕망을 육체적 음욕과 직결시켰고, 결혼을 '정욕의 치료제'라고 정의했으며, 마지막에 가서는 원죄를 바로 성교와 결부시켰으니 말이다.[44] 초기 그리스도교 전통에서 욕망은 죄스러운 무엇이라는 악명이 확고하게 자리 잡았다. 거룩한 욕망과 그것이 일상생활에 끼치는 활기찬 기능이 인정을 받기도 했지만 점점 늘어 가는 부정적 견해를 상쇄하지는 못했다.

16세기에 들어 욕망에 관한 악명은 다시 강화되었다. 트리엔트 공의회(1545-1563년)가 시도한 여러 긍정적인 개혁에도 불구하고 새로운 율법주의 개념이 가톨릭 영성에 도입되고 말았다. "행복해지려면 무엇을 해야 하는가?"라는 토마스 아퀴나스의 질문은 "법이 허용하는 것은 무엇인가?"로 대체되었다. 이 법치주의 자세가 더 강화되어 받아들여지면서 그리스도인의 생활 한가운데서 욕망이라는 것을 퇴치해야 한다는 의무감이 발동하기 시작했다. 전에는 공동 예배와 축제의 날로 여기던 주일과 축일이 이제 '의무의 날'로 지정되었다. 사적 고백이 새롭게 강조되면서 의무를 소홀히 하는 것과 부정한 성적 갈망에 대한 관심이 고조되었다.

이런 식의 변천은 욕망에 관한 불신을 심화시켰다. 신자들은 이런 문제를 두고 권위를 가진 자들에게 지도를 구하라는 권고를 받았다. 교회 계명에 대한 복종이 창조성이라든가 모험을 억누르기에 이르렀다. 욕망을 분별하는 데 도움을 주기 위한 개인의 양심이 그러한 영성에서

---

[44] cf., Margaret Miles, *Desire and Delight. A New Reading of Augustine's Confessions* (New York, Crossroad, 1992).

차지할 자리가 없었다. 종교적 열정의 에로스는 다수 그리스도인들의 삶에서 말라 버렸고, 유순한 순종이 그 자리를 대신하고 성애에 관한 고질적 불안감이 팽배해졌다.

욕망을 구제하기

신학자 제임스 넬슨[45]은 이렇게 말한다. "욕망을 뿌리 뽑거나 초월하는 것이 문제가 아니다(욕망은 인간성의 본질적 표지이고 우리가 하느님께 속한다는 표지이다). 문제는 우리 욕망의 모든 대상을 그것이 하느님과 갖는 참된 관계에 맞추어 질서 있게 정리하는 일이다. 안식을 모르는 우리의 마음은 하느님 안에서만 만족과 충족을 발견할 것이기 때문이다."[46] 진정한 욕망을 알아보는 표시는 우리 자신을 넘어서게 하는 능력, 자기 몰입에서 우리를 구해 생동감 있고 생산적인 관계로 이끄는 능력이다. 거룩한 '에로스'가 우리의 깊숙한 욕망에 불을 붙인다면, 사랑과 봉사의 헌신으로 우리를 인도하는 것은 '그레이스'이다. 욕망 자체가 자기 초월의 가닥을 지닌 활력이다. 우리로 하여금 철저히 보호된 에고[ego]에서 벗어나 사랑, 동정, 관대함을 발휘하여 타인과 관계를 맺도록 움직이게 한다.

유다인 선조들은 자기 정열이나 육체적 욕구를 겁내지 않았다. 그들은 에로틱한 갈망을 기도로 돌렸다. "제 영혼이 당신을 목말라합니

---

[45] cf., James Nelson, "Love, Power, and Justice in Sexual Ethics." in *Christian Ethics* (New York, Pilgrim Press, 1996), pp.288-289.
[46] 각주 7 참조 : 아우구스티노, 「고백록」 (성염 역주, 경세원, 2013) 1,1,1.

다. 물기 없이 마르고 메마른 땅에서 이 몸이 당신을 애타게 그립니다." (시편 63,2) 하느님과 우리 욕망 사이의 더 깊은 연관도 발견된다. "주님 안에서 즐거워하여라. 그분께서 네 마음이 청하는 바(욕망)를 주시리라." (시편 37,4) 이런 기도들은 우리의 여정이 하느님을 향해 가고 활기찬 여정이 될 수 있게 하는 인간의 욕망을 재발견하도록 용기를 준다.

성경의 이런 초대에 응해서 그리스도인들은 하느님의 욕망을 자기 욕망과 연계하려고 시도한다. 삶을 향한 하느님의 희망과 야심은 우리의 마음을 뒤흔드는 욕망 속에 반쯤 숨어 있다. 우리의 탐색은 애매모호한 가운데서도 우리 안에 있는 하느님의 욕망이 우리의 가장 깊고 가장 진실한 자아들이 지닌 최선의 관심과 갈등을 일으키지 않는다고 신뢰할 수 있다. 이냐시오 영신수련의 대가 조셉 테틀로우[47]는 우리의 욕망과 우리를 향한 하느님의 야망 사이에 존재하는 이 내밀한 연관성을 보강한다. "하느님, 우리의 창조주이신 주님은 우리 갈망 속에 당신의 희망을 적어 넣으신다. 우리 마음이 그분을 향하게 만들어져 있다면 그분은 당신을 향하는 깊고 깊은 욕망을 우리 마음속에 심어 놓으셨다."

오늘날 그리스도교 영성에 미묘한 변화가 일고 있다. '하느님의 뜻'에 관한 이야기가 서서히 '하느님의 욕망'에 대한 토론으로 대체되는 중이다. 열정적으로 살아 계시는 신비스러운 현존으로 성경에 그려진 하느님의 초상을 재발견하면서, 우리를 향한 하느님의 야망을 깊이 생각하면서 우리는 편안한 마음을 갖는다. 초기 신심은 일종의 '청사진'을

---

47 cf., Joseph Tetlow, *Choosing Christ in the World* (St. Louis MO., The Institute of Jesuit Sources, 1989).

상상해 냈다. 영원으로부터 하느님은 우리가 우리 삶에서 선택해야 할 중요한 것을 '청사진'으로 준비해 놓으셨다는 발상이다. 이 시나리오에 따르면 우리는 어떻게든 하느님이 우리를 위해 세세한 점에 이르기까지 결정해 놓은 것의 단서를 찾아내는 데 노심초사하게 된다. 그리고 이미 완료된 설계에서 벗어나는 선택을 하지나 않을까 초조해하며 정신적 마비가 올 것이다.

이런 모형을 버리고 오늘날 그리스도교 영성은 사랑이 많은 하느님, 결실이 풍부하고 관대한 삶으로 가는 가능성을 열어 놓은 하느님, 개인의 소명을 창조해 가는 데 필요한 자유와 도구(양심과 동료, 재치와 덕성 등)를 보장해 주는 하느님으로 인식한다. 론 한센의 소설 「황홀경의 마리에트」[48] 끝 대목에 경건한 여인 마리에트는 하느님께 자기 삶이 어떻게 전개될지 보여 달라고 호소한다. 그녀는 자기가 늘 하느님의 뜻을 알고 따르려고 노력해 왔다는 사실을 환기하며, 지금 다시 하느님의 이끄심을 기도한다. 그녀가 하느님의 응답을 묵상하고 있는 사이에 정말 심원한 계시가 떠오른다. "우리는 그분께서 만들어 주시고 잡아 주시고 지켜 주시기를 바라며 노력한다. 그런데 그분은 우리에게 자유를 부여한다. 그리고 이제 내가 당신의 뜻을 알려고 하면 그분의 온화함이 넘쳐흐르고 그분의 큰 사랑이 나를 압도하며 그분이 속삭이는 소리가 들린다. '나를 놀라게 해 봐!'" 수십 년에 걸쳐 믿을 수 있는 양심이 형성되었으므로 하느님이 우리 각자의 욕망을 신뢰하고 따르도록 초대한다고 기대할 수 있지 않을까? 그 거룩한 갈망들이 우리를 위한 하느님의 위대

---

[48] Ron Hansen, *Mariette in Ecstasy* (New York, Harper Collins, 1991), p.179.

한 야망에 그 원천을 둔 것은 아닐까?

우리와 관계를 맺고 있는 더 관대한 하느님의 초상을 보면서도 우리는 자신의 갈망이 정말 신뢰할 수 있는 것인지 의심할 수 있다. 영성 작가 필립 셸드레이크[49]는 "만일 우리가 그 욕망들과 친구가 되면 그럴 수 있다. 욕망과 친구가 되고 시험해 보아야만 우리는 깊은 욕망을 구분하는 방법을 서서히 배울 수 있다."라는 대답을 내놓았다. 우리 욕망들에 좀 더 다정해지고 시험해 보는 일은 영에서 이루어지는 어느 삶에도 핵심이 되는 활력이다. 우리의 원의나 욕구나 욕망들이 겉으로 떠오르면 우리는 거기에 귀를 기울일 시간을 내야 한다. 대체 어디서 그런 욕망들이 오는지, 우리의 최고 희망에 관해서 그것은 무엇을 드러내 보여 주는지 들여다봐야 한다. 우리의 욕망에 친숙해지는 일은 진정한 그리스도인의 삶에서 결코 폐기되지 않는다.

보답받지 못한 욕망, 안달하는 마음

에로스, 욕망에 의해 움직이는 에로스는 부재不在와 함께 사는 법을 배워야 한다. 아직 돌아오지 않은 연인, 막 도달할 것 같은 필생의 야심, 정열적으로 성취하고 싶은 초탈 등에서 우리를 가르치는 것은 부재이다. 에로스 자체는 흔히 안절부절못하는 상태에 있다. 아우구스티노가 일깨우듯이 "당신 안에 쉬기까지는 우리 마음이 안달입니다."

안절부절못하는 욕망들이 우리가 아는 전부라면 삶은 성장하지

---

[49] Philip Sheldrake, *Befriending Our Desires* (Ottawa CA., Novalis, 2001), p.29.

못할 것이다. 갈망과 실현 사이의 간격을 어떻게 참을 수 있겠는가. 실제로 동경하던 목표 중 어떤 것은 실현되지 않을지 모른다. 부부가 아이를 갖고 싶어 애타게 기다리지만 많은 노력 후에도 이 희망은 채워지지 않는다. 헌신적 사랑으로 피어날 만한 인간관계가 언약되어 한껏 즐거워하는데 결국 그 희망이 좌절되고 만다. 재능 있는 젊은이가 오케스트라와 협연하는 피아니스트가 되기를 동경하지만 그 직업에서 요하는 역량이 부족함을 점차적으로 깨닫게 된다. 이런 고통스러운 깨달음에서 우리는 인생의 약속이 무너졌다는 느낌을 받는다. 우리의 가장 깊은 희망을 상실한 것처럼 여겨질 때 하느님마저 우리를 주저앉히신 것만 같다.

이런 위기에서 두 가지 대응은 존중할 만하다. 먼저, 분노할 권리가 있고 그 분노는 하느님께 표출해도 된다. 시편 작가는 우리 분노가 기도가 될 수 있다고 가르쳤다. 슬픔을 표현하면서 하느님과 자신을 연결할 때가 그렇다. 이윽고 분노가 가라앉고 두 번째 대응이 가능해진다. 마음을 다시 열고 깊은 욕망에 귀를 기울인다. 앞선 꿈은 실패했다. 어떻게 하면 그 욕망의 더 깊은 에너지를 되찾을까? 어떻게 하면 우리의 에로틱한 열망, 새 아내를 맞아들이고 타인과 보다 깊이 사귀고 세상에 더 뛰어난 아름다움을 제공하겠다는 열망을 충족시킬 것인가? 욕망이 점차 다시 깨어나면서 삶에 대한 우리의 투신을 촉구한다. 이처럼 에로틱한 에너지에서 소외당한 채로는 결국 성장하지 못한다. 그런 생각에 우리는 마음에서 일고 있는 욕망에 다시 한 번 자신을 열게 된다.

웬디 페얼리[50]는 이렇게 믿었다. "에로스도 그렇지만 욕망은 하

---

[50] cf., Wendy Farley, *Eros for the Other* (University Park PA., Penn State Univ. Press, 1996).

느님이 주신 에너지이다. 우리의 온갖 고통 아래 놓여 있는 에너지이다. 우리가 이 깊숙한 에너지와 결속할 수 있다면 욕망은 우리를 이끌어 모든 실수, 괴로움, 상실, 절망의 순간들을 지나쳐 통과하게 만들 것이다."

욕망 속으로 더 깊이 들어가 살기

탐욕스러운 사회, 갈수록 침투하는 소비주의는 우리를 항시 안달하는 상태로 꾀어 들일 위험이 있다. 더구나 문화는 우리가 하는 일이나 인간관계, 심지어 친구들과 여유 있게 나누는 식사에서도 만족을 찾지 못하게 방해한다. 바쁜 일정으로 그런 단순한 만족도 누릴 여유가 없다. 우리는 미완의 삶의 와중에서 자신이 휴식을 취하도록 허용할 수조차 없다. 그러나 끊임없이 갈등을 일으키는 '욕구'와 '필요'를 즐긴다면 삶은 아우구스티노의 기도를 패러디한 것이 된다. 우리의 마음은 늘 안달이지만 그것을 전부 흩어 버리는 것이 하느님의 욕망을 제대로 반영하는 것은 아니다.[51]

신앙 공동체가 성숙한 이들의 모임이라면 우리의 안달을 좀 더 진정한 욕망을 향해서 가다듬게 돕는다. 함께하는 예배, 공동 기도, 영적 동반, 사회 활동을 통해 많은 신앙 공동체가 욕망을 식별할 공간을 마련한다. 그리고 이런 공동체들은 세상에 필요한 것을 향해 우리 마음을 여는 생명의 에너지인 에로스로 활기를 띠게 된다.

---

[51] cf., Margaret Miles, *Desire and Delight. A New Reading of Augustine's Confessions* (New York, Crossroad, 1992).

성찰

종이에 자신의 인생을 표시하는 선을 하나 그어 본다. 단순한 직선일 수도 있고 나선형일 수도 있으며, 삶의 몇몇 변화를 표시하는 높낮이를 그리는 거창한 그래프일 수도 있다. 예술 작품이 아니므로 신속하게 그림을 그려 본다.

그런 다음, 그 선에 따라서 점을 표시하는데, 아마 하나 이상이 될 것이다. 인생의 여정에서 자신이 욕망을 따랐던 때, 즉 직업을 선택하거나 바꾸었을 때, 사람들과의 관계가 더 깊어진 때, 새로운 꿈을 품게 된 때 등을 확인하는 점을 표시한다.

자기 앞에 놓인 이 욕망의 인생 가닥에서 그 욕망이 믿을 만했던 시점에 초점을 둔다. 잠시 그 욕망의 체험이 자신의 기억 속에서 온전히 떠오르기까지 기다린다. 그리고 다음 질문을 던져 보자.

- 그 욕망의 체험에서 앞으로 나아가도록 밀어붙인 것은 무엇이었나?
- 그 욕망을 왜, 어떻게 따라갈 수 있었는가?
- 어떤 장애를 겪었는가? 주저하거나 그 욕망에서 발걸음을 되돌리려는 유혹을 받은 지점은 어디인가?
- 인생의 어느 시점에 그것이 신뢰할 만한 욕망임을 확인했는가?
- 믿을 만한 욕망을 체험한 결과, 다른 사람들에게 어떤 격려나 주의를 해 주고 싶은가?

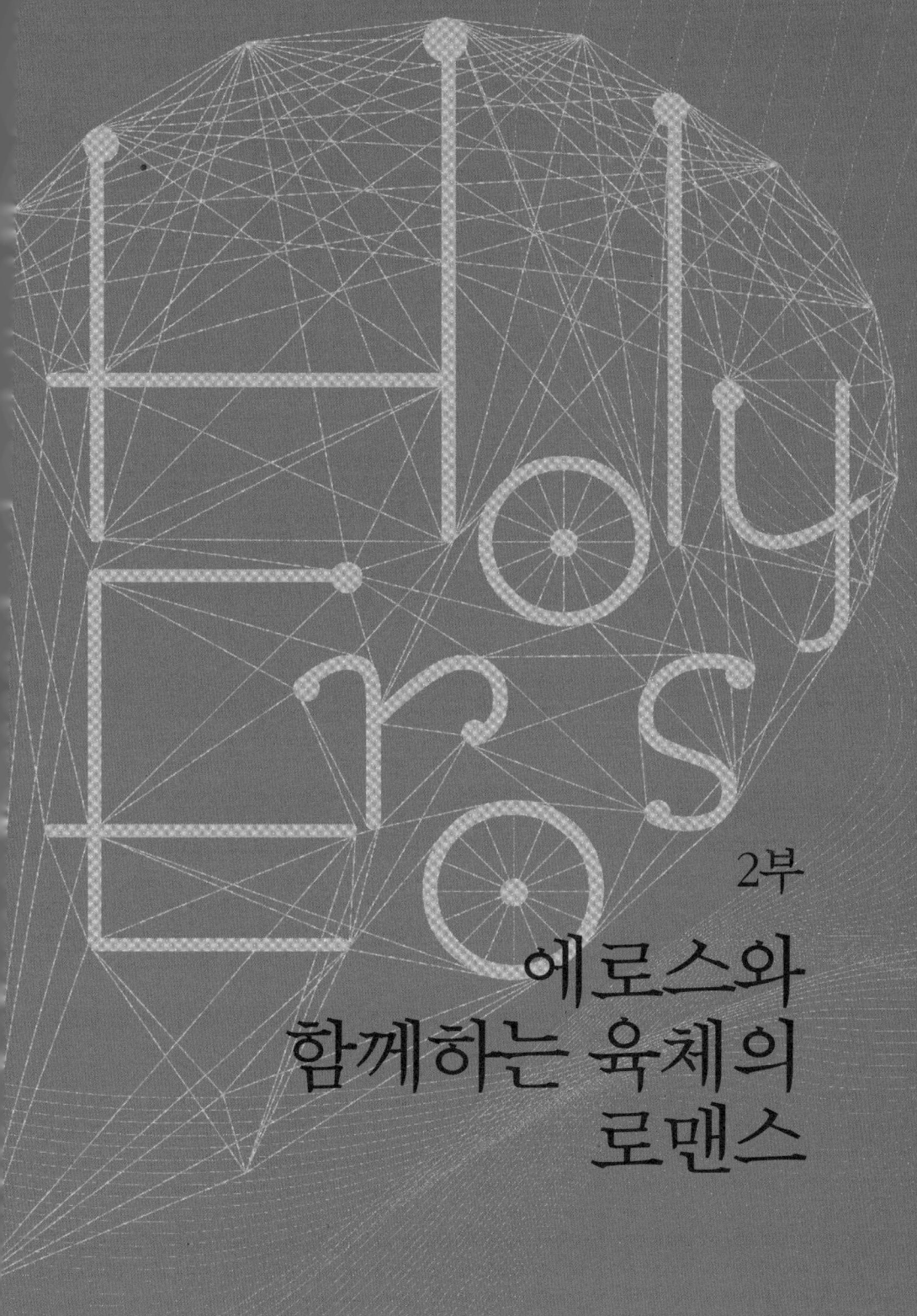

2부
에로스와 함께하는 육체의 로맨스

에로스의 영성은 특별히 육신과 관련이 있다.
'몸이 성령의 성전'이기 때문이다.

보다 희망 찬 날, 그리스도인들은
'그레이스'가 우리 몸에 입력된 영적 선물임을 믿는다.

우리는 몸의 지혜를 믿을 수 있다.
신경과 근육에 깃든 정보와 직감을 믿을 수 있다.

우리 몸이 우리를 세상의 훌륭함과 위험에 적응하게 만들 때
에로스는 육감肉感에서 성숙한다.

몸의 에너지가 갖는 리듬은 고요한 집중을 유지하고
지나친 일과 염려는 이런 고요함을 깨뜨려
'짜증과 열광'을 거듭하게 버려둔다.

2부에서는 우리가 품고 있는 '몸'의 이미지를 성찰하고
거룩하지 못한 폭군적 이미지에 휘둘리지 않았는지 반성한다.

몸은 대단한 상징적 위력을 지니고 있으니
몸은 장식이고 도구이며 성사聖事이다.

쾌락은 우리가 자기 삶에 더욱 풍요롭게 현존하도록 하거나
우리가 대면해야 할 아픔과 슬픔에서 눈을 돌리게 한다.

5. 일상생활의 에로스
관능, 감정, 성[52]

> 감정에 두려움을 품어서는 안 된다.
> 에로스는 참치유자이기 때문이다.
> 우리는 자신을 다른 이들과 묶어 주고
> 살아 있는 세상과 묶어 주는 열정을 계발하기만 하면 된다.
> - 칼 융

'에로스'는 인간관계에 생명을 주는 원천이다. 고대의 저술가들은 우리가 선한 것, 참된 것, 아름다운 것을 지향하도록 이끄는 에너지를 에로스라 일컬었다. 그런데 현대에 '에로스'라는 단어에 가장 가까우면서도 대조적으로 쓰이는 단어는 '에로틱' erotic 인데, 외설적 의미가 담겨 있어 불륜이나 도착적 성행위의 이미지를 떠오르게 한다. 오늘날 심리학자들과 신학자들은 지금까지 천대받아 온 에로스의 본래 의미를 되찾고 있다. 이 단어의 가장 오래된 의미에 의거해, '에로스'가 인간 존재의 근본 생명력임을 재천명하는 중이다. 더 넓은 의미에서 이 단어는 성적 충동과 그 이상의 것을 포괄한다. 에로스는 타오르는 욕망이다. 우리 몸에 뿌리를 두고서, 에로스는 열정적으로 인간을 삶에 한데 묶는다. 접촉

---

[52] cf., Stephanie Paulsell, *Honoring the Body. Meditations on a Christian Practice* (San Francisco CA., Jossey-Bass, 2002); Fran Ferder - John Heagle, *Tender Fires. The Spiritual Promise of Sexuality* (New York, Crossroad, 2002).

하려는, 말 그대로 만지고 싶어 하는 우리의 모든 시도에는 에로스가 움직이고 있다. 욕망과 희열, 고마운 마음과 동정심은 에로스의 선물이다. 에로스는 우리로 하여금 생기를 불어넣는 생명으로 타인들과 맺어지게 만든다.

인간 삶에서 에로스는 일찍 등장한다. 아기들이 자신의 몸과 주변 세계를 탐색하는 단순한 기쁨에서 처음 나타난다. 잘 자라고 있는 아이 주위를 에워싼 만족하는 기운에서 에로스가 춤춘다. 엄마 가슴에 안겨 평화롭게 젖을 빠는 아기, 아빠의 팔에 사랑스럽게 안긴 갓난아기, 이런 모습은 염세적인 사람들의 마음도 움직인다. 그래서 우리는 신비가의 주문mantra을 염송하게 된다. "다 잘될 거야. 잘되고말고. 만사 다 잘될 거야."

에로스는 건강한 아이들이 뿜어내는 원기에 불을 지핀다. 이 에너지를 관리하는 것이 성장 과제의 하나지만 성숙해 가는 과정이 에로스를 위기에 몰아넣을 수도 있다. 대부분의 사람들은 이 넘치는 왕성한 원기가 유순해지는 데에 그치지 않고 아예 길들여지고 만 채로 성년에 이른다. 사회적으로 잘 길들여진 자아는 자발성이라는 것을 불신한다. 삶에 대한 우리의 자세는 책임지고 단념하고 때로 성내기도 하지만, 정열적인 경우는 드물다. 그래서 자신의 본분을 지키고 충실하게 사는 것 같으면서도 어딘지 생명과 단절된 느낌을 갖는다. 에로스는 사라져 버린 듯하고 생명력과 기쁨도 가져가 버린 듯하다.

그러나 우리가 성인이 되어 아는 금기禁忌 속에서도 에로스의 본질적 에너지는 살아남는다. 우리의 관능, 감정, 성性이 우리를 움직여서 세계를 향해 열리고 하느님의 창조 능력이 메아리칠 때 우리는 에로스

의 위력에 다가가는 셈이다.[53]

우리의 감각을 축하하기

몸은 영혼에게 선물을 준다. 여름날의 나른한 만족감, 바닷가를 거니는 활기찬 걸음, 사랑이 담긴 포옹의 포근함, 친구들과 나누는 식사의 즐거움 등 모두 우리 몸이 있어 누리는 혜택이다. 우리 몸은 아름다움에 흥분하고 기쁨에 감동한다. 그리고 우리 몸은 접촉을 원한다. 애정으로 안기고, 연인의 애무를 받고, 격려하는 손길이 쓰다듬어 주기를 원한다. 이런 선물이 우리에게 오는 것은 감각을 통해서이다. 감각은 우리를 세상과 이어 주고 그 즐거움을 열어 준다.

눈은 색채를 즐긴다. 꽃들이 만발한 정원에서, 가을빛으로 아름답게 물든 산에서, 장엄하기까지 한 저녁노을을 보며 색채를 즐긴다. 색깔은 우리의 시선을 사로잡는다. 색깔은 우리의 식욕과 패션 선택에 영향을 준다. 어떤 사람은 시각이 발달해서 모양과 형상과 형태를 보는 감각이 세련되고, 미술에 조예가 깊거나 집 안 장식에 재능을 보인다. 눈으로 보는 것에서 흥분하기도 하고 마음이 조용히 가라앉기도 한다. 수많은 별이 빛나는 겨울밤의 황야, 위용을 드러내는 산의 경관, 힘차게 떨어지는 폭포수의 위력 같은 자연의 아름다움은 새로운 감각을 일깨워 준다.

---

53 cf., Margaret Miles, *Practicing Christianity. Critical Perspectives for an Embodied Spirituality* (New York, Wipf and Stock, 2006).

소리 역시 선물로 온다. 사랑하는 사람의 목소리를 들으면 마음이 설렌다. 친구, 연인, 아이들의 목소리, 심지어 애완동물의 소리에도 우리의 가슴은 두근거린다. 음악은 다양한 분위기를 만들어 낸다. 존 필립 수자 John Philip Sousa의 행진곡 리듬에, 낭만적인 비엔나 왈츠에, 바그너 오페라의 불길한 음조에도 우리 마음이 들뜬다. 우리가 악기 연주자이든 합창단원이든 청중이든 음악은 우리를 즐겁게 한다. 자연도 소리로 모습을 드러낸다. 흑등고래가 물 위로 오르내리며 내는 신기한 멜로디, 여름날 미풍 속에 들리는 바람결의 섬세한 떨림, 폭풍이 몰아치는 해변에서 파도가 부서지는 소리 등 자연은 소리로 다가온다.

과학자들에 의하면 냄새는 가장 감각을 자극하는 것인데도 우리가 제일 인지하지 못하는 것이라고 한다. 냄새를 맡든 냄새가 나든 우리는 '냄새'를 좋아하지 않는다. 미국 사람들은 자기 체취를 없애거나 숨기는 데 막대한 시간과 돈을 쓰며, 우리처럼 냄새를 없애는 데 주의를 기울이지 않는 문화를 좋게 생각하지 않는다. 그러나 적어도 잠재의식에서는 후각이 우리의 친근한 인간관계에서 중요한 역할을 한다. 페로몬은 각각의 사람에게서 분비되는 특유의 화학 물질인데, 우리는 후각으로 이 냄새를 맡아 서로를 알아본다. 엄마들은 자기가 낳은 아기의 살갗에서 나는 특유한 향내로 즉시 아기를 알아본다. 배우자들은 파트너의 친근한 냄새, 상대방의 옷가지에서 나는 그 사람만의 냄새를 즉각 알아챈다.

봄 동산에서 나는 향기, 금방 깎은 잔디밭의 풀냄새, 심지어 헛간의 퀴퀴한 냄새를 통해 우리는 자연과 접촉한다. 향기는 감정을 자극한다. 집에서 갓 구운 빵 냄새는 편안한 위안을 주고, 수도원 성당의 분향

냄새에서는 장엄함을, 확 풍기는 향수 냄새에서는 자극적인 것을 연상한다. 좋은 냄새는 건강한 삶의 의식을 높여 준다. 숨을 깊이 들이마시게 하고, 허파 가득 산소를 채워 건강한 삶의 감각을 높여 준다. 페퍼민트, 레몬, 유칼립투스 등의 향기는 우리를 깨어 있게 자극하고, 구절초나 사과 향, 라벤더 향은 우리의 호흡을 느리게 이완시켜 휴식을 돕는다.

맛을 통해 우리는 음식이 주는 본질적인 즐거움을 경험한다. 잘 익은 달콤한 배 과즙, 집에서 길러 수분이 많은 토마토의 맛, 갓 튀긴 팝콘의 바삭함, 품질 좋은 포도주의 깊은 풍미에서 기쁨을 느낀다. 더운 날 시원한 물 한 잔은 우리를 유쾌하게 만들고, 겨울날 오후에 마시는 따끈한 코코아 한 잔도 그렇다. 맛은 우리가 사랑하는 사람들과 나누는 즐거움을 배가시킨다. 친구 한 사람을 위해 마련한 소박한 식사를 통해서든, 집 안의 특별한 기념일을 축하하는 성대한 잔치든 마찬가지다.

음식은 우리가 자신과 다른 사람을 보살피는 일에서 매우 중요한 것이므로 맛은 흔히 상징적 역할을 한다. 빵과 감자 같은 달착지근하고 전분이 많은 음식은 우리에게 결핍되면 안 되는 영양분과 자양분을 위한 '대용식'이다. 파스타, 감자, 빵처럼 탄수화물 함량이 높은 음식이 마음을 편하게 해 주는 음식이라고 하는 것에는 생물학적 근거가 있다. 그런 음식들이 소화가 되는 동안 뇌에서 세로토닌의 수치가 높아져 불안감을 감소시키기 때문이다.

촉감의 즐거움은 부드럽게 쓰다듬거나 격려하는 포옹, 몸을 진정시키는 열탕욕, 기분을 상쾌하게 해 주는 마사지 등에서 느낄 수 있다. 무더운 여름밤 서늘함이 느껴지는 침대 시트나 살갗에 와 닿는 비단의 살랑거리는 감촉은 섬세하다. 어떤 촉감은 더 생생하다. 애완동물의 풍성한 털을 쓰다듬거나 빵 반죽을 주무를 때의 감촉이 그렇다. 수공예 작업에서 만족을 느끼는 것은 중간쯤에 해당한다. 도자기를 만들면서 찰흙 반죽 물레를 돌릴 때, 바느질하는 손에 와 닿는 옷감과 결의 가닥, 목각을 하면서 새기고 사포질하고 문질러 닦는 촉감이 그렇다.[54]

애정 어린 터치는 우리가 사랑하는 사람과의 친근감을 표현하고 또 강화한다. 부모가 아이를 안아 주고 다독거리고 쓰다듬어 주면서 안전하게 보호하는 포옹은 부모를 떠나 있게 되었을 때도 오래도록 기억에 남는다. 사랑하는 사람의 따스한 보살핌과 위로의 손길을 경험할 때 우리는 치유와 기쁨을 느낀다.

예수님과 터치의 위력

예수님의 생애를 돌이켜 본다면 신체적 접촉의 위력을 파악하는 데 도움이 된다. 마르코 복음서에서 우리는 사람들과 자주 신체적 접촉을 하는 인간적인 예수님을 만난다. 어느 날 저녁 자리에서 어떤 여자가 예수님께 다가와 그분의 머리에 값비싼 향유를 발라 드린다. 이 감각적인 행동은 주변 사람들을 놀라게 하고 불쾌하게 했다. 그들은 자리에 어울리지 않는 친밀감을 보인 것에 불편한 심기를 드러내며 그 여인의 행위를 사치와 낭비라고 트집을 잡는다. 그러나 예수님은 "이 여자를 가만두어라."(마르 14,6 참조) 하신다. 그 접촉을 반기셨던 것이다.

---

[54] cf., Mary Ann Finch, *Care Through Touch. Massage as the Art of Anointing* (New York, Continuum, 2000).

마르코 복음서 전편에 예수님을 찾는 병든 사람들의 이야기가 나온다. 그들이 예수님을 만나면 예수님은 그들의 삶을 바꿔 주는 방식으로 응답하신다. 또 예수님은 그들을 어루만질 필요가 있으신 듯 당신께 다가오는 사람들과 접촉하신다. 눈먼 사람을 낫게 하실 때 예수님은 당신 침으로 흙을 개어 그 사람 눈에 발라 주셨고 그는 점차 시력을 회복한다. 다른 대목에서는 예수님이 어린이들의 단순함을 들어 말씀하신다. "그러고 나서 어린이들을 끌어안으시고 그들에게 손을 얹어 축복해 주셨다."(마르 10,16)

사람들과 접촉을 하시는 예수님의 이야기 가운데 가장 감탄스러운 일화는 병을 앓고 있는 여인이 그분의 옷자락에 손을 대기만 해도 병이 나으리라는 확신으로 예수님께 다가온 것이다(마르 5,27-29 참조). 예수님은 누군가 각별하게 당신을 만졌음을 아시고 걸음을 멈춘다. 그리고 누가 당신을 만졌느냐고 묻자 일행은 놀란 표정을 했다. 군중 속을 빠져나가느라 사람들이 밀쳐 대는 중이었기 때문이다. 예수님은 당신에게서 힘이 나간 것을 안다고 말씀하신다. 여기 중요한 가르침이 있다. 손을 대는 것의 감각적이고 영적인 능력의 경이로움을 우리가 존중한다면 그 접촉에는 치유하는 힘이 있다는 사실이다.

우리를 감동시키는 느낌들

감정[55]은 우리를 움직이는 힘이다. 강한 느낌은 우리 살갗을 떨

---

[55] 영어 'emotions'은 'e-motions' 곧 "…로부터e- 움직임motions"을 뜻한다.

게 하는 사소한 반응만이 아니다. 융이 상기시키듯이, 우리의 열정은 우리를 "다른 이들과 묶어 주고 살아 있는 세상과 묶어 준다." 감정은 우리를 다른 사람들과 연결하고 우리의 내적 체험과 소통하며 우리 응답에 활력을 주는 사회적 자극이다. 우리가 자신의 열정을 감싸 안으면 그것이 우리를 움직여 보다 심원한 자아의식에 데려다 줄 수 있으며, 우리를 그 의식에서 끄집어내 세상 속으로 들어가게 할 수도 있다.

감정 이입은 마음을 열어 다른 사람들의 마음 깊이 들어가게 한다. 우리 자신도 분노와 충동과 슬픔을 느껴 알므로 타인이 겪는 그 감정들이 그들에게 일으키는 의미를 알고 그 충격을 이해할 수 있다. 이런 결속은 타인의 기대와 필요에 더 예민하게 응답하고, 그 사람이 겪는 일을 먼저 생각하고 반응할 능력을 우리에게 준다. 감정 이입으로 우리는 자신의 관심사를 제쳐 놓고 타인의 경험과 가치를 존중하는 데 마음을 쓰며, 그들의 시각에서 바라보게 된다. 이렇게 자기를 비우는 점진적인 훈련은 참다운 상호 관계로 발전할 수 있다.

분노는 우리를 행동하도록 일으켜 세운다. 뭔가 잘못되었다는, 바로잡아야 한다는 경고를 내보낸다. 분노는 부당한 일과 모욕에 대응하는 것이고, 그런 손상을 끼친 사람들에게 맞서 행동하도록 자극한다. 불의에 항거하는 분노는 사람들을 한데 모으고, 항의를 해서 성과를 얻게 만든다. "우리는 다수이며 우리의 주장은 정당하다!" 때로 분노의 격정이 우리를 잘못 이끌어 폭력에 호소하기도 하고 잘못이 없는 사람을 비난하기도 한다. 이런 이유로 우리는 분노를 절제하는 법을 배워야 하고, 대응하기 전에 항의를 검토하고 우리가 내놓는 대안을 제대로 평가할 줄 알아야 한다. 그러나 일단 정제된 분노는 진짜 위협에 경보를 울리는 동지가 되고 도저히 용납하지 못할 상황을 마주하는 투신에 힘을 준다.

동정은 우리를 일깨워 타인의 고통을 의식하게 하고 '고통을 받는 이 사람이 곧 내 동족이다.'라며 인류애를 나누게 한다. 동정심을 갖게 되면 타인의 비탄에 마음이 움직이고 때로 눈물도 흘리게 된다. 더욱 중요한 것은 동정심이 우리를 행동하게 만든다는 것이다. 치유 의식, 결속 행위, 정의를 요구하는 발언을 하게 만든다.

죄의식은 극히 개인적인 것으로 여겨질 수 있지만 이 감정도 우리의 인간관계를 보호한다. 죄의식은 우리가 누구에게 상처를 입혔다는 표시이다. 죄의식으로 겪는 고통은 우리가 상처를 준 사람들과 화해하는 길을 찾게 만든다. 죄책감은 우리에게 최상의 자신이 되라고 요구하고, 우리의 삶에 의미를 부여하는 헌신을 일깨우도록 재촉한다.

신의는 사랑을 강화한다. 우리가 했던 약속을 상기할 때 신의는 그 약속에 헌신할 힘을 준다. 사랑하는 사람에게 상처를 받았을 때 신의는 우리를 용서로 이끈다. 갈등과 모순은 어떤 의미 있는 관계에서도 피할 수 없는데, 거기서 화해를 가능하게 만드는 것은 신의이다.

헌신은 사랑하는 사람의 행복을 위해 더욱 적극적으로 관심을 쏟게 한다. 타인을 우리의 연장체延長體로 여기지 않고 온전히 그 사람 자체를 위해 그렇게 하게 된다. 헌신적인 사랑에서 타인의 행복은 내 행복만큼 중요하게 여긴다. 그리고 상호 헌신은 우리에게 소중한 선물을 안겨 준다. 상대를 보살펴 포옹하는 그 속에 내가 안겨 있게 만든다. 헌신이라는 것은 시험을 거친 에로스요, 오래 견뎌 낸 사랑이며, 생활 방식으로 굳어진 보살핌이다.

고마움은 받은 선물을 의식하는 반가움이고 감사하는 마음을 표시하게 한다. 우리 삶을 축복해 준 사람들과 애정으로 맺어지게 하고 그 보답으로 우리는 관대해진다.

이러한 일련의 감정에서, 모든 문화적 감동에서 에로스가 움직인다. 욕망에서는 에로스가 우리 선택에 동기를 부여하고 우리의 투신을 심화시킨다. 갈망에서는 에로스가 고통과 세상의 아름다움에 마음을 열어 준다. 정열에서 에로스는 성적 즐거움과 결실 있는 사랑으로 우리 삶을 풍요롭게 만든다.

에로스와 성적 열망

우리는 성적 열망이 얼마나 변덕스럽고 모호한 것인지를 경험으로 안다. 그 에너지는 자칫하면 이기적이고 때로는 파괴적이며, 이해하기 어려울 정도로 우리를 몰고 가 다른 사람에게 상처를 주고 자신을 학대하게 만든다. 에릭 에릭슨[56]은 이런 위험을 묘사하여 "생식 기능이 성숙하는 단계에 이르기 전, 성생활이란 것은 대체로 자아를 모색하고 일종의 자기 인식을 갈망하는 형태로 이루어진다. …그렇지 않으면 상대를 패배시키려는, 일종의 생식의 싸움터로 남아 있게 된다."고 말한다.

그러나 이렇게 모호한 열정이 어떻게 성숙해 가는지도 경험이 보여 준다. 우리는 좋은 친구들과 어울리면서 애정을 주고받는 법을 배운다. 또 결혼이라는 이름으로 상대방에게 열정을 바치기로 약속하고

---

[56] Erik Erikson, *Identity. Youth and Crisis* (New York, Norton, 1980), p.137.

그 약속을 지켜 가면서 튼튼하게 성장한다. 우리는 마음이 넓어지면서 낯선 사람들, 심지어 우리에게 상처를 준 사람들에게도 동정심을 갖게 된다.

접촉하고 싶고 더욱 풍성한 삶을 누리고 싶은 욕망이 우리의 여러 면의 자아실현으로 넘치게 된다. 다른 사람과 함께 있고 싶은 욕망, 우리 삶을 결실 있게 엮어 가고 싶은 욕망, 우리 자신을 넘어서서 어떤 가치에 헌신하고 싶은 욕망은 우리의 성욕과 영성을 둘 다 활성화한다. 성욕이 지니는 복합적인 위력은 하느님께서 우리에게 주신 에로틱한 선물이다. 우리 육체의 열정은 적도 아니고 악마도 아니므로 그것에 멍에를 씌울 필요가 없다. 우리의 성적 욕구는 근본부터 이기적인 것도 아니므로 금욕이 우리 일상의 규율이 되지도 않는다. 우리는 성의 에로스와 친해지는 법을 배워야 한다.

성욕과 친해지는 일은 평생의 과정이다. 우리의 에로스 체험은 정서적 매력, 성적 충동, 헌신적인 사랑의 심화로 연계점을 확장해 나간다. 우리 감정의 감각적인 근원을 인식할 때, 성적 열정이 타인의 영혼을 향해 열리는 길이라 확인할 때 우리 성애의 삶은 더욱 통합적인 것이 된다.

사춘기는 우리 인생 여정에서 중요한 단계를 점한다. 갑자기 성性이라는 것이 거대한 모습을 드러낸다. 우리 몸이 쉽게 흥분하고 접촉을 갈구한다. 데이트와 성적 접촉이 혼란스러울 만큼 어려운데도 성적 즐거움이 자꾸 손짓을 한다. 처음에 성은 낯설어 보일 수 있다. 그러나 우리는 욕구와 각성, 성행위와 절제, 우정과 연애의 패턴에 점차 익숙해진다. 에로스가 성숙해지면서 성욕을 친구처럼 맞아들이게 된다.

그런 일은 어떻게 진행되는가? 대개는 사랑에 빠지는 것이 첫걸음이다. 이 '첫사랑'이 얼마나 취약하고 때로 위험스러운 것인지를 알고 있는 사람들, 특히 십대 자녀를 둔 부모들은 아이들이 그 사랑에 열중하는 것에 촉각을 곤두세운다. 그러나 심리학자들은 이 경험이 중요하다고 말한다. 첫사랑에 열중하면서 성적 매력과 진정한 보살핌이 서로 배타적이 아니라는 것을 조금씩 깨닫게 된다.

젊은이의 사랑은 열정과 우정이 공존한다고 선언한다. 우리가 성인이 되어 경험하는 것이 이 젊은 시절의 단언을 확인해 준다면 우리는 운이 좋은 것이다. 우리가 가까운 사람들과 나누는 애정은 우리의 유대감을 드러내며 심화시킨다. 처음 연애할 때의 열정은 친밀한 접촉과 상호 헌신이 연관이 있다는 사실을 깨달으면서 더욱 깊어진다. 결혼 생활에서 성적인 열정이 헌신적 사랑 안에서 성숙될 때 우리는 축복을 맛본다.

에로틱한 경험이 전인적 통합이 될수록 우리의 성생활은 계획적인 것이 된다. 성은 갑작스러운 것이 아니며 우리가 통제할 수 없거나 책임을 벗어나 있는 것이 아니다. 이제 우리의 성적 욕구는 더욱 가치를 지닌 것으로, 인격적 분별과 선택에 의해서 형태를 갖추어 간다. 우리 삶에 의미를 부여하는 가치와 이념 가운데 성애가 자리를 잡는다.

성의 전인적 통합은 결혼과 더불어 자동으로 이루어지거나 부부에게만 해당되지 않는다는 것을 우리는 차츰 알게 된다. 그것은 우리가 기혼이냐 미혼이냐, 우리 자신을 레즈비언이나 호모나 양성애자 어느 편으로 보느냐 또는 종교적 독신을 고수하느냐, 성애를 포함한 관계를 맺느냐 등의 문제가 아니다. 그 모든 생활 양식이 각각 만족스러울 수 있고 그레이스로 충만한 것이 될 수 있다. 우리 각자 마주하는 도전은 비슷한데, 그것은 관대하고 성실하며 결실이 풍성하게 살고 사랑하는 방식을 받아들이는 일이다.

육체화된 사랑

두 연인에 관한 서정시라고 할 아가서는 우리에게 에로스와 친해지라고 격려한다. 그 내용은 역사 이야기도 아니고 율법 목록도 아니며, 에로틱한 사랑을 찬미하는 시가詩歌일 따름이다.

"정녕 그대는 아름답구려, 나의 애인이여.
정녕 그대는 아름답구려.
너울 뒤로 얼보이는
그대의 두 눈은 비둘기라오.
진홍색 줄과 같은 그대의 입술,
그대의 입은 어여쁘기만 하오.
그대의 두 젖가슴은
쌍둥이 노루 같다오.
나의 애인이여, 그대의 모든 것이 아름다울 뿐
그대에게 흠이라고는 하나도 없구려."
(아가 4,1.3.5.7)

이렇게 성적으로 도발하는 낱말들이 성경에서 무슨 기능을 하는 것일까? 성서 학자 앙드레 라코크[57]는 "아가서가 성경의 정경正經에 포함된 것 자체가 기적이다."라고 말한다. 이 성경을 어떻게 이해해야 할까? 한 가지 해석은 이 시가를 신랑과 신부 사이에 오가는 화답으로 보았다. 두 연인을 결혼한 부부로 보면서 그들의 열정을 더욱 정당한 것으로 설정한다. 2천 년이 넘게 선호해 온 두 번째 해석은 이 책 전부가 하느님과 인간 영혼 사이에 오가는 사랑을 비유한 것으로 간주하는 것이다. 이렇게 인간의 사랑에 관한 시가 신심 서적으로 변한 셈이다.

최근 들어 성서 학자들은 이 시가의 가장 분명한 의미로 되돌아가서 관능적인 사랑을 찬미한 시로 보았다. 로랜드 머피[58]는 "이야기의 흐름이 어딘가로 이끌어가는 것으로 드러나지 않는다. 두 연인이 서로의 존재를 기뻐하며 애정을 나누는 내용일 뿐이다."라고 설명했다. 이런 해석에 따르면 이 고대 시가가 우리를 향한 하느님의 정열적인 사랑을 상징할 수 있는 것은 에로틱한 사랑 자체가 선이고 거룩할 때에만 가능하다.

"그이의 그늘에 앉는 것이 나의 간절한 소망
그이의 열매는 내 입에 달콤하답니다.
그이가 나를 연회장으로 이끌었는데
내 위에 걸린 그 깃발은 '사랑'이랍니다."

(아가 2,3-4)

---

[57] Andre LaCocque, "The Shalamite," in *Thinking Biblically* (Chicago, Chicago Univ. Press, 1998), pp.235-263.
[58] Roland Murphy, "Commentary on the Song of Songs," in *Jerome Biblical Commentary* (New York, Prentice-Hall, 1968), p.507.

그리스도교 윤리는 흔히 성적 욕구의 미덕을 자녀 생산을 전제로 했다. 성교는 결혼한 부부가 아이를 갖고자 할 때 용납된다. 그러나 이 시가에는 아이에 관한 이야기가 전혀 없다. 성욕이 근본적으로 좋은 것이라는 바탕에서 그 즐거움을 음미하고 있다. 인간 정열과 하느님의 마음 사이에 연관이 있음을 강력하게 주장하면서 이 시가는 끝을 맺는다.

"사랑은 죽음처럼 강하고
정열은 저승처럼 억센 것.
그 열기는 불의 열기
더할 나위 없이 격렬한 불길이랍니다.
큰물도 사랑을 끌 수 없고
강물도 휩쓸어 가지 못한답니다."
(아가 8,6-7)

성애의 에로스와 친근해지면서 우리는 삶에서 경험을 통해 성경의 증언을 확인할 수 있다. 성애에서 눈뜨는 예기치 않은 자각과 수고로움 없이 얻는 기쁨과 더불어, 성은 하느님의 자비로운 창조를 되풀이한다. 성적 매력은 우리의 창조력을 자극하고, 우리를 타인들에게 이끌어가며, 평생에 걸쳐 결실이 풍부한 헌신의 삶을 가르친다. 또한 우리는 성적 즐거움이 축복이라는 것도 알게 된다. 성애를 주고받는 애무에서 우리 자신이 드러나는데, 상상할 수 없었던 내 본연의 사랑스러움을 보게 되는 것이다. 우리는 성생활에서 영적인 치유를 종종 경험한다. 육체적 포옹이 우리의 오랜 상처를 어루만지고, 실체적인 용서를 베풀기에 이른다. 성애를 나누는 연인과의 친밀감에서 하느님의 선하심과 용서의 실체는 설득 이상의 무엇이 된다. 연인으로서 우리는 이 에로틱한 은총에 감사드리게 된다.[59]

---

[59] cf., Mary Ann Finch, *Care Through Touch. Massage as the Art of Anointing* (New York, Continuum, 2000).

성찰

시간을 내서 다음과 같은 질문을 자신에게 던지고, 자신의 몸이 내놓는 답을 주의 깊게 들어본다. 이 연습에는 여러 가지 방법이 있다. 자신의 일기장에 적을 수도 있고, 친구와 이야기를 나눌 수도 있다. 편안한 곳에 조용히 앉거나 사색을 하며 거닐 수도 있다.

지금 이 순간 내 몸은 내게 무엇인가?
기쁨의 원천인가?
짐이고 장애물인가?
신뢰할 수 있는 자산인가?
성령의 성전인가?

지난 며칠 사이 내가 내 몸을 함부로 다룬 일이 있는가?
왜, 어떻게 그런 일이 일어났는가?
그때를 회상해 본다.

내 몸의 아름다움과 힘을 깨달았던 때는 언제인가?
내 몸의 요구와 한계를 받아들였던 때는 언제인가?
내 몸을 하느님을 체험하는 일부로 깨닫고 내 육신에 감사한 때는 언제인가?
내 몸이 지금 내게 요구하는 것은 무엇인가?
어떻게 응답할 생각인가?

6. 몸의 은혜로움
지혜와 에너지의 창고

주님, 당신께서는 저를 살펴보시어 아십니다.
정녕 당신께서는 제 속을 만드시고
제 어머니 배 속에서 저를 엮으셨습니다.
제가 오묘하게 지어졌으니 당신을 찬송합니다.
- 시편 139,1.13-14ㄱ

우리 몸은 보기보다 똑똑하다. 일상의 예를 떠올려 보자. 한 주간 내내 직장에서 시간에 쫓기며 일했다. 집에 와서도 직장 일을 고민하느라 밤에 잠도 잘 자지 못했다. 여기에 심한 두통이나 갑작스런 복통까지 스트레스를 더한다. 이런 신체 증상은 뭔가 잘못되었다는 신호이다. 약이나 의지력으로 그런 신호를 무시하려고 애쓴다. 그렇게 증상을 없애는 데만 신경을 쓰면서 내 몸의 지혜를 간과한다. 내 몸은 흔히 정신이 감지하기도 전에 내 실제 상태를 인지한다.

찰스 프레이저[60]의 소설 「콜드 마운틴」은 남북 전쟁 참전 병사가 심각한 전투 부상에서 회복되는 모습을 그린다. 몇 주간의 회복기가 지나고 그 병사는 가까운 동네로 산책을 나간다. 목의 상처는 점차 낫는 중이지만 둔부는 부상이 심해 여전히 통증이 심하다. 걸음을 옮기면

---

[60] Charles Frazier, *Cold Mountain* (New York, Atlantic Monthly Press, 1997), p.19.

서 그는 자신의 상태를 곰곰이 생각해 본다. '전반적으로 상처가 완치되어 건강해지고 다시 정상이 될지 의심스러웠군.' 그런데 그가 병원으로 돌아오려고 다시 걷기 시작하면서 다리가 '놀랍게 기운차고 의욕적이라는' 사실을 깨닫는다. 어떻게 의욕적이 되었을까? 그는 다리가 자신에게 말을 건네는 것처럼 느꼈다. '너는 걸을 수 있고, 걸어야 하며, 이 전쟁에서 걸어 나가야 한다고!' 그의 나날들은 그가 참여한 살육의 악몽으로 가득 차 있었다. 그러나 몸이 낫기 시작하면서 '이제 집으로 돌아가야 해.'라고 몸이 알려 준 것이다.

의학은 몸의 지혜에 관해서 훨씬 많은 통찰을 제공한다. 면역 체계는 우리 의식의 통제 밖에서 작동하면서 해로운 침입자들에 대해 경계를 발하고 보호 조치를 가동한다. 생물학과 신경학 분야의 연구는 최근 '제2의 두뇌'[61]의 지혜로운 작동을 발견했다. 소화 기관의 장 신경 체계가 복잡한 소화 과정을 관장한다. 우리 위장은 입으로 삼킨 상한 음식을 재빨리 알아내고 그것을 배출하려고 반사적으로 움직인다. 이렇게 몸은 의식의 아래에서 작동하면서 우리의 건강을 현명하게 보살피고 있는 것이다.

다른 종류의 면역 체계는 우리의 도덕적 건강을 지켜 준다. 중국인 학자 치 지웨이[62]는 이런 수수께끼 같은 말을 했다. "몸은 무엇이 도덕적인지 모른다. 그러나 무엇이 도덕적이 아닌지는 안다." 무엇이 도

---

[61] the second brain : 식도에서 직장까지 일련의 뉴런 조직이 있어서 소화와 양분 및 수분의 흡수를 독자적으로 통제한다는 사실이 확인되어 이런 명칭이 붙었다.

[62] Ci Jiwei(慈繼偉), *Dialectic of the Chinese Revolution* (Stanford CA., Stanford Univ. Press, 1994), p.97.

덕적인지 알려면 우리의 지적, 직감적, 심리적, 영적 자원이 총동원되어야 한다. 그러나 무엇이 도덕적이 아닌지는 직관적으로 안다. 예를 들어 어떤 공격적 신호에 접하면 우리는 즉각 움찔하고, 부적절한 몸짓 앞에서 순간적으로 한 걸음 물러선다.

성애에서도 몸의 지혜가 발동한다. 신학자 루크 존슨[63]이 이를 잘 설명한다. "성적 즐거움에서 우리는 그것이 우리를 장악하면서도 해방시키는 것을 경험한다. 우리 몸은 그 방법을 정신보다 더 빨리 잘 알고, 주저하는 우리의 의지보다 더 잘 신속하게 선택하며, 정신이 결코 간파할 수 없는, 하느님이 원하는 방향으로 우리를 움직여 나간다."

몸이 이런 지혜를 품고 있다면 우리가 이름 짓지 못하는 갈망도 몸은 간직하고 있을 것이다. 몸이 '자아'自我와 일치하는 것이 아니라 어떤 면에서 '타자'他者라고 인식한다. 몸은 우리를 당혹스럽게 하거나 성가시게 괴롭히는 욕망과 한탄을 기록해 놓는다. 무엇보다 우리 몸과 가장 친밀한 성은 역설적인 면을 제공한다. 성은 우리를 타인과 결속시키는 반면 우리 자신과 다투게 만든다.

몸과 다투고 소원해지면 '정신적 외상'에 대응하는 방식에서 그것이 작용한다. 어린 시절에 심한 학대를 당한 사람은 그 시련에 관한 의식적인 기억을 간직하고 있지 않다. 심각한 상처는 인지하기에 너무나 압도적이고, 특히 아이로서는 대응할 수단이 거의 없는 경우가 많다. 그래서 그 기억은 무의식으로 보존되어 몸속에 묻혀 있다. 그렇게 자리

---

[63] Luke Timothy Johnson, "A Disembodied 'Theology of the Body', John Paul II on Love, Sex and Pleasure," *Commonweal Magazine* (2001.1.26.), 11–17.

를 잡고 있다가 어느 때 신체적 증상으로 위장되어 표출된다. 의식하는 정신이 차마 인정할 수 없는 내용을 몸은 기억하고 있는 것이다.

그러나 상처 입은 아이도 성숙하면(어른이 되면) 새로운 인격적 힘이 발달한다. 그리고 이런 힘이 작동할 수 있게 되면 '잊혔던' 기억이 표면으로 떠오른다. 몸의 저장고 속에서 치유되기를 기다리며 여러 해 동안 안전하게 보관되어 있다가 되살아나는 것이다.

신체 에너지 존중하기

서양에서는 에로스를 생명력의 상징으로 규정해 왔다. 우리가 일상과 의무를 살아갈 때 들고나는 삶의 에너지로 생각한 것이다. 세상을 생동하게 만드는 이 생명의 에너지를 한자로는 '기'氣라고 일컫는다. 서구인들은 때로 기가 물리적 에너지인지 영적 에너지인지 묻는다. 중국인들에게 그 물음은 당혹스럽다. 몸을 살리는 생명력이 우주에 스며 있는 바로 그 에너지이기 때문이다. 이보다 더 분명할 수 있을까? '기'는 생리적인 동시에 정신적인 것이다. 이 단어는 신체의 신진대사 활동으로 생성되어 혈관으로 날아 오는 에너지를 일컫는다. 또 '기'는 정신과 마음에서 일어나는 섬세한 충만과 고갈의 추이를 나타낸다. 널리 스며 있으면서도 불가사의한 이 에너지를 인식하려고 한자에 '기'라는 글자가 들어간다. 예를 들어 분노는 '에너지 상승'(승기勝氣)이며, 우리에게 친숙한 하루를 마칠 때의 피곤함은 '저녁 에너지'(모기暮氣)라고 표현한다.

2천 년이 넘는 세월 동안 중국인들은 몸을 우아하게 움직이는 신체 운동 '태극'太極을 발전시켜 왔고 호흡하는 기술 '기공'氣功을 연마해 왔다. 그들은 침술鍼術이라는 치료술을 개발했고 전통 의술을 발전시키면서 원기를 돋우는 힘인 '기'와 그들 삶에 조화를 이루기 위한 연구를 해왔다. 이런 것은 물리적 에너지와 영적 활력 사이에 통합적 연관이 있다는 심원한 문화적 신념에 뿌리를 두고 있다. 그리고 오늘에 와서 많은 서구인들, 과학자와 건강 관리사, 그리고 영적 여정에 있는 사람들이 에너지와 전체적 웰빙 사이의 접점을 연구하는 중이다.

생리학자 로버트 세이어[64]는 우리가 경험하는 활력에 수반되는 기초 신체 리듬의 연구에 집중한다. 그의 보고에 따르면, 삶의 열의는 기운을 북돋우는 것과 이완하는 것을 동시에 할 수 있는 능력에 달려 있다. 세어는 이완된 긴장 상태를 '정적 에너지'라고 불렀다. 그의 연구는 실천적인 에로스 영성의 틀을 형성하는 데 도움이 된다. 개인의 활력을 불러일으키는 각자의 선택과 나날의 훈련에 주의를 기울이게 하기 때문이다.

신체 감각이 우리 의식을 어떤 색으로 물들이는지를 보여 주는 극적인 예는 통증과 쾌감이다. 우리가 흔히 겪는 일상의 경험은 신체 각성을 통해서 부단히 걸러진다. 신체 컨디션의 기본적인 두 가지 차원이 우리 일상의 기분을 좌우하는데, 곧 에너지와 긴장이다. 에너지는 신체의 자연스러운 과정에서 생성된다. 소화, 신진대사, 수면, 감정적 기복, 신체 운동 이 모두가 생명의 일상 활동에 필요한 활력을 생성한다. 최상의 활력은 우리 몸의 에너지 소모와 충전이 어떻게 균형을 잡는가에서

---

[64] cf., Robert Thayer, The Origin of Everyday Moods (New York, Oxford Univ. Press, 1996); Idem, *Calm Energy, Tension and Stress* (New York, Oxford Univ. Press, 2003).

나온다. 그리고 우리 몸의 에너지가 어느 정도인지 의식하는 것, 즉 활력을 느끼는 감각은 신체의 건강 상태를 가늠하는 믿을 만한 척도이다.

'긴장'은 도전이나 위협을 우리가 얼마나 지각하고 있는지 그 정신 상태를 기록한다. 곧 다가올 일에 대해 우리가 내린 판단에 따라 대처하는 것에서 긴장이 발생한다. 부정적인 판단은 생리적 스트레스로 몸에 나타난다. 위험을 느끼면 스트레스가 올라가 즉각 방어를 주입시킨다. 그러나 연속되는 스트레스는 이처럼 긴장된 에너지를 소진시키고 우리의 힘과 자신감을 고갈시키고 만다. 외부에서 발생하는 명백한 위험에 당면해서는 늘 대비책이 있는 것도 아니다. 더구나 위협은 우리가 과거에 받은 상처와 부당한 대우에 관한 기억에서 유발될 때가 많다.

에로스의 리듬 : 에너지와 긴장

우리는 대부분 자신의 에너지 레벨의 변화에 익숙하다. 어떤 사람은 '아침형 인간'이어서 일찍 일어나 기운차게 하루 일과를 시작하는데, 날이 저물면서 점차 효율성이 떨어진다. 이들과 다른 유형은 자신을 '저녁형 인간'이라고 의식한다. 이런 사람들은 아침 시작이 느리고 오히려 늦은 시각, 일상 잡무가 끝나고 아이들도 잠자리에 든 시각에 최고의 작업 능력을 발휘한다.

사람마다 하루 에너지를 어떻게 배분하는지도 다르고 이런저런 유형이 있다는 것을 우리는 익히 알고 있다. 전형적으로 많은 사람들이 아침에 일어나 자기 에너지가 최저점에 와 있는 경험을 한다. 그러다가 몸을 움직이고 식사를 하고, 그날의 일과에 흥미를 느끼면서 점차 에너지가 상승한다. 늦은 오후 혹은 이른 오후쯤에는 에너지 레벨이 최고 정점에 이르는 특징을 보인다. 그렇게 상승된 에너지 레벨은 점차 하강해 저녁이 다가오면서 바닥에 이른다. 많은 사람들의 경우, 저녁 식사 후에 에너지가 다시 약간 상승했다가 잠자기 직전에 최하로 떨어진다. 이런 흐름이 모든 사람에게 정확하게 맞아떨어지지는 않지만 대부분은 자기 고유의 일정한 에너지 리듬을 유지하며 시간이 지나도 어느 정도 일정하다.

이처럼 오르내리는 에너지 패턴(에로스의 밀물과 썰물)은 지난 수천수만 년에 걸쳐 진화해 온 것으로 보이며, 밝은 낮과 어둔 밤이라는 하루 리듬에 따라온 듯하다. 그러나 현대인의 하루에는 이런저런 요구가 끼어든다. 가령 새벽 출근과 저녁 내내 이어지는 회합이 일상적으로 요구된다. 어떤 직업군에서는 정기적인 야간 근무가 포함되기도 하고, 그런 근무는 노동과 휴식의 정규 패턴을 파괴한다. 그런 외적 여건과 정서적 스트레스는 우리의 자연스러운 에너지 리듬에 혼란을 가져올 수 있고 긴장 가득한 일과표로 대체되기도 한다. 그 결과 흔히 개운하게 일어날 수 없게 되는, 자다 깨다를 반복하는 단속적 수면을 하게 된다. 시간이 가면 이 치명적인 사이클은 만성이 된다. 스트레스로 가득 찬 긴장으로 인해서 한 사람의 에너지 레벨이 점차 감소하고, 지나친 자극과 걱정은 재충전의 수면을 그 시도부터 묵살한다.

정적 에너지, 정적 피로감

'정적 에너지'는 우리가 삶에 참여하게 받쳐 주는 물리적 활력이다. 우리는 민첩하고 활동적이라고 느끼며, 스트레스가 쌓이는 혼란스러움에서 대체로 자유로운 편이다. 우리 의식을 흐리는 몇 가지 부정적인 사고가 있지만 우리는 자신을 긍정의 빛으로 바라보려는 성향이 있다. 바삐 움직이는 시간 속에서 우리의 에너지를 지탱해 주는 것이 이런 만족감이다. 또 긍정적 감정은 신체의 피로를 더 쉽게 감지하게 한다. 마이클 루닉[65]은 "피로감이야말로 우리의 가장 강력하고 숭고하고 유익한 느낌 중 하나이자, 우리 의식의 중요한 측면이다. 우리는 그것에 유의해야 하며 그렇지 않으면 생존할 수 없을 것이다."라고 강조했다.

정적 에너지가 지배하면 수고와 휴식의 만족감을 주는 리듬을 경험한다. 에너지 레벨이 높으면 우리가 전개하는 생산 활동을 즐길 수 있고, 에너지가 소진된 다음에 찾아오는 피로감 역시 만족스러운 마음으로 맞이할 수 있게 된다. 피로감 덕분에 하루가 끝나면 아직 다하지 못한 일이나 앞으로 있을 문제에 대한 조급한 생각 따위로 방해받지 않고 잠자리에 든다. 그래서 곧 깊은 잠에 떨어지고 이튿날 잠에서 깨어 무난하게 하루를 시작한다.

우리 몸은 그런 '정적 에너지'를 생산하도록 설계되어 있다. 이 본질적 활력 혹은 에로스는 건전한 식습관, 규칙적인 신체 활동, 원기를 회복시키는 수면에서 만들어진다. 긍정적인 정서도 정적 에너지를 생성한다. 행복감, 감정 이입, 기쁨, 유쾌함, 고마움, 희망 등의 감정은 혈류에 세로토닌과 여타 엔도르핀의 수치를 높이며, 생명의 웰빙을 감지

---

[65] cf., Michael Leunig, *Curly Pyjama Letters* (Camberwell, Victoria, Penguin Books, 2006).

하는 데 도움이 된다. 심리학자 미하이 칙센트미하이[66]는 '플로우'(flow, 몰입)라고 명명한 특별한 '정적 에너지'에 관해서 우리의 이해를 넓혀 주었다.

'플로우'는 어떤 활동에 만족해서 우리 주의력이 깊이 빨려들 때 경험하는 매혹적인 느낌을 말한다. 관심의 대상은 복잡한 업무일 수도 있다. 심장 수술이나 엔진 수리일 수도 있고, 시를 쓰거나 가구를 만드는 일, 풍성한 식탁을 준비하거나 퍼즐을 푸는 것일 수도 있으며, 힘든 등산이나 마라톤 같은 운동일 수도 있다. 체스 게임에 몰두하거나 어린 아기를 달래는 단순한 움직임일 수도 있다. 어느 경우든지 눈앞의 일에 에너지와 정신을 쏟는다. 그러나 그런 활동에서 피곤함을 느끼지 않는다. 오히려 사람을 만족시키는 그 활동이 개인적인 생동감을 낳는다.

'플로우'에서 우리는 무언가에 완전히 몰입한다. 우리의 주의력은 하고 있는 일에 집중된다. 정신을 산란하게 하는 생각들도 없고 다른 것을 하고 싶다는 마음으로 에너지를 소모하지도 않는다. 일반적으로 '플로우'를 생성하는 활동은 전형적인 성취감을 주지만 또한 도전의 요소도 포함한다. 자신이 가진 모든 것을 쏟아 그 일에 몰두한다고 느낄 수도 있지만 그밖에 테스트를 받을 준비가 되어 있고, 우리 능력을 확인하고 발전하고 싶다는 열의도 느낀다.

'플로우' 한가운데 있는 사람의 공통된 특징은 자발적 결단 의식을 갖는 것이다. 사람은 일이든 놀이든 자신의 수고가 스스로 선택한

---

[66] cf., Mihaly Csikszentmihalyi, *Finding Flow. The Psychology of Engagement in Everyday Life* (New York, Basic Books, 1999). 긍정 심리학positive psychology의 선구자. 몰입flow 이론으로 명성을 얻음.

것이고 그 자체로 가치가 있다고 본다. 보통 눈앞에 놓인 과제는 목표가 있지만 목표는 오히려 이차적이다. '플로우'는 그 활동 자체에 전적으로 몰입하는 데서 오는 것이지 활동의 결과에 만족하는 데서 오지는 않는다.

이런 유의 경험에서 사람들은 흔히 '시간 가는 줄' 모른다. 우리의 주의력이 집중되어 있고 너무 깊이 몰두하고 있어서 시간이 멈춘 것처럼 보인다. 몰입하던 일에서 고개를 들면 시간이 한참 지난 것을 알게 되고 그런데도 피곤함을 느끼지 않는다. 우리는 에너지를 쏟으며 온통 정신을 집중한 가운데 긴장했을 수도 있지만 그 스트레스는 에너지를 고갈시키는 것이 아니라 오히려 활력을 더해 준다.

긴장 에너지 추적하기

거의 매일 정적 에너지로 사는 사람은 거의 없다. 대체로 에너지를 새롭게 하거나 재충전하는 느낌 없이 그냥 소모하는 그런 요구들에 직면하는 일이 많다. 우리는 부모로, 직장인으로, 시민으로 그리고 친구로 우리 자원이 바닥난 경우에도 행동해야 하는 책임감을 갖는다. 이런 상황에서 다른 생리적 인자, 즉 불안과 스트레스가 등장해서 작동한다.

우리는 에너지와 스트레스의 상관관계를 인식한다. 중요한 회의를 준비하거나 어려운 작업을 시작하면서 우리는 에너지가 충만한 느낌과 동시에 신경이 예민해지는 것을 느낀다. 처음에는 이 두 가지 힘이 상호 보완하는 것처럼 보인다. 세로토닌과 아드레날린이 함께 작용해서 우리의 집중력과 기분을 고양시키는 것처럼 느껴진다. 그런데 의식에 변화가 온다. 민감함이 불안으로 바뀌는 것이다. 우리 몸의 근육이 팽팽하게 긴장하는 것을 느끼기도 전에 이런 변화가 생각 속에 입력된다. 그래서 갈수록 자기비판으로 흐르거나 타인의 말에 쉽게 짜증을 내고 흥분한다. 직면한 일을 보는 견해도, 가능한 미래 상황도 부정적으로 보이기 시작한다. 분노, 두려움, 자신감 상실, 질투와 시기 같은 부정적 감정이 지배하기 시작하고, 아드레날린 조직이 비상 에너지를 공급해서 자기방어를 준비한다. 시간이 흐르면서 에너지 자원은 고갈되지만 우리 몸에서 생리적 긴장은 줄지 않는다. 이제 불안감과 에너지 레벨이 반대 방향으로 움직이면서 스트레스는 고통스러운 것이 된다.

　　통상적으로 스트레스는 잠에서 깨어날 때 매우 낮은 수준이다. 무난한 나날을 지내고 있을 때 그렇다. 그러나 눈을 뜨면서 우리는 예상 가능한 요구와 예기치 못한 도전을 만나게 된다. 이것은 바쁜 생활의 일부이다. 오전에 이런 일들을 처리하게 되면서 신경이 날카로워지고 스트레스 호르몬을 분비해서 'fight-or-flight'(방위 반응의 일종으로, 갑작스런 자극에 대해 자신의 행동 반응을 결정하지 못하는 상태)에 대비시킨다. 이 같은 생리적 동요는 낮 시간에 시작되는 것이 일반적이고, 어떤 사람들은 활기를 보이기까지 한다. 그러나 시간이 지나면서 긴장이 쌓이고 늦은 오후가 되면 최고조에 이른다. 이때 자연적인 에너지 자원은 거의 다 바닥이 난다. 스트레스는 저녁 시간까지 지속되는 일이 많고, 특히 우리 신체 에너지가 영양가 있는 저녁 식사로 보충되고 휴식 시간을 어느 정도 취하지 못한 경우에는 더 그렇다. 하루가 끝날 무렵이면 우리는 거의 탈진하게 되는데, 휴식을 취하는 수면이 이 상황을 벗어나게 해 준다.

긴장된 피로감

'긴장된 피로감'은 우리에게 익숙한, 가장 불쾌한 기분 중 하나이다. 긴장된 피로감은 어느 때라도 우리에게 영향을 줄 수 있지만 특히 아직 할 일이 있을 때 주로 일어난다. 그래서 우리는 버티면서 차츰 피로해지고, 더욱더 긴장하게 된다. 이 '에너지 위기'를 극복하려고 우리는 일시적이라도 지겨운 기분을 전환해 줄 단기 치료 효과를 강구한다. 오늘날에는 합법적이든 불법적이든 온갖 약품이 공급되어 에너지를 북돋고 기분을 좋게 만든다. 하지만 대개는 담배나 커피 및 카페인 음료, 달착지근한 스낵 등 보다 단순한 해결책을 택한다. 이런 중재는 우리 몸이 긴장 에너지를 더 만들어 내도록 자극하는 데 잠시 효과가 있다. 그러나 자극 효과는 잠시뿐이다. 인공적인 에너지가 신호를 보낼 때 우리는 피로하면서도 여전히 '신경이 곤두선 채' 있게 된다.

이렇게 피로한 상태에서 우리의 에너지 자원은 고갈되었는데도 긴장감은 계속 높은 상태로 하루를 끝내게 된다. 피곤에 지쳐 잠자리에 들어도 잠들지 못한다. 지속되는 생리적 스트레스가 우리 몸을 예민하게 유지하기 때문이다. 어떻게 하면 이것을 내려놓을 수 있을까? 피곤하게 하루 일과를 억지로 버티게 하는 인공 자극제는 다른 것으로 대체해야 한다. 여기서 으레 제약회사와 양주장이 서비스를 제공하겠다고 나서기 마련이다. 알코올음료가 처음에는 느긋한 느낌을 갖게 만들지만 숙면에 이르게 하지 못한다는 것을 우리는 경험으로 안다. 시중에서 판매되는 수면제는 우리가 잘 잤다고 느낄 만큼의 숙면을 취하는 데 도움이 되지 않는다. 긴장된 피로감으로 밤을 지내고 깨어나면 여전히 기운이 빠짐을 느끼고, 그 악순환은 다시 시작된다.

그러면 우리는 무엇을 해야 하는가

'정적 에너지', 그리고 생명의 에로스에 대한 경험, 그런 활력에서 느끼는 기쁨을 충분히 누리지 않고 산다는 것을 우리는 인정해야 할 듯하다. 그러나 많은 사람들이 이렇게 주장할 것이다. 엄청난 스트레스를 받지만 거의 휴식을 취할 수 없는 장시간의 노동을 감당하는 실생활의 요구는 타협의 여지가 없다고. "어쩔 수 없다!"

정적 에너지를 회복하려면 스트레스를 이겨 내는 데 신체 운동이 위력이 있다고 인식하는 것에서 시작해야 한다. 몸을 움직이면 움직일수록 긴장은 가라앉기 시작한다. 우리는 그렇게 설계되어 있다. 잠깐의 운동, 예를 들어 엘리베이터를 타는 대신에 계단을 뛰듯이 걸어 올라가거나 팔과 다리와 등의 근육을 당기는 스트레칭을 몇 분 한다든가, 건물 입구에서 좀 떨어진 곳에 주차하고 잠시 걷는 등의 운동은 에너지를 내는 효과가 있다.

좀 더 효과적인 방법은 의도적인 호흡 훈련이다. 들숨과 날숨의 신체 리듬을 유의해서 호흡하거나 숨을 길게 쉬도록 수를 세면서 호흡하는 것이다. 이런 단순한 노력도 긴장 에너지를 야기하는 정신적, 감정적 흐트러짐을 덜고 우리의 머리를 맑게 하는 데 도움이 된다. 이런 신체 운동과 심호흡 같은 일상적 방법은 손쉽게 할 수 있고 긴장 에너지를 빨리 효과적으로 완화한다.

그러나 생활 습관에 변화를 주는 대응이 더욱 효과가 오래간다.

그것은 자기 각성, 즉 각자 고유한 에너지와 긴장의 패턴이 어떤 것인지 파악하는 데서 시작할 수 있다. 먼저 우리의 하루 에너지 주기를 주의 깊게 살펴본다. 긴장을 잘 다스리는지, 거기에 휘둘리는지를 보고 알게 된 것을 우리 일상의 패턴에 맞추는 것이다. 그것을 알게 되면 우리는 정적 에너지를 보충하는 것에 확신을 가지고 전념할 수 있게 된다.

생활 습관에 변화를 주는 것에는 우리가 무엇을 먹는지, 각각의 음식이 어떤 영향을 끼치는지를 보다 면밀하게 주의를 기울이는 일도 포함된다. 정적 에너지는 적절한 섭생에서 오는 생물학적 산물이다. 여러 음식을 균형 있는 식단으로, 적은 분량을 하루에 일정한 간격으로 먹는 일이 중요하다. 우리는 대부분, 항상 의식적으로 연습하지는 않더라도 무엇을 언제 먹을지 조절하며 생활한다. 날마다 마시는 커피와 카페인 음료를 줄이고, 설탕이 든 아침 식사를 통밀 빵과 시리얼로 대체하고, 후식으로 신선한 과일을 먹는다면 더 차분하고 활기에 찬 생활을 하는 데 크게 도움이 될 것이다. 이때도 계획적인 자기 관찰이 중요한데, 사람에 따라 같은 음식도 다른 영향을 주기 때문이다.

운동을 철저히 하는 일은 정적 에너지를 유지하는 데 매우 효과적인 생활 방식이다. 신체 활동은 에너지 레벨을 높이고 긴장을 완화하는 조정과 진정의 역할을 한다. 규칙적인 운동 프로그램은 다양한 이로움을 준다. 근육 상태를 발달시키고 소화를 도우며 체중 조절을 돕고 정신적 긴장을 완화한다. 운동은 스트레스를 푸는 응급조치이며 건강한 생활 태도에 빠지지 않는 항목이다. 그러나 이처럼 분명한 이로움을 얻으려면 실제로 즐길 만한 운동 프로그램을 찾아야 한다. "무엇인가를 할 때 재미가 없으면 계속할 필요가 없다." 로버트 세이어[67]는 이렇게 경고했다. "많은 이들이 너무 어려운 프로그램으로 시작을 한다. 성과를 빨리 보고 싶어서이다. 그런 사람들은 잠시 성과를 얻고 매우 만족스러워하지만 불행하게도 곧 그만둔다. 그들이 그만두는 이유는… 그 운동 프로그램이 너무 부담스럽기 때문이다."

충분히 잔다는 것은 정적 에너지를 보충하는 생활 태도인데 흔히 소홀히 한다. 얼마나 자야 하는지는 사람마다 다른 게 사실이지만, 여러 조사에 따르면 오늘날 사람들은 대체로 '수면 부족'이다. 성인은 기분 좋게 잠을 깨려면 규칙적 상태에서 7~8시간 중단되지 않은 수면을 필요로 한다. 그럼에도 성인들은 이 평균치에 훨씬 못 미치는 수면 패턴을 기록하고 있다. 의약품에 의존하는 일은 잠들기 위해 도움을 받든 깨어 있기 위해 도움을 받든 결국은 상습적인 것이 된다. 이런 인위적 처방은 신체의 자연적 수면 패턴을 해친다. 각성과 가라앉은 피로 상태로 정상적인 리듬이 깨지고, 수면제의 효과는 갈수록 줄어들기 마련이다. 피로를 회복시키는 수면을 취하지 못한 채로 몸은 긴장 상태에서 깨어난다. 그리고 하루 종일 정적 에너지는 충당이 되지 못한 상태에 있게 된다.

스트레스를 조절하는 명상 기술, 태극권, 요가, 마사지, 열탕욕 등은 신체를 안정시키고 행복감을 회복하는 데 도움이 된다. 이런 운동과 동작을 규칙적으로 실행하면 불안-생성의 사고를 조절하고, 우리의 육체화된 자아를 보살피는 노력에 계속 초점을 맞추도록 도우며 정적인

---

67 cf., Robert Thayer, *The Origin of Everyday Moods* (New York, Oxford Univ. Press, 1996); Idem, *Calm Energy, Tension and Stress* (New York, Oxford Univ. Press, 2003).

에너지를 강화한다.

유다교와 그리스도교 전통은 기도 중에도, 당혹스러운 가운데도 우리 몸이 무언의 근원임을 예리하게 의식해 왔다. 신체적 갈망은 위로와 자양분을 바라는 영혼의 열망을 상기시키며 기도가 될 수 있다. 바오로도 그의 공동체를 환기시켰다. "성령께서도 나약한 우리를 도와주십니다. 우리는 올바른 방식으로 기도할 줄 모르지만, 성령께서 몸소 말로 다할 수 없이 탄식하시며 우리를 대신하여 간구해 주십니다."(로마 8,26) 한숨은 시편 작가들의 신체의 통증처럼 우리 근원이신 하느님을 향한 무언의 갈망을 담을 수 있다.

성찰

짧은 명상을 위해 조용한 시간을 택한다. 편한 자세로 앉아 시간을 두고 천천히 호흡의 리듬이 안정되도록 한다.

그런 다음 몸에 마음을 기울인다. 편안하게 자신의 몸을 생각한다. 자신을 진정시킨다. 몸의 모든 부분을 아무런 선입견 없이 깊은 존경심으로 맞아들인다.

다음으로 몸 안으로 관심을 돌려 어디에 묵직한 기분이 드는지 파악해 본다(위장에 통증이 있는지, 가슴이 답답한지, 등이 피로한지, 어깨가 뻐근한지, 목이 뻣뻣한지 등).

동시에 어떤 기분 좋은 감각이 와 닿는지 살펴본다(배가 편안히 가라앉고, 심장이 한껏 부풀고, 등을 쭉 펴고, 얼굴이 긴장을 풀어 표정이 부드럽고, 손이 따뜻한지 등). 숨을 들이쉬면서 두 손바닥을 오목하게 모아 이 모든 기분을 담아 본다, 마치 한 움큼의 꽃잎을 담듯이. 숨을 내쉬면서 두 손을 활짝 펴서 이 모든 기분을 놓아준다. 그 기분들이 풀려나가게, 사라지게 한다.

그 다음 '신체 자아' body-self 속으로 움직여 들어가면서 어떤 감정이 그 안에 있는지 살펴본다. 적극적 감정이든 문제시 되는 감정이든… 숨을 들이쉬면서 그 감정들을 한 움큼 꽃잎처럼 모아들이고, 숨을 내쉬면서 그 감정들을 놓아 없어지게 한다.

좀 더 깊이 들어간다. '신체 인격' body-person 속으로 더 깊이 들어가 위로를 하든지 스트레스를 주든지 자기 자신의 생각들을 살펴본다. 숨을 들이쉬면서 생각들을 마치 꽃잎을 모아들이듯 한데 모은다. 그러고 나서 숨을 내쉬면서 그것들을 풀어놓는다. 그리고 모든 것을 아시는 분, 모든 것을 축복하시는 분, 모든 것을 조건 없이 받아 주시는 분께 선물로 바친다.

자신의 신체라는 수도원 안에 조용히 앉아 침묵의 소리에 귀를 기울인다. 그리고 시편 작가의 다음 기도문으로 묵상을 마무리한다.

"주님, 당신께서는 저를 살펴보시어 아십니다.
제가 앉거나 서거나 당신께서는 아시고
정녕 당신께서는 제 속을 만드시고
제 어머니 배 속에서 저를 엮으셨습니다.
제 생각을 멀리서도 알아채십니다.
제가 오묘하게 지어졌으니 당신을 찬송합니다."
(시편 139장 참조)

7. 우리 몸과 친해지기
한계가 없지 않으나 사랑스럽고 거룩하다

영성 여정에서 처음 만나는 내면의 영역은 몸이다.
– 신학자 잭 시어 **68**

미국 그리스도인들은 종교와 문화 양편에서 우리 몸에 관해 참으로 가혹한 말들을 듣는다. 육肉과 영靈에 대한 전통적인 이분법에 영향을 받아 많은 그리스도인들이 자신의 몸을 천시하도록 배웠다. 그런데 다른 한편에서는 인간 신체에 관해 모순적 견해를 드러낸다. 건강 관리 용품과 화장품 업계가 가세해 육체의 아름다움을 극찬하면서 막상 자신의 몸은 한탄할 정도로 이상적 몸매에 못 미친다고 끊임없이 상기시킨다.

바디 이미지와 그 발전

'바디 이미지'body image는 실상 '외적 자아'outer self를 바라보는 '내

---

68 cf., Jack Shea, *Gospel Light. Jesus Stories for Spiritual Consciousness* (New York, Crossroad, 1998).

적 시선'inner view이다. 우리는 자신의 외모에 관해서 내적 의식을 갖는데, 그 의식은 사진에서 보는 자신의 모습과 일치하는 경우가 드물다. 흔히 내가 내 몸을 어떻게 보는가와 남들에게 어떻게 보이는가의 사이에는 상당한 간격이 있다. 부정적 판단으로 인해 그 간격이 더 벌어지는 일이 빈번하다.

바디 이미지는 정보·태도·느낌·가치 등이 복합적으로 결합되어 이루어진다. 미국처럼 건강을 항상 의식하는 사회에서는 예를 들어, 사람의 몸에 대한 대다수 정보가 수치로 기록된다. 우리는 나이, 체중, 옷의 치수를 안다. 많은 이들이 자신의 혈압과 콜레스테롤 수치를 기록할 줄 알고, 적어도 정상인지 아닌지는 알며, 비만 지수나 산소 소비량도 안다.

이런 수치는 바디 이미지의 일부에 불과하다. 우리 몸의 신체적 사실은 항상 우리의 기대치에 의해 해석이 된다. 나는 어떤 모습으로 보이고 싶은가? 이상적인 체중은 얼마이고, 운동 경기에서 보이는 최고 수준은 얼마이며, 원하는 피부 톤은 어떤 것인가? 많은 이들이 자기 외모에 여러 가지 결점이 있다는 의식을 갖고 산다. 여성들은 남성들보다 자기 몸에 대해 훨씬 비판적인 경향이 있지만 남녀 모두 몸에 대해 불만을 갖고 있다. '내 몸에 대한 느낌'은 바디 이미지에 기본이 된다.

우리 몸에 관한 내면의 이미지는 문화적 가치에 크게 좌우되어 형성되는 개인적 개념이다. 예컨대 현대 미국 사회에서는 표준형 몸매, 정력, 젊음, 날씬함, 글래머가 훌륭한 가치로 통하고, 국제 언론은 표준이 되는 체형을 전 세계에 퍼뜨린다. 비현실적 이상들이 개인의 불만족을 조장하고 화장품과 의약품의 세계 시장을 확장해 가고 있다.

바디 이미지는 흔히 객관적 정보와 관련이 없는 수가 많다. 연구 결과는 어떤 사람의 신체적 매력과 당사자의 만족감 사이에 거의 상관관계가 없음을 보여 준다. 그러나 바디 이미지와 자존감과는 깊은 연관이 있다.

의학이 발달하면서 대개의 부모들은 출산 전 태아의 성별을 알게 된다. 그래서 아이가 태어나기 전부터 부모는 태아에게 성性을 부여한다. 태어날 아기의 성별을 염두에 두고 옷과 장난감을 구입하는데, 여자아이에게는 핑크색, 남자아이에게는 파랑색으로 성별에 따른 선호색이 있다. 양육 훈련과 함께 부모의 기대와 희망은 흔히 '착한 여자애'와 '사내다운 남자애'라는 문화적 이미지에 의해 형성된다.

때로 이런 기대가 신체적 수치심이나 불완전함이라는 메시지로 아이에게 전달된다. '튼튼하고 사내답지' 못한 남자아이, '귀엽고 예쁘지' 않은 여자아이, 부모가 바라던 아들로 태어나지 못한 딸 등등. 신체적 장애를 가진 아이는 특히 더 상처를 입기 쉽다. 지인이 들려준 이야기에 따르면, 그가 20대에 의족義足을 착용하기 시작하면서 사람들의 반응(연민, 감탄, 긍정적인 호기심)이 절름거리며 걷던 어릴 때와 완전히 달라졌다고 한다.

청소년기는 바디 이미지 형성에 있어서 결정적인 시기이다. 4년 정도의 사춘기를 보내면서 남녀 청소년들은 몸매와 체중에 큰 변화를 겪는데, 이 변화는 각기 다르게 평가된다. 남자아이는 주로 신체 변화를 열망하는데, 힘이 세지고 근육이 발달해 체격이 건장해지는 변화를 지켜보며 자부심을 갖는다. 목소리가 굵어지고 수염이 돋기 시작하면서 사춘기 소년은 남성미라는 문화적 아이콘에 다가간다. 한편 사춘기 여자아이의 몸매 변화는 일부에서는 환영을 받기도 한다. 변화된 몸이 남성에게 더 섹시하고 매력적이라고 느낀다. 그러나 많은 사춘기 여자아이들은 체격이 커지고 여성의 몸매와 체중 증가를 부정적으로 받아들인다. 다이어트는 젊은 여성들(젊은 여성이 아닌 경우도 물론 많다!)의 중대 관심사이다. 13세부터 18세 여성 가운데 3분의 2가 체중을 줄이려고 적극 노력하며 다이어트를 시작하는 연령은 점점 낮아지고 있다는 연구 결과도 있다.

  십대 청소년들은 자기 몸을 인식하며 때로 당혹감을 느끼거나 수치심을 가지면서 그런 인식을 숨긴다. 키가 제일 큰 여자아이, 키가 작은 남자아이, 가슴 발육이 빠른 아이, 수염이 늦게 나는 아이 등 다수의 수치에서 벗어난 발육 상태를 보이는 아이들은 친구들과 멀어진다. 사회의 상충되는 메시지는 젊은이들이 자신을 성적性的 인간으로 이해하고 받아들이는 노력을 복잡하게 만든다. 성적 흥분, 발기, 월경, 몽정 등이 예측하지 못한 상황에서 일어날 수 있다는 점에서 청소년의 몸은 스스로 통제할 수 없는 것으로 보인다. 때로 부모의 경고나 종교적 금기가 몸이란 신뢰할 수 없는 것이라는 의식을 강화한다. 한 미혼 남성이 이런 회상을 했다.

  "나는 열한 살에 사춘기를 맞았다. 정말 어렸고 무척 난처했다. 나는 우리 반에서 처음으로 이런 변화를 겪는 아이였다. 내 삶에는 강한 남성상이 없었고 내가 다니던 학교에는 주로 여자 선생님들이 많아서 더 어려움을 겪었다. 그래서 사춘기를 겪으며 내가 의문을 갖게 된 것들이 답을 알지 못한 채 지나갔다. 처음에는 내가 겪는 일에 대해 이야기를 나눌 사람을 찾았지만, 우리 사회에서 남자들이 그런 일에 대해 말하지 않는다는 사실을 곧 알게 되었다! 그 결과 내 바디 이미지, 내 자아 이미지는 늘 상당히 형편없었다. 내가 살면서 만나는 친구들은 내게 멋진 사람이라고 했지만 그 말을 절대 믿지 않았다. 나는 내가 못생기고 뚱뚱한 난쟁이처럼 보인다고 생각해 왔다. 십대 때 내가 의문을 품은 것이 정상이었다는 것을 나중에야 알게 되었다. 또 정서적으로나 신체적으로 지금 이대로 괜찮다는 것도 알게 되었다."

오늘날 심리학자들은 성년 초기에 들어선 사람들이 겪는 새로운 단계를 '이머징 어덜트후드(emerging adulthood, 성인 모색기)라고 표현했다. 20대와 30대 초반에 이른 사람들은 자신들이 더 이상 청소년이 아니라고 인식하면서도 아직 성년은 아니라고 생각한다. 그들은 직업, 대인 관계, 재정, 삶의 가치 등에서 시도하는 단계에 있다. 어떤 이들은 계속 부모 집에서 살고 있지만 대부분은 부모와 떨어져 거주하며 거처를 옮기기도 한다. 20대와 그 이후로도 결혼을 하지 않는 젊은이들이 늘고 있다. 이들 중 많은 수는 함께 생활하는 성관계 파트너가 있다. 이런 젊은이들은 가족에게서 독립해야 한다고 인식하고 그 생활을 지키지만 60년대의 젊은이들과는 달리 자신을 혁명가나 사회 낙오자로 보지 않는다. 그리고 더 많은 경험을 쌓기까지 사랑, 결혼, 특히 부모가 되는 것과 일에 유의미한 전념을 늦추고 있다.

이 시기 여성들 상당수가 바디 이미지는 날씬하고 섹시하고 글래머여야 한다는, 점차 가중되는 문화적 이상에 계속 지배당한다. 어떤 이들은 이 같은 문화적 규범에 맞추느라 시간과 돈을 끊임없이 투자한다. 그런가 하면 또 다른 이들은 자신의 자주성을 인식하고 좀 더 분별 있는 개인적 기준을 정립하려고 애쓴다. 이 시기 남성들도 바디 이미지에 관심이 고조되고 남성미라는 신화에 초점을 맞춰 신체 단련, 성적 매력의 체력을 강조한다.

성인 문턱에 서 있는 젊은이는 자신의 삶에서 성생활의 역할에 관해 피할 수 없는 문제에 당면한다. 성행위는 어느 정도 중요한가? 성생활에 동기를 제공하는 가치들이 무엇이며, 파트너 선택에는 어떤 기준이 적용되어야 하는가? 건강, 자존감, 인간관계, 장래 자기 일에 전념하는 데에 현재의 성에 관한 견해와 성습관이 어떤 관련을 갖는가? 남성과 여성은 이 성인 모색기를 거치면서 가정을 갖고 싶은 소망이 강해진다. 결혼한 직장 여성도 독신 여성도 생체 시계라는 것을 갈수록 더 의식하게 된다. 35세 이후의 임신이 모체에도 아기에게도 위험을 증대시킨다는 것을 의식하고, 여성들이 가임可姙 문제와 부모 역할에 관한 의문에 당면해 남성보다 훨씬 급박해진다. 남성들 상당수는 30대가 되면서 개인적 목표가 부모가 되고 싶은 열망으로 바뀌어 우선시하게 된다.

신체 발육은 20대와 30대에 절정에 달한다. 40대와 50대로 옮겨 가면서 우리 신체와 사회관계는 다시 한 번 바뀌고 그 중대성을 더 잘 의식한다. 데이비드 카프David Karp는 이렇게 상기시킨다. "나이 든다는 사실은 삶의 큰 경이로움 가운데 하나로 보인다. 특히 50대에 우리를 가장 놀라게 하는 경이로움이다." 광고 산업은 우리를 위협하는 감소 요소들을 열거하고, 이런 자각을 더욱 부추기면서 화장품, 성형, 혼자 할 수 있는 개선책을 제시한다.

중년기를 보내는 성인 대부분이 소위 체격 불안을 경험한다. 대다수 남성에게는 체력과 스태미나가 초점이 된다. 이전에 몸매를 유지하던 신체적 과시가 한계에 이른다. 아들에게 레슬링을 가르치며 좋아하던 아버지는 십대 아들이 간단하게 자기를 제압하는 사실을 알게 된다. 단순한 집안일, 예를 들어 덧창을 만들어 달거나 잔디를 깎고 눈을 치우는 일 등이 신체적으로 갈수록 힘에 부친다. 스포츠 활동도 농구에서 좀 더 여유롭게 할 수 있는 골프로 바뀐다.

중년기 여성은 흔히 젊은 시절의 아름다움을 잃는 것에 부심한다. 여성의 사회적 위상은 남성보다 더 외모에 좌우된다. 여성들은 40대 후반에 그런 상실에서 오는 불안을 최고조로 겪는 듯하다. 더 젊은 여성들은 여성미에 관한 사회의 편협한 기준을 감당해 낼지도 모른다. 그러나 불안을 잠재우려면 힘든 운동과 값비싼 화장품과 심지어 성형수술도 감행한다. 그런데 여성은 대부분 50대를 맞게 되면 새로운 신체 상태를 받아들이고 반기기까지 한다. 캐럴린 하이브런[69]은 여성 대부분이 50대에 이르면 그때까지의 '여성 역할 배우'[70]를 벗어나 실제의 자신을 끌어안고 자신이 어떤 사람이 되어야 하는지 알게 된다고 말한다.

신체 변화는 우리의 60대, 70대 그리고 그 후에도 계속된다. 이런 변화의 패턴을 연구하는 '노년학' gerontology 학자들은 나이 들면서 일어나는 신체 변화가 우리에게 단언해 주는 바가 있는데, 오늘날 선진 사회에서 70대 후반과 80대쯤에 이르러 수반되는 신체 변화가 일상생활과 생활 태도를 제한하지 않는다고 단언한다. 좋은 섭생, 규칙적 운동, 정신적 자극, 고무적인 인간관계, 그리고 좋은 친구들의 존재가 노년 성

---

69 Carolyn Heibrun. *Writing a Woman's Life* (1988)라는 여성학 저서를 발표한 학자요 소설가.
70 female impersonator : 연극에서 여성 복장과 목소리로 여자 배역을 하는 남자를 가리키지만, 줏대 없이 남의 흉내를 내며 사는 사람을 가리키는 심리학 용어가 되었다.

인들의 신체적, 사회적 변화에서 오는 부정적 충격을 늦추거나 감소하는 데 도움이 된다는 말이다.

심리적으로 나이를 먹는다는 현실감은 천천히 느껴진다. 20대에는 나이 든다는 게 생소한 개념이다. 우리가 속한 종種은 나이가 들고 죽는다는 사실을 안다. 그렇지만 실제로 일상 의식에서는 '나이 듦은 내게 해당되지 않는다.' 대개 30대에 처음으로 나이 든다는 신호가 오지만 그런 기미는 곧 사라진다. 전날 밤 늦게까지 즐긴 파티 때문에, 일 때문에 또는 아픈 아이 때문에 잠을 설치고 일어나 35세의 나는 거울을 들여다보면서 "정말 지쳐 보이네."라고 혼잣말을 한다. 그렇지만 이튿날 잠을 푹 자고 나서 거울을 보면 거울이 이번에는 '진짜 나'를 비춰 준다는 느낌이 든다. 그런데 10년이 더 지나고 나이 든다는 것이 덜 낯설어지고, 거울은 나이와 더불어 오는 변화를 꼬박꼬박 알려 준다. 50대를 지나면서 우리 대부분은 실제로 자신이 늙어 가고 있다고 거듭 알려 주는 메시지를 수긍하면서도, "늙었다고 '느껴지지' 않아!"라고 우긴다. 60대에 다다르면 이제는 나이 든다는 사실을 그냥 넘기기 쉽지 않고, 70대 그리고 80대가 되면 나이 든다는 게 일상생활의 익숙한 요소이자 앞일의 계획이 된다.

우리 삶의 모든 단계에서 우리가 받는 초대는 '육체화된 자아'와 친숙해지라는 것이다. 평생에 걸쳐 자신을 받아들이는 훈련에 더해 노년은 '책임 있는 포기'라는 자산을 가져다준다. 우리는 생의 여러 변화 가운데서 분별을 훈련한다. 실제로 기력이 쇠함을 마주하고 있을 때에도 우리는 현재 발휘할 수 있는 육과 영의 성숙한 기력을 붙잡는다. 현재 자신의 삶을 확인하면서 놓아 주어야 할 과거의 자신의 일부를 존

중하면서 우리는 이 상실의 이면에서 축복과 더불어 서글픔을 배운다. 아름다움을 젊음과 결부시키는 서구 문화는 나이 든 몸과 친숙해지려는 노력을 어렵게 한다. 일본어 '시부이'渋い의 개념은 다른 시각을 제공해 주는데, 오래 묵은 차茶의 깊은 맛, 차분한 겨울 풍광의 아름다움, 노인의 얼굴에 새겨진 주름살을 설명할 때 사용될 수 있는 단어이다. 이런 아름다움은 세월이 흘러야만 정교하게 만들어질 수 있는 독특한 개성을 나타낸다.[71]

상징으로서의 몸

우리 몸은 말이 없는 물질 그 이상이며 단순한 살과 뼈 이상의 것이다. 몸은 신음과 한숨으로 우리 대신 말을 하며, 통증과 각성으로 우리에게 말을 건넨다. 우리의 신체 외양과 태도는 크거나 넓적하거나 까칠하거나 멋있거나 우리에 관한 것을 세상에 이야기한다. 갑자기 땀이 나는 것은 단순한 신체적 현상이 아닌 경우가 많다. 갑작스런 심리적·정신적 위협에 대한 반응을 나타내는 것일 수 있다. 존경하는 사람에게 몸을 숙인다거나 괴로움을 겪고 있는 친구의 어깨를 토닥여 주는 위로의 손길처럼 몸짓은 대부분 마음의 배려를 전하고 정신적 의미를 표현한다.

우리의 에로틱한 몸은 뚜렷하게 세 가지 면에서 상징적이다. 각

---

[71] cf., Rhonda Britten, *Get Over Your Body and On With Your Life* (New York, Simon and Schuster, 2005); John Shekleton, "Homosexuality and the Priesthood," *Commonweal* (1996.11.22.), 15–18.

각 우리에게 그리고 세상에 몸이 무엇인지, 무엇을 위한 것인지 알려 준다. 이 세 가지는 우리 몸의 지속적인 이미지로, 장식적이고 도구적 이미지며, 운이 좋다면 성사적聖事的 이미지이다.

① 장식적 신체

우리는 물감이나 아이라이너 등으로 몸을 치장하는 것을 좋아한다. 소박한 결혼반지나 화려한 티아라처럼 보석을 사용하거나 피어싱이나 문신처럼 바디 아트 등의 장식으로 매력을 과시한다. 몸에 장신구를 달아 돋보이고 사람들의 시선을 끄는 것을 즐긴다. 이런 장식물로 내가 누구이며 무엇이 되고 싶어 하는지를 내보이면서 세상에 알린다.

신체 장식으로 자신을 드러내는 것은 인류라는 종種에만 국한되지 않는다. 유사한 형태의 과시가 동물의 세계 전반에서 보인다. 뒤뜰에 둥지를 만드는 카디날(홍관조)을 생각해 보라. 인상적인 붉은 깃털로 장식한 수컷은 조금 단조로운 색의 암컷과 무척 대조적이다. 그보다 더 화려한 것은 갖가지 색으로 현란함을 뽐내는 공작이다.

뒤뜰에서 보는 카디날이 아니고 로마에서 보는 카디날(추기경)들은 장식을 하고 등장하는 일이 인간적으로 또 종교적으로 필요하다는 증거이다. 교황 요한 바오로 2세의 장례 미사 TV 중계를 통해 전 세계인은 그곳에 모인 성직자들의 각기 화려한 복장을 보았다. 중세풍의 화려한 장관은 신체를 장식하려는 인간의 욕구, 장식을 통해 자신을 널리 알리려는 욕구가 얼마나 깊은지 상기시킨다. 이런 과시는 전부 '에로스'와 연관된다.

우리는 종교와 장식 사이에 연관이 있다는 사실을 잘 안다. 예를 들어 긴 사순 시기가 끝나고 부활절이 다가오면 어떤 엄마는 자신을 위해 새 모자를 사고 아이들에게 특별한 옷을 사서 입힐 것이다(이 연례행사에서 아빠들은 대개 제외되는 것 같다). 부활 주일 촛불과 생기 넘치는 꽃들이 성소聖所를 채운다. 봄을 맞이하기까지 오래 기다려야 하는 얼어붙은 미네소타에 사는 사람들까지도 부활절은 장식을 위한 시기라는 것을 안다. 부활절에 앞서 참회하는 시기인 사순절이 시작되기 직전 행사로 '마르디 그라'[72]가 있다. 야한 가면, 선정적 의상, 과장된 몸짓은 신체 장식을 위한 사회적 무대를 제공한다. 사순절의 시작과 끝에 그리스도교 문화 자체가 장식이 갖는 생명력과 조화를 이룬다는 것을 우리에게 상기시킨다.

아가서처럼 오래된 성경 텍스트에서도 우리 종교 유산은 몸을 장식하는 일을 거룩한 '에로스'의 일부로 인식했다. "귀걸이 드리워진 그대의 뺨과 목걸이로 꾸며진 그대의 목이 어여쁘구려. 우리가 은구슬 박힌 금줄을 그대에게 만들어 주리다."(아가 1,10-11)

현대 문화에서 몸을 장식하는 것은 단순히 표면적인 것이 되어 버릴 수 있다. 우리 자신을 치장하려는 강박 관념에 의상, 다이어트, 운동 같은 삶의 다양한 측면이 보충되고 있다. 그런데 이런 충동이 진정한 나 자신의 본질의 일부로 보인다. 십대와 성인 모색기에 우리는 몸을 치장하는 데 몰두한다. 데이트를 하고 친구들과 어울리면서 자신이 최고로 멋지게 보이고 싶은 이 시기에 '에로스'가 생동한다. 이후 우리가 사

---

[72] Mardi Gras : 미국에서 행해지는, '재의 수요일' 전날의 '육식 화요일'(Fat Tuesday, 肉食火曜日)을 가리키는 '카니발'의 프랑스식 명칭.

랑하고 일하면서 타인과 함께 살아갈 때 자기 몸에 대한 인식과 세상에 드러내는 것에서 변화를 느낄 수 있다.

② 도구적 신체

"전능하신 하느님, 당신 백성과 모든 창조물의 선익을 위해 뼈와 근육으로 이루어진 제 몸에 힘과 용기가 자라게 하소서."[73]

우리는 30~40대를 지나면서 몸이 도구, 지속적인 조절과 보호가 필요한 도구라는 것을 더욱 깊이 인식하게 된다. 따뜻한 겨울 재킷을 입는 것이 맵시 있는 옆모습을 유지하는 것보다 더 중요해진다. 영양가 있는 음식이 약속한 일을 해내는 데 필요한 체력의 원천이라는 것을 알고, 다이어트의 중대 관심은 날씬함을 유지하는 것보다 건강을 유지하는 것이 된다. 몸은 아직 강건하지만 좀 더 주의를 기울여야 할 때이다. 에로스 생활의 중심에서 우리는 도구적 신체에 관한 새로운 교훈을 배우게 된다. 임신은 몸매를 무너뜨리고 여러 불편을 거쳐 산고産苦를 겪게 한다. 아기를 기르는 일은 잠을 설치는 숱한 밤과 물리적 요구들과 더불어 우리의 체력을 시험한다.

중년 생활은 더욱 우리 몸을 도구로, '일을 제대로 해내기' 위한 기본 연장으로 파악하게 한다. 젊을 때 운동을 한 사람이라면 몸이 수행하는 도구 역할을 좀 더 일찍 파악했을 것이다. 스포츠는 민첩성, 체력, 균형 감각을 기르고 이것들은 우리의 동작을 강화한다. 어떤 직업은 몸이 성공의 주요 도구가 되므로 각별히 살핀다. 무용가들은 몸이 도구이

[73] Carl Koch – Joyce Heil, *Created in God's Image* (Winona MN, St.Mary's Press, 1991).

자 장식이라는 점에서 그만큼 몸을 단련하고 숙련시킨다. 외과의나 군인 같은 직업을 가진 사람들은 그들의 목표를 달성하는 일이 단련된 신체에 달려 있다.

  책임이 늘어나면서 우리가 마주하는 요구들에 부응하려면 몸이라는 중요한 연장이 언제라도 작동할 수 있게 유지해야 하므로 다이어트, 휴식, 체력 단련과 같은 몸을 돌보는 일이 더 중요해진다.

  ③ 성사적 신체
  우리 몸은 장식이면서 도구이다. 그밖에도 우리의 '신체적 자아' bodily self에 관한 더욱 깊은 의미를 인식할 수 있는데, 그것을 처음 인식하는 것이 성행위일 수 있다. 성행위에서 우리 몸은 갖가지 미숙한 한계가 있지만, 서로 나누어야 할 선물이 되고, 언어 이상의 사랑의 표지가 된다. 성행위로 아이를 갖게 되면 우리는 두 몸의 결합으로 새 생명을 갖게 된 것에 경이로움을 느낀다. 일상에서는 생산적 노동으로 한 주간을 마치고 피곤에 지쳐 있지만 그래도 병들거나 다치지 않은 것에 감사하고, 일을 다 해낼 만큼 에너지와 집중력을 발휘할 수 있었던 것에 감사한다. 이런 경험으로 우리는 신체가 은총을 입었다는 것을 알고 또한 감사하게 된다.

  성사聖事는 은총을 받는 일이다. 전례 행위나 신체적 행위를 통해 우리는 하느님의 현존으로 더 깊이 들어간다. 가톨릭에서는 '성체성사'나 '고해성사'와 같은 성사가 그것이 의미하는 바대로 효력을 발생한다. 돌봄과 동정에 따른 많은 행위에서 우리의 비천한 몸이 하느님의 '육화된 사랑'의 표지가 되는 것이다.

어떤 이들이 처음 몸을 장식으로 인식한 경험이 눈부신 제의를 입은 사제나 화려한 제복을 입은 성가대가 있는 종교 예식에서였다면 전례의 의식화된 행위에서 우리 몸을 성사적인 것이라고 느꼈을 수 있다. 제대에서 복사를 서던 기쁨을 떠올리는 남성은 이렇게 말한다. "미사는 내 어린 시절의 무용극이었다. …몸은 거의 보이지 않았지만 움직임은 더욱 주의를 끌었다." 전례 때 장식이 화려한 의상은 집전자의 몸을 가리지만 예식의 장엄한 동작은 몸을 더 드러내는 셈이다. "그 거룩한 제의 속에서 어린 복사의 몸은 무대의 소도구가 되었다. 비록 어린 소년이었지만 그 움직임이 위엄 있고 극적이라고 몸으로 느낄 수 있었다. 절을 하고 무릎을 꿇고 적시에 몸을 돌리는 그 모든 동작이 위대하고 성스러운 드라마의 일부였다."

종교학자 크리스티나 트라이나[74]는 몸과 우리의 성사적 유산 사이의 연관성을 추적한다. "거기서, 오직 육신 안에서 육신을 통해서 우리는 은총을 경험한다. 그러므로 육신은 성사적 의미를 갖는다." 그의 말은 이렇게 이어진다. "우리는 몸을 씻고 세례를 받는다. 성체를 모시고 성찬에 참여한다. 우리는 만지면서 치유하고… 우리의 전통 또한 결혼에서 육신의 결합이 실재 현존하는 은총의 표지요 상징이라고 가르친다."

일상생활에서 사려 깊은 실천을 통해 우리 몸은 성사적이 된다. 가족이나 친구를 위해 정성껏 음식을 마련하고, 그 정성으로 음식은 영양 공급원 이상의 것이 된다. 우리가 정신을 가다듬어 심호흡을 하고 의

---

[74] cf., Christina Traina, "Roman Catholic Resources for an Ethic of Sexuality." Common Ground (2004.3.5.–7).

식을 집중하면 하느님의 현존에 더욱 활짝 마음을 여는 상태가 된다. 몸짓과 노래와 춤을 통해 우리는 몸으로 기도를 한다. 오늘날 많은 이들이 마사지에서 성사적 특성을 경험한다. 마사지하는 손길에서 느껴지는 존중심은 감각과 영혼을 결합시킨다. 우리 몸에 오일이 발라지고 조심스런 손길로 어루만져질 때 우리 신앙 유산의 일부인 도유塗油 행위를 연상하게 된다. 이 육감적인 오일 마사지는 차분한 편안함을 가져오거나 새로운 활력으로 생기를 북돋우기도 한다. 조금 우울한 이야기지만 이 경건한 터치는 우리 생애의 마지막 날 최후의 도유[75]를 위한 리허설이다. 이때도 몸은 성사聖事가 된다.[76]

---

[75] 가톨릭교회에서는 신자가 중병이 든 경우나 임종이 가까우면 '병자성사'를 주는데 몸의 몇 군데에 기름을 바르는 예식이 있어 과거에는 '마지막 도유'extrema unctio라고도 불렸다.

[76] cf., Mary Ann Finch, *Care Through Touch. Massage as the Art of Anointing* (New York, Continuum, 2000)

성찰

똑바로 서서 양발에 몸무게를 똑같이 나누어 싣는다. 다리를 부드럽게 풀어 몸의 무게를 받아들이게 한다. 몸을 풀고 편안하게 서서 호흡을 하고 긴장을 푼다.

기도하며 두 손을 당겨 가슴에 대고 공손히 머리를 숙인다.
"나의 주님, 내 하느님."
두 손을 마주 대고 하늘로 들어 올리고 손바닥을 펴서 온 세상을 향하게 펼친다. 세상이 하느님의 영광을 외치는 소리에 찬미를 합한다.
"성소에서 제 손을 들어 하느님 당신을 찬미하나이다."(시편 134,2; 150,1 참조)
지상으로 내려온다. 두 팔을 앞으로 뻗는다. 상반신을 숙여 손이 발 앞의 마룻바닥에 닿게 숙인다. 몸을 더 숙이면서 무릎을 굽혀 땅에 엎드리는 자세를 취하며 머리를 더 깊이 숙인다.
"나의 주, 내 하느님
당신 앞에 엎드려 제 온 존재가 경배합니다.
내려와 저를 만지고 낫게 하소서."
몸을 천천히 일으켜 다리를 바로 세우고
마치 꽃송이가 빛을 향해 자라 오르듯 부드럽게 위로 몸을 뻗는다.
"당신께서는 제 빛, 저의 구원이시나이다."
두 팔을 새의 날개처럼 양옆으로 벌리고
머리 위로 올려 쭉 뻗으면서 찬미를 드린다.

"성소에서 제 손을 들어 하느님 당신을 찬미하나이다."
기도하듯이 천천히 손을 모으고 몸을 숙인다.
"아멘."

원하는 횟수만큼 진언하듯 몸을 굽히고 펴고 뻗어 올리고 하는 동작을 거듭할 수 있다. 찬미를 드리고 숙이고 엎드리는 것은 이어지는 한 동작이고 한 리듬이며, 한 춤사위이고 기도임을 명심한다.

8. 쾌락의 에로스
현존, 그리고 고마운 마음에 이르는 길

> 하느님은 여러분 안에서 활동하시면서
> 당신의 선하신 기쁨을 위해
> 여러분의 의지를 일으키시고 실천하게 하시는 분이십니다.
> – 필리 2,13 참조

바오로는 그리스도인들에게 신앙생활이란 하느님의 선하신 '쾌감'pleasure 을 드러내는 것이라고 필리피 신자들에게 선언했다. 에페소의 신앙 공동체에 편지를 쓰면서 바오로는 다시 이 신념을 전한다. 하느님의 구원 계획은 "그리스도 안에서 하느님의 선하신 쾌감에 따라"(에페 1,9 참조) 실현되어 나간다. 히브리 예언자들도 하느님의 '쾌감'에 관한 증언을 남겼다. 하느님의 말씀은 들판을 적시는 비처럼 "하느님께 헛되이 돌아가지 않고 반드시 하느님의 선하신 쾌감을 이루고야 만다."(이사 55,11 참조) 그러나 쾌감, 특히 관능적 쾌락은 많은 그리스도인들에게 걸림돌이 되어 왔다.

　　영적 삶에서 쾌감이 차지하는 자리는 우리의 출발점에 영향을 받는다. 영적 여정을 십자가 아래에서 시작한다면 우리는 고통의 구속적救贖的 의의를 높이 사게 된다. 예수님의 삶과 죽음에서 고통의 의미가 변했기 때문이다. 이 관점에서 고통은 거룩함에 이르는 은혜로운 길이다. 그리스도인들은 죄 많은 세상 한가운데서 근엄한 얼굴로 구원을 추구할 것이다. 그렇게 구원을 추구할 때 위험한 관능적 쾌락의 즐거움은 누릴 시간도 들어설 자리도 없다.

그러나 성경이 그러하듯 우리의 영적 여정을 창조에서 시작하면 쾌락은 전혀 다른 빛을 띠고 나타난다. 하느님의 창조물은 비록 폭력과 악으로 상처를 입기는 했지만 여전히 아름다움으로 빛나고 있다. 다채로운 색깔, 황홀한 소리, 향기로운 방향이 우리를 즐겁게 하고, "보시니 좋더라!" 하시던 하느님의 판단을 재확인하게 된다. 우리의 감각이 제공하는 단순한 증거만으로도 우리는 쾌락을 누리도록 만들어졌다고 확신할 수 있다. 이렇게 전혀 다른 관점에서 쾌락은 걸림돌이기보다 성사로 나타난다.

그럼에도 쾌락은 여전히 당혹스러운 것이다. 쾌락과 밀접하게 연관되는 탐닉과 폭력이 쾌락에 대한 우리의 신뢰를 잠식하기 때문이다. 쾌락이 주는 선물, 곧 감각의 미묘한 희열, 성애에서 나누는 격정에 우리는 곧 의심을 품는다. 어떻게 관능적 쾌락이 그리스도교 영성에서 영예로운 위치를 차지할까? 쾌락이 열정적인 하느님께 이르는 길이 될 수 있을까?

우리의 신앙 선조들은 쾌락의 유혹을 예민하게 감지했다. 로마제국의 향락적이고 퇴폐적인 생활 한가운데서 살면서도 초기 그리스도인들은 육신의 선함과 관능적 즐거움의 선함을 긍정하려고 애썼다. 4세기에 아우구스티노는 음식이 주는 쾌락에 대한 관심을 이렇게 피력했다.[77] "먹는 일, 바로 그 과정에서 내 앞에 탐욕의 올가미가 놓인다. 목구멍을 넘어가는 그 자체가 쾌감을 주는 까닭이다. …먹고 마시면서 이 위험한 쾌감은 내 친구가 된다."[78]

아우구스티노가 등장하기 200년 전에 알렉산드리아의 클레멘스는 북아프리카에 있는 그리스도교 공동체를 지도하는 규정을 만들었다. 공중목욕탕에서 만연한 성적 일탈을 익히 알고 있던 클레멘스는 위생을 목적으로 목욕을 해야지 쾌락이 목적이어서는 안 된다고 경고했다. 쾌락의 문제에 당혹감을 느낀 클레멘스는 오늘날 우리 대부분이 소중히 여기는, 물에 몸을 담글 때 느끼는 감각적 즐거움 같은 것을 허락할 수 없었다. 일이나 근심 걱정으로 피곤한 하루를 마친 후 따뜻한 물이 근육의 긴장을 풀어 주는 동안 우리 입술에서 저절로 "주님, 감사합니다. 감사합니다." 하는 기도가 흘러나온다. 쾌감에서 기도로 옮아가는 움직임은 우리의 신앙 선조들에게 낯선 것이었다. 그러나 오늘날 대다수 그리스도인에게 이 의심스러운 유산은 개인적 경험과 어긋난다.

순수한 쾌감이 우리를 현재에 존재하게 한다[79]

그렇다면 우리는 쾌락을 어떻게 할 것인가? 감각적 즐거움은 신앙 여정에 어떤 선물이 되는가? 쾌락이 주는 가장 중요한 선물은 가장 겸허한 것인지도 모른다. 쾌락은 우리를 존재하게 한다. 우리는 과거와

---

77 cf., Martha Nussbaum, *Upheavals of Thought. The Intelligence of Emotions* (New York, Cambridge Univ. Press, 2001); Margaret Miles, *Desire and Delight. A New Reading of Augustine's Confessions* (New York, Crossroad, 1992); James White, *Protestant Worship and Church Architecture* (New York, Oxford Univ. Press, 1964), P.17.

78 아우구스티노, 「고백록」 (성염 역주, 경세원 2013), 10,31,43-47 참조.

79 cf., Stella Resnick, *The Pleasure Zone* (Berkeley CA., Conari Press, 1997).

미래를 생각하며 혼란스러운 나날을 살고 있다. 과거의 실수와 최근의 잘못은 우리에게 죄책감을 심어 주고, 다가올 주간의 도전은 우리를 불안하게 한다. 그러므로 '지금' 존재하기 위한 에너지는 얼마 남지 않았다. 그런데 우리를 지금 여기로 돌아오게 만드는 것, 다시 살아가도록 우리를 존재하게 하는 것이 다름 아닌 쾌락이다.

개인적 경험이 이해에 도움이 될 것이다. 한 동료가 우리에게 이런 이야기를 털어 놓았다.

"여러 해 전 친구가 내게 선물을 주었다. 자기가 다니는 헬스클럽에서 직원에게 마사지를 받게 해 준 것이다. 겨울날 한기를 느끼면서 나는 그곳으로 차를 몰고 갔다. 그곳 시설은 무척 훌륭했지만 그때까지도 나는 맨몸을 낯선 이의 손에 맡기는 것이 좀 불안했다. 마사지 치료사 이반이라는 사람과 인사를 나누었다. 그는 러시아에서 온 지 얼마 되지 않았다고 했다. 그의 이름을 듣고 '이반 뇌제雷帝'[80]가 떠올라 나는 잠시 패닉 상태가 되었다. 그리고 곧 내 이두박근보다 굵은 그의 손목이 눈에 들어왔다. 그러나 그의 손이 내 목과 어깨의 뭉친 근육을 주무르기 시작하자 내 두려움은 쾌감에 자리를 내주기 시작했다. 그 두 손이 내 왼팔을 주무르자 근육이 풀리기 시작했다. 그러자 갑자기 나는 내 팔을 온전히 의식하게 되었다. 전에는 한 번도 그렇게 내 팔을 의식한 적이 없었던 것이다. 내 주의를 끌지 않았던 내 신체의 일부, 반세기가 넘게 내 옆에 있어 온 충직한 하인을 내가 처음으로 알아보고 존중하게 된 것

---

[80] Ivan the Terrible : 러시아 제국 첫 황제(1547–1584 재위)로, 영토 확장과 문화 창달에 커다란 공적을 남겼으나 예측 못할 포학 행위(왕세자를 까닭 없이 죽이거나 귀족들을 괴롭히는 등) 때문에 이런 별명이 붙었다.

이다. 존경할 만한 마사지의 쾌감이 갑작스런 인식을 불러일으켰는데, 내가 내 팔에 시선을 돌려 그것을 의식하고 고마움을 느낀 것이다."

아주 달고 맛있는 복숭아의 맛을 생각해 보라. 6개월은 저장이 가능하도록 방부 처리한 슈퍼마켓 진열대의 복숭아가 아니라 소규모 유기농 농장에서 갓 수확해 장날에 내놓은 복숭아의 맛을! 복숭아를 손에 쥐면 탄력 있는 그 단단함을 느낄 것이다. 껍질째 한입 베어 물면 달콤한 과즙이 입 안으로 흘러든다. 이것이야말로 복숭아의 참맛이다! 그 순간 우리의 주의력은 온통 그 즐거움에 집중된다. 쾌락이 우리를 그 자리에 존재하게 만든 것이다.

하루 종일 업무로 바빴던 직장 일을 마치고 차를 몰고 집으로 간다. 모퉁이를 도는데 갑자기 서쪽 하늘이 눈에 들어온다. 친숙한 퇴근길에 대개는 그날의 일과를 되돌아보거나 저녁에 할 일을 생각하면서 그 길을 가곤 했을 것이다. 지평선에 눈부시게 펼쳐지는 생생한 햇살을 마주하면서 오늘의 석양이 시선을 사로잡는다. 길가에 차를 세우고 한참 동안 차에 앉아 그 놀라운 정경에 온전히 동화되는 것이다. 지난 일을 후회할 여지도, 앞날의 계획을 생각할 여지도 없이 그저 존재할 뿐이다. 만지고 맛보고 바라볼 때의 단순한 쾌락은 우리를 세상에서 떼어 놓지 않고 오히려 세상에 대한 우리의 의식을 강렬하게 만든다.

반대되는 경우를 예로 든다면 쾌감과 현존 사이의 연관을 더욱 확실하게 해 줄 것이다. 어느 날 아침, 친구에게서 전화가 왔다. 그날 친구가 자기 아파트에 잠깐 들러 간단한 점심을 먹자고 한다. 새로운 수프 조리법을 알아낸 친구는 야채를 꺼내어 수프 국물을 끓이고 허브를 첨가하면서 몇 시간을 준비할 것이다. 친구를 몇 주 동안 만나지 못했으므로 그 초대를 받아들이면 점심도 해결하고 친구와 이야기도 나눌 수 있어 일석이조인 셈이다. 그날 일과가 빡빡해서 잠시 주저하다가 정오 무렵에 가겠다고 대답한다. 11시 회의가 너무 길어졌다. 서둘러 친구의 아파트로 달려가 늦어서 미안하다고 사과하고, 머릿속에 그날 해야 할 오후 업무를 생각하면서 친구가 내놓는 음식을 허겁지겁 먹는다. 그리고 친구 집을 나서는데 친구가 묻는다. "수프, 어땠어?" 순간 당황한다. '수프? 무슨 수프지?' 그때 세련된 재치가 튀어나온다. "수프!" 갑자기 목소리를 높이며 말한다. "그래, 수프 참 맛있었어. 수프가 정말 좋았어!"

사실 수프 맛을 음미할 여유가 없었다. 친구 옆에 앉아 있기는 했지만 생각은 딴 데 가 있었다. 오전 회의 내용이 머릿속에 있었고 오후 일과 때문에 마음이 무거웠다. 친구의 각별한 선물인 수프 맛의 쾌감은 영양을 주고 친구의 존재를 새삼 의식할 수 있게 해 주었지만, 분심이 그 쾌감을 앗아가 버렸다. 그 자리에 존재하지 않았던 셈이다.

쾌감과 현존 사이의 연관이 우리에게 일깨워 주는 것은 그리스도교 영성이 존재함에 관한 것이라는 사실이다. 하느님의 선물과 초대에 현존하려고 우리는 친구나 사랑하는 사람에게 더 분명히 존재하기를 갈망한다. 그들을 당연히 여기고 소홀히 하기 쉽다는 점을 잘 알기 때문이다. 우리 내면의 영은 덧없는 희망과 빈번한 불안감에 깨어 있기를 열망한다. 영성은 우리를 완전하게 살라고 초대한다. 완전하게 산다는 것은 우리 자신에게, 타인에게, 하느님의 세상에서 일하시는 성령의 활동에 자신을 내놓고 더욱 전념하는 것을 포함한다.

빵과 포도주, 향과 기름, 다양한 색상의 의복, 감각적인 소리를 포함하는 그리스도교 전통의 전례는 하느님의 현존을 의식하도록 북돋운다. 여러 성사는 우리의 감각을 이용해서 손에 잡히지 않는 신비와 접촉하게 해 준다. 장엄하게 거행되는 종교 의식은 우리에게 감각적인 것과 영적인 것이 서로를 위해 만들어졌다고 선언한다. 쾌락은 수단이며 현존은 목적이다.

진정한 쾌락의 선물

진정한 쾌감은 우리를 길러 준다. 외적인 즐거움도 일과 지루한 일상에서 기분 전환이 될 수 있지만, 보고 만지고 맛보는 데서 오는 쾌감은 그보다 훨씬 나은 것을 위해 마련되어 있다. 생일, 기념일 또는 귀향을 축하하기 위해 가족과 친구들과 나누는 식사를 생각해 보자. 그 자리는 패스트푸드처럼 바삐 먹어 치우는 자리가 아니라 서로 함께함을 즐기려고 시간을 내는 자리이다. 이때 음식을 먹는 즐거움은 우리가 취하는 열량보다 훨씬 많은 자양분이 된다. 오랫동안 이렇게 축하하는 자리를 갖지 못하면 영혼은 허기를 느끼게 된다.

음식을 함께 나누는 친교가 우리를 길러 준다면 접촉도 마찬가지이다. 신체 접촉, 즉 위로해 주는 따뜻한 포옹, 장난스럽게 꼭 끌어안아 주는 것, 부드럽게 쓰다듬는 등의 접촉은 영혼을 치유한다. 소설가 솔 벨로우 Saul Bellows는 매주 이발소에 가는 남자의 이야기를 그렸는데, 머리를 자르기 위해서가 아니라 사람의 손길을 받고 싶어서 이발소에 간다는 이야기이다. 조산아들을 관찰한 연구 조사에 의하면, 엄마의 가슴에 안고 젖을 물리거나 아빠의 맨가슴에 올려놓는 등 날마다 부모와 피부 접촉을 하는 아기가 신체 발육이 훨씬 빨라진다.

보살핌이 있는 접촉은 우리를 양육한다. 그런데 오늘날의 문화에서는 접촉이 악용될 수 있다는 점을 예민하게 자각한다. 성추행과 아동 성애가 미국 교회를 비롯해 여러 곳에서 유행병처럼 성행해 왔다. 성직자나 교사, 상담자로서 우리는 건전한 접촉과 타인의 삶을 침범하는 의도적 행위를 구분 짓는 경계를 배우는 중이다. 그러나 오늘날 고조된 민감성으로 인해 사람을 돌보는 일에 종사하는 많은 사람들이 우울증에 빠진 사람을 안아 주고 싶어도 오해를 살까 두려워한다. 성공회 사제 짐 카터[81]는 우리가 하는 접촉을 옹호하는 규정을 두고 글을 썼다. "언제 또 어떻게 신체 접촉을 해도 좋은지를 분별하는 일은 수덕에 해당하는 과제이다. 성령에 따라 사는 것이 접촉 없이 육신을 혐오하는 것도 아니고 무분별한 접촉으로 타인을 무시하는 것도 아니다."

진정한 쾌감을 알려 주는 신호는 이런 모호함을 해결하는 데 도움을 준다. 쾌감이 우리 삶에 전념하지 못하게 방해하거나 관대함에 마음을 열기보다 엄격하고 편협하게 하고, 우리의 정신을 강하게 하기보다 자신이나 타인을 더 작아지게 한다면 그 쾌락은 더 풍요로운 삶에서 벗어나게 하는 것이다.

쾌감의 두 번째 선물은 감사하는 것이다. 이것은 쉽게 관대함으로 흘러간다. 긴 회합 중에 갖는 휴식 시간에 친구가 긴장한 내 어깨를 두드려 준다면 "고마워. 고마워!"라고 하며 나도 자연스럽게 그 호의를 돌려주려 "네 어깨도 주물러 줄게." 할 것이다.

맛좋은 복숭아를 한입 깨물었을 때의 쾌감으로도 이것을 설명할

---

[81] Jim Cotter, "Homosexual and Holy," *The Way* (1988.5), 231–243.

수 있다. 달고 과즙이 풍부한 복숭아를 먹으며 그 맛을 즐긴다. 그리고 이 즐거움을 나누고 싶어 옆 사람에게 복숭아를 내민다. "이 복숭아 좀 먹어 봐!" 복숭아 맛의 쾌감이 나를 인심 후한 사람으로 만든 것이다. 이 감각적 쾌락을 나누는 것은 내 즐거움에서 뭔가를 빼내는 것처럼 보일지 모르지만 그것이 내 쾌감을 감소시키지는 않는다. 실제로 나눔은 더 큰 즐거움을 안겨 준다. 옆 사람의 즐거움을 보면서 내 즐거움이 커진다. 여기서 우리 삶이 가르쳐 주는 가장 행복한 교훈을 배우게 된다. 나누는 쾌감은 혼자 경험하는 쾌감보다 더 풍부하고 더 만족스럽다는 것이다.

작가 루이스는 「네 가지 사랑」[82]에서 기쁨의 두 가지 중요한 체험을 구분한다. '필요 쾌락'과 '음미 쾌락'이 그것이다. 필요 쾌감은 절박하고 본능적이며 금방 만족을 얻도록 우리를 충동한다. 예를 들어 뜨거운 태양 아래서 몇 시간 동안 일을 하다 보면 물을 마시고 싶은 절박한 욕구를 느낀다. 그때 물 한 잔으로 갈증을 풀고 나면 우리는 깊은 쾌감을 느끼고 우리의 욕구는 금방 소멸한다. 이런 쾌감 경험은 특정한 생물학적 필요에 초점이 맞추어져 있다. 필요가 신속하게 충족되므로 우리는 그 일을 과거형으로 말한다. "정말 좋았어!"

'음미 쾌감'은 덜 절박하고 덜 본능적인데, 정신과 영혼의 만족과 연관이 있다. 야생화가 만발한 들판에서 느끼는 쾌감이 그런 것이다. 풍부한 색깔과 미풍에 하늘거리는 모습을 보며 우리의 기쁨이 고조된다. 우리는 이 쾌감을 두고두고 음미하는데, 그렇게 음미해도 우리 흥미

---

[82] cf., C. S. Lewis, *The Four Loves* (New York, H.B.Jovanovich, 1960).

는 줄어들지 않는다. 이런 기분은 해소라기보다 감사이다. 이런 경험을 우리는 현재형으로 표현하는 경향이 있다. "여기 오니 참 좋다!"

성적 쾌락은 필요와 음미를 둘 다 포괄한다. 이 복합성을 무시하면 성애는 위축되고 쾌락을 위태롭게 한다. 성행위를 본능적 흥분이라고 여긴다면 그 목표는 신속하게 그것을 해소하는 데 두게 된다. 더운 날의 갈증처럼 성기의 흥분도 신속히 만족시킬 수 있을 것이다. 그럴 때 쾌락은 신체적 자극에서 오는 것이지 연인의 현존에서 오는 것이 아니다. 하지만 이런 식의 해소에 우리는 감사보다 만족에 그친다.

성적 충동은 의미 있는 생물학적 실재이며 인류가 종種으로 살아남는 토대이다. 그렇지만 '필요 쾌감'은 '음미 쾌감' 속에서 풍부해진다. 우리는 연인의 현존에서 각별한 즐거움이 솟는다. 경이에 가까운 쾌락에서 연인은 단순히 성관계를 나눈 상대가 아닌 것을 깨닫는다. 이렇게 이해하는 상대는 우리가 한 인간의 모든 측면, 즉 그의 몸, 이념, 가치관, 감성, 희망을 탐색하고 포용하고 싶게 만든다.

우리의 음미가 자랄수록 상대방에게 쾌락을 '주려고' 열망한다. 몸과 영혼이 느끼는 이 쾌락은 우리에게 커다란 기쁨을 가져온다. 성행위가 우리의 생리적 필요를 충족시켜 주는 것 이상의 역할을 할 때 그 쾌감은 우리를 파트너십이라는 복잡다단한 세계로 들어가게 해 준다. 아마도 처음에는 몇 번 어색한 만남이 이루어지며 둘 사이에 성적 쾌감의 리듬이 다르고 무드가 다른 것을 차츰 알게 된다. 그런 차이를 존중하는 가운데 함께 나누는 쾌락이 삶을 함께 심화시킨다는 사실을 발견한다. 자신을 통제하고 관계의 의식적 통제에서 벗어나는 것이 쉬워지면서 처음에 파트너를 쾌락을 제공하는 상대로만 간주하던 생각을 그만

두게 된다.

　　　에로틱한 음미는 우리에게 서로 상대방의 현존에 오래도록 머물라고 초대한다. 이런 복합적인 쾌락은 우리에게 용기를 주어 평생의 헌신도 무릅쓰게 만들고, 어쩌면 사랑의 선물일 수도 있는 새로운 삶을 향해 마음을 열게 만든다. 쾌락을 주는 것과 마찬가지로 쾌락을 받아들이는 일은 에로스의 선물로 온다.[83]

---

83 신·구약 성경의 육체에 관한 성찰 : Celeste Snowber, *Embodied Prayer. Toward Wholeness of Body, Mind, Soul* (Kelowna, Canada, Northstone 2004). 육체와 명상의 관계 : Jon Kabat-Zinn, *Coming to Our Senses. Healing Ourselves and the World through Mindfulness* (New York, Hyperion Books, 2005). 사회 및 환경과 영육 문제 : Thomas Ryan, *Reclaiming the Body in Christian Spirituality* (Mahwah NJ., Paulist Press, 2005).

성찰

최근 경험한 진정한 쾌감을 생각해 본다. 그 경험을 머리에 떠올리고 잠시 기억을 더듬어 본다.
그리고 생각해 본다.

- 쾌감을 느꼈던 경험이 어떻게 거기에 '현존'하게 만들었는가?
- 그 경험은 어떤 점에서 '감사하는' 느낌을 갖게 했는가?
- 그 경험이 자신을 더 '관대한' 사람으로 만든 측면이 있었는가?
- 요즘 진정한 쾌감을 경험하는 데 가장 큰 장애가 된 것은 무엇이었는지 식별해 낼 수 있는가?
- 자신의 삶에서 쾌감을 가로막는 장애물을 극복하려면 무엇을 할 수 있겠는가?

Holy Eros

3부

에로스에
이르는 뜻밖의
통로

에로스 에너지는 애정과 협력과 헌신적 사랑으로
우리를 타자에게 움직이게 한다.

놀라운 에너지를 가진 희망은
에로스의 또 다른 출발점이 된다.

고통은 에로스에 이르는 길처럼 보이지 않지만
그 자극은 저항하면서도 견디라고 우리를 북돋운다.
아픔과 타인의 번민을 깊이 자각하면서!

분노와 동정은 함께 그레이스의 통로를 열어 준다.

9. 희망의 에로스[84]
다른 세상에서 온 초대받지 않은 심부름꾼

> 사실 우리는 희망으로 구원을 받았습니다.
> 보이는 것을 희망하는 것은 희망이 아닙니다.
> 보이는 것을 누가 희망합니까?
> 우리는 보이지 않는 것을 희망하기에 인내심을 가지고 기다립니다.
> - 로마 8,24-25

희망은 미래에서 오는 좋은 무엇을 기대하라고 초대하는 점에서 호기심을 끄는 경이로움이다. 희망은 몇 주 몇 달에 걸쳐 우리를 생기 있게 하는 오래가는 기분이 될 수도 있지만, 그것은 흔히 갑작스레 물결치는 에너지로 다가온다. 현실과 반대될 정도로 새로운 무엇, 그 이상의 무엇에 믿음을 갖게 만든다. 에로스가 그렇듯이 희망도 우리가 예상 못할 가능성들을 추구하도록 우리를 준비시킨다. 희망은 은총처럼 오기도 한다. 우리 힘으로 성취할 수 없는 것에도 희망을 걸 수 있다. 에로스와 그레이스의 이런 움직임 속에서 희망은 열정적인 하느님께로 가는 뜻밖의 통로를 열어 준다.

---

[84] cf., Daniel Harrington, *Why Do We Hope? Images in the Psalms* (Collegeville MN., Liturgical Press, 2008); *What Are We Hoping For? New Testament Images* (Collegeville MN., Liturgical Press, 2008); N.T.Wright, *Surprised by Hope. Rethinking Heaven, the Resurrection, and Mission of the Church* (New York, Harper Collins, 2008).

로베르토 웅거[85]는 희망이야말로 인간을 숭고하게 만드는 열정이라고, 새로운 가능성으로 일깨우고 관대한 행동을 하도록 우리 역량을 넓혀 주는 에너지라고 설명한다. "희망은 다른 세상에서 온 초대받지 않은 심부름꾼이다. 해결되지 못할 것처럼 보이는 갈등을 해소하고, 통과할 수 없는 것처럼 보이던 경계를 무너뜨리는 심부름꾼이다. 그것은 '놀라움'이라는 힘을 지녔다."

'초대받지 않은 심부름꾼', 위협적인 상황 한가운데서 희망을 품기 시작할 때 우리는 이 감정과 은총이 어디서 오는 것인지 알지 못할 때가 많다. 희망은 확실한 소유물이 아니라 부서지기 쉬운 선물이다. 희망은 가능한 내일의 세계에 비전을 갖게 해 준다. 희망은 놀라움으로 우리를 사로잡고, 희망의 에로틱한 위력은 얼마 전까지 꼼짝도 하지 않을 것 같았던 과거의 장벽을 넘게 한다. 희망은 에로스가 지닌 무절제함을 공유하며, 현세를 넘어선 더 크고 더 풍부한 세계를 우리에게 보여 준다.

국제 정치나 경제 또는 가정에서 통하는 현재의 상황과 주도적 합의 등은 자칫하면 사회적으로 규정된 행동 방식에 우리를 가둘 수 있다. 그러나 데이비드 트레이시[86]가 환기했듯이 "희망의 반대는 비관이나 절망이 아니라 무관심이다." 하느님의 희망의 말씀은 우리를 무관심에서 일으켜 세우신다. "보라, 내가 새 일을 하려 한다. 이미 드러나고 있는데 너희는 그것을 알지 못하느냐?"(이사 43,19) 희망의 시력은 기존

---

[85] Roberto Unger, *Passion. An Essay on Personality* (New York, Free Press, 1984), pp.221, 244, 238.

[86] David Tracy, "Evil, Suffering, Hope. The Search for New Forms of Contemporary Theodicy." *Catholic Theological Society Proceedings* 50(1995), 15-36.

체제의 협착을 뚫고, 사회 또는 내 삶에서 통용되고 합의라고 주장하는 공인된 지혜를 뚫고 내다본다.

희망은 과거를 바꿀 수도 있다. 흔히 과거는 지나갔고 끝났다고 생각한다. 실수는 '엎질러진 물'이어서 다시 담을 수 없다고 판단한다. 미국 사회의 문화는 우리에게 과오나 슬픔은 뒤에 남겨 두고 앞으로 나아가라고 북돋운다. 그러나 실제로 우리에게 과거는 끝나지 않았다. 치유되지 않은 상처 속에, 아직도 느끼는 두려움 속에, 복수를 벼르는 억누를 길 없는 원망 속에 과거는 살아 있다. 희망은 우리에게 그런 숙명에 맞서라고 응원한다. 웅거가 말했듯이 희망은 "과거와 현재의 심리 구조 그리고 강박적 충동이 미치는 영향력을 낮추는 능력을 우리에게 준다."

루이 베글리[87]는 소설「슈미트에 관해」에서 "과거는 현재가 거부할 수 없는 강제력을 갖고 있지 않다."고 썼다. 희망은 과거의 미숙함이나 파괴적 행동을 용서할 수 있도록 우리를 고귀하게 하며, 상처를 준 타인을 용서할 수 있게 만든다. 용서라는 것은 희망의 에로스에 의해 불붙여지는데, 용서할 능력이 없으면 과거는 끝나 버린 것이 되고 만다. 그럴 경우에 운명은 극기하며 참아 내거나 끝없이 고민하며 복수의 환상에 사로잡히거나 둘 중에 하나이다.

희망이 갖는, 사람을 변모시키는 능력은 미래의 형태도 결정한다. 희망의 은총은 다가오는 날들이 지금보다 더 나은 것이 되어야 할 필요는 없다고 안심시키면서 우리가 미래를 더욱 관대한 마음으로 상상

---

[87] cf., Louis Begley, *About Schmidt* (New York, Knopf, 1996).

하게 해 준다. 과거는 돌이킬 수 없는 것이라는 생각에 도전하듯이 희망은 미래의 운명론을 서서히 무너뜨린다.

거짓 희망과 희망에 찬 약속

한 대학생이 박사가 되려는 포부를 가졌으나 소정의 과정을 통과하지 못하고 말았다. 학위에 대한 동기는 강렬했지만 그의 실제 역량이 그에 미치지 못했던 것이다. 그는 꿈의 심층을 탐구해 세상에 치유를 가져오는 길을 찾아내려 했다. 여기서 희망은 그의 꿈을 다시 일으켜 세우는 데 도움이 되는 상상력과 용기를 북돋울 수 있다.

또 다른 사람은 오랜 암 투병 끝에 죽음이 가까이 다가와 있었다. 그런데 의사와 원목 신부, 가족들은 거짓으로 그를 안심시켜 그가 병이 호전되고 있다고 기대하게 했다. 그 현실성 없는 기대는 죽어 가는 사람에게서 슬퍼하고 과거를 돌이켜 보면서 화해하고 가족·친지들에게 작별 인사를 나눌 기회를 박탈할 수 있다. 거짓 희망은 인생의 심원한 의미를 깨닫는 길을 차단한다.

희망의 덕목은 약속이 내포한 잠재력에서 떠오른다. 약속은 우리가 아직 보지 못했고 통제할 수도 없는 미래에 우리를 밀어 넣는다. 우리는 지금 현재 알고 있는 바에 근거해 사람이나 가치에 스스로를 담보한다. 이것은 비합리적으로 보이지만 다른 방법이 없음을 곧 깨닫는다. 그리고 살아가면서 약속을 지킬 수 있다는 것을 알고 위안을 받는다. 약속을 하고 그 약속을 지키는 삶을 살지 않는다면 우리 삶은 아무런 결실이 없게 된다.

약속은 현재와 보이지 않는 미래를 묶는 특별한 힘인데, 유다 민족과 그리스도인이 하느님과 맺은 관계의 핵심에 이 약속이 자리 잡고 있다. 성경에서 하느님은 약속을 한다. 이집트 종살이에서 해방시킬 것이라는 약속, '젖과 꿀이 흐르는 땅'에 대한 약속, 유배지에서 돌아오리라는 약속, 장차 다가올 정의와 평화의 왕국에 관한 약속이다. 이런 약속들을 기꺼이 받아들일 수 있는 것은 우리의 노력으로 성취할 수 있는 것 너머로 끌어당기는 희망 덕분이다.

인생 초반에는 희망이란 낙천주의라고, 일종의 자신감이라고 생각할지도 모른다. 나중에 성숙되는 훈련으로 많은 것이 제련된 다음에야 희망이 그런 것과 다르다는 사실을 깨닫는다. 낙천주의는 우리가 성공을 하리라는 자신감에 뿌리를 두고 있다. 자신의 힘과 능력을 의식하는 데 마음을 두는 것이다. 자신의 기량과 든든한 후원과 좋은 동료들이 있는데 어떻게 실패하겠는가? 그러다 중년을 거치면서 꺾을 수 없는 사회의 위력과 능력의 한계에 부딪치면서 우리의 낙천주의는 멍이 든다.

운이 좋아서 낙천주의가 현실에 관한 보다 냉정한 판단에 길을 양보한다면 희망은 살아남을 것이다. 희망이 우리 힘에 닻을 내린 것이 아니라고 인식하면서 희망을 선물이자 은총으로 수긍하기에 이른다. 암울한 날들을 거치는 동안에는 정치가들의 정직함을 두고도, 교회 지도자들의 비전을 두고도, 부자와 빈민 사이의 불평등을 해소하는 경제 구조의 효율성을 두고도 우리는 절망을 느낄 것만 같다. 그러나 이 모든 것에도 우리는 삶이 그런 것들과 다를 수 있다는 믿음을 붙잡는다. 바오로처럼 우리는 "희망이 없어도 희망한다."(로마 4,18 참조) 그리고 이때 하느님께서 모든 것을 압도하시리라는 확신에서 자신감이 일어난다.

폴 리쾨르Paul Ricoeur는 이성이 절망을 느낄 때 나타나는 희망으로서 에로스의 변모를 추적한다. 인생은 대부분 분석적 이성의 명료한 능력에 의지하고 따른다. 그러나 중대한 때에 이 능력은 한계에 다다른다. 비판적 사유만으로는 인생의 궁극적 의미를 설명하지 못하고, 희생을 감당하는 인간 능력을 간파하지 못하며, 영원한 생명에 대한 우리의 갈망에 근거를 대지 못한다. 이 항구한 신비를 마주한 리쾨르는 다음과 같이 결론을 짓는다. "이성은 먼저 절망하지 않으면 안 된다." 그렇지만 절망은 파탄을 가져오지 않는다. 새로운 무엇의 문을 연다. "이성의 한계와 그 절망에 다다르는 것이 희망의 시작이다. 우리의 인식이 문을 닫으라고 선언하는 시점에 희망이 등장한다."[88]

희망에 관한 의료적 안목

의사 제롬 그루프먼[89]은 「희망의 해부학」에서, 질병과 회복에서 희망의 영향력을 연구한다. 그는 희망에 대해 "마음의 눈으로 더 나은 미래로 가는 길을 바라볼 때 우리가 경험하는, 기분이 좋아지는 느낌"이라고 정의하며 시작한다. 병원의 의사들과 원목 신부들은 희망과 건강 사이의 상관관계를 오래전부터 인식해 왔다. 희망이 사그라지면 환자의 면역 체계가 약화된다. 반면 희망으로 고무된 환자는 질병을, 그리

---

[88] Paul Ricoeur, *Figuring the Sacred* (Mineapolis MN., Augsburg Fortress, 1995), pp.212, 216.
[89] Jerome Groopman, *The Anatomy of Hope. How People Prevail in the Face of Illness* (New York, Random House 2004), pp.167, 178.

고 죽음까지도 비범한 태도로 대면한다.

의료 연구가들은 '플라시보 효과'[90]를 잘 안다. 환자가 각별한 정성으로 보살핌을 받으면 신체가 치유를 활성화하는 호르몬을 분비한다. 처방하는 의약품이 실제로는 그런 효과가 없는(물론 안전한) 성분으로 만들어진 것일지라도 말이다. 그루프먼은 '플라시보 약제'는 효과가 없지만 환자의 마음은 그렇지 않다고 설명한다.

신체 기관이 병에 걸리고 신체 조직이 잘못되면 신경 수용체는 뇌에 통증 신호를 보내는데, 그것은 '두려움과 불안과 절망의 감정을 효과적으로 증폭시키는' 신호이다. 이런 전개는 악순환이 될 수도 있다. 그루프먼의 설명은 이렇게 이어진다. "우리 몸이 허약해져 통증을 느낄 때 그 통증은 절망감을 증폭시킨다. 희망이 적다고 느낄수록 분비되는 엔도르핀은 줄어든다." 그런데 처음으로 희망이 번쩍이면 그 악순환이 끊어질 수 있다. 그루프먼은 이렇게 덧붙인다. "희망 같은 정서들은 세포에의 전달을 차단하는 엔도르핀을 분비해서 통증 신호가 대뇌로 전달되지 않게 막을 수 있다. 희망은 연쇄 반응을 촉발한다. 희망은 통증을 완화시키고, 우리가 통증을 덜 느끼도록 희망의 느낌이 확산되어 점점 더 통증이 감소된다."

한편 의학 저술가 에이브러햄 버기스[91]는 문화적으로 주입되는 낙천주의의 부정적인 영향을 경계하라고 말한다. "현대 사회는 '암'이라

---

[90] placebo effect : 해당 질병이나 통증에 상응하는 약이라고 환자에게 처방하지만 실제로 그런 약효가 없는 처방으로 심리적 효과만을 테스트하는 방법.
[91] Abraham Verghese, "Hope and Clarity. Is Optimism a Cure?" *New York Times* (2004.2.22.), 11–12.

는 단어를 둘러싼, 시대에 뒤떨어진 숙명론에 맞서서 우리 의지가 초자연에 가까운 능력을 보유했다는 생각을 안고 대응하는 수가 많다." 이 영향으로 우리를 넘어뜨리는 것은 질병이 아니고 마치 타고난 결함이나 의지박약인 것처럼 보이게 만든다. 그러다 보니 때로 환자들은 신체적 징후라든가 자기가 겪고 있을 정서적 반응과는 상관없이, 자신이 희망에 찬 모습을 보이지 않으면 안 된다고 느낀다. 버기스는 이렇게 강조했다. "많은 환자들이 자신이 낙관주의자가 되지 않으면 안 된다고 느낀다. 의기소침하거나 비관적이 되는 순간을 부인하라는 압박을 받는다. 사회가 주입하는 이런 감정들은 부끄러운 것이며 대가를 치러야 할 전장이 될 것이다." 이런 낙관주의를 그루프먼은 거짓 희망으로 간주했다. 진정한 희망은 실제 위협과 '더 나은 미래에 이르는 길' 두 가지를 모두 인식할 능력을 포함한다는 것이다.

희망의 인내력

"우리는 보이지 않는 것을 희망하기에 인내심을 가지고 기다립니다."(로마 8,25) 9·11사태 이후로도 미국인들은 낙천적인 사람이 되려는 성향을 보인다. 재난을 거의 겪지 않은 '아직 젊은' 나라에 사는 시민답게 미국인들은 역사에 대해서 호감을 갖고 미국의 운명(나아가 세계의 운명)을 엮어 나갈 수 있으리라는 자신감을 품고 있다.

미국은 희망에 찬 국가지만 동시에 참을성 없기도 하다. 다양한 분야의 생산성이 증대하고 있는 나라, 즉각적 욕구 충족이 약속된 나라에 살면서 미국인은 참는 것을 못 견딘다. 많은 미국인들에게 인내는 평판이 나쁜 낱말이다. 여성이나 사회적 비중이 낮은 가난한 사람들에게 예상되는 비천한 순종과 동일한 것으로 간주되는 인내는 피동적이고 주장을 제대로 내세우지 못하는 나약함으로 통한다. 그런데 시인 아드리엔 리치[92]는 '미국적이 아닌 덕목'이라 할 이 인내에 활력을 불어넣었다. 그의 시 '무모한 인내가 나를 이토록 멀리 데려왔으니'에서 항거와 위기 속에서 그녀를 이끌어 온 힘을 묘사하고 있다. 분노와 다정함이라는 절대 상충되는 듯한 두 에너지를 통합하려는 노력에서 '투박한 인내'가 그녀를 지탱해 주었고, 이 '무모한 인내'가 자신을 풍요한 삶으로 인도해 주었다고 한다.

인내라는 덕은 희망에 용기를 불어넣는다. 우리가 희망하는 것은 흔히 대단한 용기 못지않게 참을성을 요구한다. 토마스 아퀴나스는 '용기'라는 말이 본래 '남자다움'과 연관되어 이해된 사실을 주시했다.[93] '용기'와 '의연함'은 전사戰士들이 신체 부상과 죽음에 기꺼이 맞설 때 보여 주는 근육질의 체력과 결부되었다. 그렇지만 아퀴나스는 용기에 관한 보다 깊은 이해는 이런 전투적 지향을 넘어서서 더욱 확장된 참을성의 차원으로 옮겨 간다고 주장했다. 그는 용기를 인내와 직결시켰다. 용기가 대개 결연한 각오를 요구하고, 온갖 위험에도 불구하고 중요한 가치를 추구하는 일종의 투신을 요구한다는 사실을 간파했던 것이다. 삶에서 직면하는 무수한 좌절에서 슬픔과 비탄은 불가피하다고 아퀴나스

---

[92] cf., Adrienne Rich, "A Wild Patience Has Taken Me This Far." in *Poems 1978-1988* (New York, Norton, 1991).
[93] 용기(덕)을 가리키는 라틴어 'virtus'는 "남자다움"을 뜻하며, 그 어원은 'vir'(남자)이다.

도 인식했다. 이런 감정은 우리를 침울하고 의기소침한 상태로 서서히 가라앉힐 수 있다. 인내는 우리가 주저앉지 않도록 보호하고, 직면한 고통을 마음껏 슬퍼하도록 내버려둔다. 그러나 그것에 압도되어 상처 입은 세상에 이바지를 할 기회까지 포기하게 두지는 않는다.

이런 시각에서 본다면 인내는 전적으로 피동적인 것이 아니다. 인내는 우리에게 참을성을 무장시켜 완전히 깨어 있는 자세로 살아가게 해 준다. 아퀴나스는 어느 주석가의 말을 빌려 "우리 영혼이 슬픔으로 무너지거나 본연의 위대함을 상실할 위험에서 우리를 지켜 주는 것이 인내이다."라고 증언했다. 심리학자들이 '수용 통어력'receptive mastery 이라고 규정하는 것, 곧 삶이 우리에게 주는 것들을 감당하는 능력과 그것에 굴하지 않는 능력의 중요한 요소가 바로 인내이다.

용기와 인내는 둘 다 희망, 즉 안전해질 것이라는 기대에 뿌리를 둔다. 이 기대는 우리 자신의 능력이 아니라 하느님께서 주관하신다는 믿음에 닻을 내리고 있다. 이런 신뢰는 의미 깊은 가치를 추구하는 가운데 우리가 당면하는 위험(감당할 만한 것도)을 인식하게 한다. 인내는 편협하게 자신에게만 이기적 관심을 쏟는 것에서 헤어나도록 일으키고 주의력을 하느님의 미래에 집중하게 만든다. 희망의 에로틱한 힘은 용기에서 이루어지는 훈련이며, 끈기 있는 인내심을 지켜 준다.

하느님 나라에 대한 희망

"하느님의 나라가 가까이 왔다." 마르코 복음서에서는 예수님의 직무 활동이 이 말로 시작된다. 공생활을 시작하면서 예수님은 참으로 매력적인 비전을 제시하셨는데, 세상이 사랑과 정의로 변혁된다는 비전이 그것이다. 예수님의 활기찬 희망에 비추어 보면 그 현실은 이미 세상에 밀고 들어오기 시작했다. 그 왕국의 위치를 묻는 질문에 예수님은 "하느님의 나라는 너희 가운데에 있다."(루카 17,21)고 대답하셨다. 하느님의 나라는 먼저 희망에 찬 상상 속에 존재한다. 그러나 예수님은 하느님의 왕국은 자비와 정의를 실천하는 데서 오고 우리 가운데 실현된다고 선포했다. 동정심으로 행하는 행동 하나하나에서 하느님 나라가 사회 현실을 향해 움직여 온다. 폭력과 탐욕의 행동 하나하나에서 이 거룩한 꿈은 뒷걸음질치고 꿈은 환상처럼 보인다. 그리고 만성적인 불의 앞에서 하느님 나라에 대한 희망은 갈수록 지탱하기 어려워진다.

하느님 나라에 대한 희망은 삶을 '그 이상의 무엇'이자 '아직 아닌 무엇'으로 그리게 만든다. 신학자 위르겐 몰트만[94]은 이렇게 묘사한다. "새로운 삶에 관한 하느님의 약속은 이 세상을 의문에 붙인다. 희망의 눈에는 이 세상이 아무것도 아니어서가 아니고, 희망의 눈에 아직 오지 않은 무엇이면서 그 존재에 대한 전망을 갖고 있기 때문이다." 진정한 그리스도인의 희망은 미래를 향하는데, 그 미래는 멀리 있으면서도 가까이 있다. 너무 멀리 떨어진 미래는 환상의 섬이나 '천당에서 먹을 파이'[95]로 도피하는 현상을 낳는다. 장래를 바라보는 희망이면서 현재

---

[94] cf., Jürgen Moltmann, *Theology of Hope* (Minneapolis MN, Fortress Press, 1993).

[95] pie in the sky when you die : 종교를 풍자한 조 힐Joe Hill의 노래 'The Preacher and the Slave'(1911년)의 가사에서 나온 문구이다. 먹을 것을 구걸하는 사람에게 설교가가 말한다. "당신이 죽으면 하늘에서 파이를 먹게 될 거야(In that glorious land above the sky, / Work and pray, live on hay / You'll get pie in the sky when you die)." – 역자 주

상황을 너무 많이 반영하는 희망은 쉽게 현재 왕권이나 지배적인 경제 체제와 동일시하게 되어 이럴 경우에 특정한 정치 어젠더(agenda)가 하느님의 왕국을 대신할 위험이 있다.

하느님의 왕국은 희망에 대한 역설이다. 그 왕국의 비전은 우리의 상상력의 범위 안에 놓여 있다. 보살피고 관심을 갖는 행동들이 그 왕국 실현에 영향을 미친다는 것을 우리는 인식하고 있다. 하느님 나라는 동시에 우리가 닿을 수 없는 곳에 자리 잡고 있기도 하다. 우리가 달성하지 못하는 것을 우리는 그려 낼 수 없다. 우리가 해낼 수 없는 것을 염원할 따름이다. 이 준엄한 진리는 타고난 본성에 새겨진 결함[96]이 아니라 비록 유한하지만 동시에 하느님과 함께 누리는 삶을 위해 창조된 우리 인간성의 고유한 특성이다.

희망에 대한 특별한 찬양

결혼은 희망에 찬 행사이다. 이혼율이 증가하고 있지만 아이의 출생은 부모뿐 아니라 모든 이에게 새로운 가능성이 앞에 놓여 있다고 알린다. 졸업식 역시 이에 못지않게 희망의 메시지를 가져다준다. 최근 시카고에 있는 가톨릭 유니온 신학 대학 졸업식에서 했던 연설로 이 장을 마치고자 한다.

---

96 a design flaw : Paul Schmidtberger의 소설 *Design Flaws of the Human Condition* (Random 2007)에서 따온 문구.

"졸업은 희망에 찬 자립니다. 인생의 단축 마라톤을 끝내면서 여러분은 헌신할 곳, 새로운 것을 창조할 곳이 있으리라는 희망에 차 있습니다. 여러분이 갖다 낸 등록금이 헛되지 않았으며 여러분에게 일이 기다린다는 희망을 품고 있습니다. 그래서 이 자리는 희망에 찬 자립니다. 여러분은 여러분이 배운 것과 선사받은 재능을 갖고 세상으로 나갑니다. 세상에는 희망이라는 물품이 부족하고 희망을 손에 넣기도 힘듭니다. 국제무대에서 우리나라가 저지른 과감하면서도 파국적인 시도로 말미암아 다수 인간들에게 희망이 줄었습니다. 요즘 교회 안에서 저질러진 스캔들과 과오로 인해 많은 사람들에게 희망이 위태로워졌습니다. 친구와 동료, 성숙하고 경건한 사람들까지도 그들이 오랫동안 몸담고 자란 종교 단체로부터 더 이상 희망을 일궈 내지 못하고 있습니다. 그들은 다른 곳에서 희망을 집어 들었습니다. 아마도 이런 희망의 고갈이 지금 같은 시대에는 그래도 의미가 있을지도 모릅니다. 정서라는 것이 우리로 하여금 세상에 조율을 맞추는 것을 의미한다면 우리는 사회를 철저하게 휘젓고 있는 불만을 일부나마 느껴야 마땅합니다. 더 노골적으로 말하자면 오늘날 우리나라와 교회에서 일어나는 모든 일에 여러분이 단 한 차례라도 슬퍼하지 않았다면 여러분이 처방받은 약이 너무 센 것이 아닐까 하는 생각이 듭니다. 조금이라도 그런 사태에 다이얼을 맞추고 싶다면 여러분은 우리 중 나머지 인간들이 느끼는 바를 감지할 수 있을 것입니다. 철학자 로베르토 웅거[97]는 희망을 '다른 세상에서 온 초대받지 않은 심부름꾼'이라고 정의했는데, 희망이 선물이고 품위 있는 무

---

[97] 앞의 각주 85 참조.

엇이라는 전근대적 통찰을 탈근대적 문장으로 표현한 것입니다. 희망은 우리가 불러내거나 제조하거나 보장할 수 없습니다. 희망이 다른 세상에서 온 심부름꾼이라면 희망은 실제 인간들과 세상의 제도들을 거쳐서 우리에게 도달합니다. 하느님의 은총은 마술이 아니고 육화한 것입니다. 나약한 다른 생명들을 통해서, 실수에 결점 많은 인간의 조직들을 통해서 희망이 우리에게 닿습니다. 우리의 희망을 우리가 만들어 내거나 보장하지 못하더라도 적어도 희망을 품을 수는 있습니다. 희망을 간직한 사람들 가까이 머물고, 성경 같은 희망에 찬 경전 가까이 머물면서, 또한 희망에 찬 공동체 가까이 머묾으로써 우리는 그 일을 할 수 있습니다."

성찰

조용한 분위기에서 개인적으로 순수한 희망을 가졌던 경험을 떠올려본다. 미래가 약속이 보장된 것처럼 나타난 시기를 생각해 본다.

- 시간을 내서 그 희망의 체험을 음미해 본다. 그것이 내게 알려 주는 가능성들은 어떤 것인가? 그것에 도전을 제기하는 장애물이나 장벽은 무엇이었는가?
- 경험상 사생활, 신앙 공동체, 사회생활에서 희망을 키우고 강화하기 위해 무엇을 할 수 있겠는가?

10. 고통의 에로스
저항하고 또 수용하는 에너지[98]

"나는 이집트에 있는 내 백성이 겪는 고난을 똑똑히 보았고,
정녕 나는 그들의 고통을 알고 있다.
그래서 그들을 이집트인들의 손에서 구하려고 내가 내려왔다."
(탈출 3,7-8 참조)

에로스는 삶의 폭을 넓혀 주고 고통은 삶을 위축시킨다. 에로스는 기쁨과 즐거움의 길을 마련하는데 고통은 슬픔과 불안의 내리막으로 끌고 간다. 그렇다면 에로스와 고통이 공통으로 지닐 수 있는 것이 무엇일까?

고통은 우리를 일깨운다. 적어도 통증을 느끼게 한다. 통증은 우리의 관심을 불러일으킨다. 육화한 자아를 잊지 말라고 경고한다. 통증이 해로움을 알리는 신호를 보내면 에로스는 그것에 응답하는 에너지로 등장한다. 에로스는 타인의 고통에 대한 동정심으로도 발동한다. 우

---

98 cf., Wendy Farley, *The Wounding and Healing of Desire* (Louisville KY., Westminster John Knox Press, 2005), p.17 sqq.; Eros for the Other (University Park PA., Penn State Univ. Press, 1996), p.85 sqq.; Martha Nussbaum, *The Fragility of Goodness. Luck and Ethics in Greek Tragedy and Philosophy* (New York, Cambridge Univ. Press, 2001), p.390 sqq.; David Tracy, "Evil, Suffering, Hope. The Search for New Forms of Contemporary Theodicy," *Catholic Theological Society Proceedings* 50(1995), p.18; Anthony Pinn, *Why Lord? Suffering and Evil in Black Theology* (New York, Continuum, 1995).

리 자신의 고통도 다른 사람의 불행도 둘 다 우리를 삶의 열정으로 이끈다. 그러므로 고통은 해소해야 할 문제(어떻게 하면 불필요한 고통을 뿌리 뽑을 수 있을까?)이며 음미해야 할 신비(이 불가피한 고통의 의미는 무엇일까?)이기도 하다.

고통의 두 아이콘

수천 수백 개의 크고 작은 불상의 부처는 고요하게 앉아 쉬는 모습이다. 부처의 손은 가부좌를 한 다리에 편안하게 놓여 있다. 깨달음에 이른 얼굴은 평온하다. 일체의 고통이 사라진 얼굴이다. 번뇌와 불안을 놓아 버린 점에서 부처님은 모든 고민과 고통을 초탈한 이상상의 역할을 하고 있다.

예수님은 비참하게 십자가에 달려 계신다. 그분의 몸은 고통으로 뒤틀리고 상처에서는 피가 흘러나온다. 이 거룩한 성화에서는 날것 그대로의 깊은 고통이 핵심인 것 같다. 여기서는 역설이 무성하다. 무죄한 사람이 공공연하게 지독한 고문을 당한다. 그런데 바로 그 고통이 악과 상실을 변모시키고 초월하리라는 약속을 담고 있다.

불상은 고통이 대부분 우리의 행실이라는 점을 설득력 있게 알려 준다. 우리의 욕구와 갈망, 육욕과 두려움이 끝없는 불안을 초래한다. 불교 신도들은 이처럼 불필요한 번뇌를 스스로 없애는 길이 있다고 말한다. 우리의 탐욕스러운 습성을 가라앉힘으로써 각자가 분리된 '아'我, 부단히 타인과 경쟁하도록 운명 지워진 자아自我라는 환상을 버릴 수 있으며, 이 설법을 따름으로써 모든 고통이 사라진 깨달음의 경지에 들

수 있다고 한다. 부처의 가르침은 궁극적으로 보면 고통은 실재가 아니라는 것이다.

예수님의 생애는 다른 이야기, 즉 고통이 가장 실재적이라는 이야기를 들려준다. 상실과 슬픔은 인생의 각본에 새겨져 있으므로 고통은 피할 수 없다. 나처럼 사멸하는 다른 인간들과 연결되어 사는 이상 고통을 겪는 것은 확실하다. 일단 우리가 누구를 사랑하면 반드시 슬픔을 겪을 것이다.

불교도와 그리스도인의 길은 타인의 고통 속으로 들어가라고 부르는 동정심에서 한데 모아진다. 동정심이 일어나는 마음을 받아들이면 세상에 만연한 불의 때문에 필시 우리가 거듭 넘어질 것이다. 인간 드라마의 일부로, 고통은 단순히 악 그 이상이다. 비록 세상에 널리 퍼져 있고 파괴적인 것이긴 하지만 고통은 또한 인간 성숙과 영적 성장의 연금술에서 신비로운 역할도 한다.

이 두 종교의 전통은 진리를 드러낸다. 인간의 고통은 흔히 집착과 불안에서 온다. 타인을 향한 폭력과 자기 자신에 대한 학대가 세상의 무수한 고통의 원인이다. 이미 소유한 것에 노심초사하고 그것을 잃을지도 모른다는 두려움이 세상 고통의 주요 부분을 만들어 낸다.

그럼에도 인간의 어리석음이 세상에 있는 모든 고통의 원인은 아니다. 사멸할 인간들이 살아가는 환경은 참으로 취약하고, 우리는 질병에 걸리고 사고와 일시적, 정기적 자연재해를 당한다. 현대 의학의 발달이나 항생제와 마취제와 외과 수술에도 불구하고 의학은 여전히 한계를 드러낸다. 몸은 노쇠하고 신경은 쇠약해지며 인간은 고통을 수반한 채 피할 수 없는 소멸을 향해 간다.

여러 종교에서 스스로 만들어 내는 고통과, 죽음을 면할 수 없는 덧없음에서 오는 신비를 구분하려고 오랫동안 노력해 왔다. 어떤 슬픔이 우리의 잘못에서 비롯하는 것일까? 슬픔을 피하는 법은 배울 수 있을지도 모른다. 그러나 도무지 설명할 수 없는 고통은 과연 무엇일까? 여기서는 아무래도 다른 답이 요구된다. 사회 과학자 클리포드 기어츠[99]는 평생을 두고 종교학을 연구했고, 문제는 "어떻게 고통을 피할 것인지가 아니라 어떻게 고통을 받을 것인지에 있다. 어떻게 하면 신체의 고통, 개인적 상실, 세속적 패배, 타인의 극한의 슬픔을 속수무책으로 지켜봐야 하는 괴로움을 감당할 만하고 견딜 만하냐는 것이다."라고 판단한다.

고통의 의미 이해하기

인간의 불행을 통틀어 표현하기에는 '고통'이라는 말이 너무 일반적인 어휘일지도 모른다. 극심한 신체적 고통의 공포에서 만성 편두통의 통증까지, 암으로 어린아이를 잃는 괴로움에서부터 사랑하는 사람을 위해 기꺼이 목숨을 희생할 각오에 이르기까지 범위가 넓다. 그럼에도 어느 시대나 문화에서든 인간은 고통에 처한 상황에서 그 의미를 이해하려고 노력해 왔다. 예를 들어 고대 중국의 철학자 맹자는 이런 말을 했다.

"하늘이 어떤 사람에게 큰 짐을 지우고자 할 때는 반드시 그의 각오를 시험한다. 그의 심기를 고갈시키고, 주림과 노고를 겪게 만들며,

---

[99] Clifford Geertz, *The Interpretation of Cultures* (New York, Basic Books, 1973), p.104.

그의 노력을 무산시키고, 정신적 이완 상태에서 흔들어 깨우며, 그의 심성을 강인하게 다지고, 그의 결점을 장점으로 만들어 놓는다."[100]

맹자의 말에 의하면 고통은 우리에게 소명을 준비시킨다. 그가 바라보는 도덕 세계에서 고통은 도전적인 과업을 준비시키려고 한 인간을 시험하고 강화하는 단련 같은 것이다. 바오로도 고통과 개인의 운명 사이의 연관을 인식했다. "우리는 환난도 자랑으로 여깁니다. 우리가 알고 있듯이, 환난은 인내를 자아내고 인내는 수양을, 수양은 희망을 자아냅니다."(로마 5,3-4)

2천 년이 지나 마르크스[101]는 고통과 종교의 연관을 탐구했다. "종교적 고통은 진짜 고통의 표현인 동시에 진짜 고통에 대한 저항이기도 하다." 무신론자인 마르크스에게는 신앙적 고통도 세상의 괴로움을 보여 주는 표시라는 점에서 진짜 고통이다. 고통의 일부 목적은 우리에게 불의不義에 대한 경보를 내리는 데 있다.

예술가들도 인간 고통에 매료되곤 했다. 고대 그리스인들은 이 문제를 위대한 연극 작업으로 다루었다. 그리스 고전 작품들은 신과 인간 양쪽의 배반, 상실, 비탄의 얽히고설킨 줄거리로 구성해서 고통을 그렸다. 「결박된 프로메테우스」에서 작가 아이스킬로스는 인간에게 신성한 불을 선사한 신의 이야기를 상세히 다룬다. 이 행동 때문에 다른 신

---

100 天將降大任於是人也(천장강대임어시인야)에는 必先苦其心志(필선고기심지)하고 勞其筋骨(노기근골)하며 餓其體膚(아기체부)하고 空乏其身(공핍기신)하여 行拂亂其所爲(행불란기소위)하나니 所以動心忍性(소이동심인성)하여 曾益其所不能(증익기소불능)이니라. -「告子章句 下(고자장구 하)」에서

101 Karl Marx, "Contributions to the Critique of Hegel's Philosophy of Right." in T.B. Bottimore ed., *Marx, Early Writings* (New York, McGraw-Hill, 1963), p.4.

들은 프로메테우스에게 세상 끝에 있는 바위에 영원히 사슬로 묶여 있어야 한다는 선고를 내렸다. 자기 고통에도 불구하고 프로메테우스는 후회하지 않는다. 그는 그 고통과 불명예를 자신의 영웅적 행위에 베풀어질 상급으로 받아들인다. 여기서 교훈은 이것이다. 고통이 영웅적 행위를 수반할 수도 있다!

그리스 극작가 소포클레스는 안티고네의 비극적 이야기를 들려준다. 국왕에 대한 복종과 죽은 남동생을 위한 도리 사이에서 한쪽을 선택해야 하는 상황에 처한 안티고네는 고통에 가득 찬 운명을 선택한다. 이 고귀한 여인은 죽은 동생을 묻어 주면 목숨을 빼앗겠다는 왕의 경고에도 불구하고 동생을 묻기로 결심한다. 그녀의 고결한 마음은 다른 선택을 할 수 없었던 것이다. 안티고네는 자신의 결정을 후회하지 않는다. 동생에게 예를 갖추고 그 행동이 초래할 죽음을 받아들인다.

이 고전 작품들은 인간 고통의 현실을 드라마틱한 형태로 보여 주면서 관객을 카타르시스로 이끈다. 관객들이 자기 삶에서 당하는 고통과 비극을 감수할 수 있게 정화하는 것이다. 성경 저자들처럼 고전 극작가들도 고통이 이야기 구성에서 불가결한 부분이라고 감지했던 것이다. 데이비드 마메트[102]는 창작된 위대한 드라마의 치유 효과를 이야기하면서 이렇게 말했다. "잘 연출된 연극을 보고 있노라면 드라마의 줄거리를 따라가면서 우리 자신이 힘 있고 똑똑하다는 착각을 옆으로 치워 놓게 된다. 그리고 휴식을 취한 것처럼 마음이 편안해져서 극장을 나

---

[102] David Alan Mamet : 1947년 출생. 미국의 극작가, 시나리오 작가 및 영화감독. 모세 오경과 토라 등에 관한 책도 저술함.

서게 된다." 마사 누스바움[103]은 이 정화 작용을 '치료 없는 치유'라고 불렀다.

고통은 죄벌로 오는가

사람들은 고통의 의미를 이해하려고 부단히 애써 왔는데, 다수는 고통이 죄벌의 기능을 한다는 데 초점을 맞추었다. 상습적으로 남을 학대하던 사람이 마침내 법정에 서면 우리는 "마땅한 값을 치렀어."라며 만족감을 느낀다. 건강을 위험에 몰아넣는 모험을 습관적으로 행하던 여자가 때 이른 죽음을 맞이하면 우리는 "자기가 자초한 거지."라면서 그 죽음을 이해한다. 카르마karma에 대한 고대인들의 믿음도 이와 유사한 추론을 따른다. 어떤 사람이 현재 누리는 즐거움이나 지금 당하는 괴로움은 현생에서든 전생에서든 이전 행위로 소급될 수 있다는 생각이다.

우주가 도덕적이어서 사람이 당연히 받을 것을 받는다면 우리는 고통의 의미를 이해할 수 있다. 그러나 사람들은 늘 받아 마땅한 것을 받지 않는다. 악행을 저지르는 자들이 번영을 누리는 것을 우리는 알고 있으며, 우리 중 누구도 받아 마땅한 것을 온전히 받아본 적이 없다. 우리는 설명할 수 없는 이유로 선물과 호의라는 혜택을 받기도 하고, 분에 넘치게 용서를 받기도 한다. 선과 악에 대한 도덕적 정산이 딱 맞아떨어진 적이 없다. 우리가 분에 넘치게 축복을 받듯이 명백하게 도덕적 잘못

---

[103] cf., Martha Nussbaum, *The Fragility of Goodness. Luck and Ethics in Greek Tragedy and Philosophy* (New York, Cambridge Univ. Press, 2001).

을 저지르지 않았는데도 고통을 받아 당혹스러워한다.

유다인과 그리스도인들에게 고통의 의미를 찾는 노력은 성경 첫 권에서 시작한다. 창세기에서 우리는 아담과 하와가 은혜로운 창조주를 등진 결과에 관해 읽게 된다. "그리고 여자에게는 이렇게 말씀하셨다. '나는 네가 임신하여 커다란 고통을 겪게 하리라. 너는 괴로움 속에서 자식들을 낳으리라.'"(창세 3,16) 아담에게는 이렇게 말씀하셨다. "땅은 너 때문에 저주를 받으리라. 너는 사는 동안 줄곧 고통 속에서 땅을 부쳐 먹으리라. 땅은 네 앞에 가시덤불과 엉겅퀴를 돋게 하고 너는 들의 풀을 먹으리라. 너는 흙에서 나왔으니 흙으로 돌아갈 때까지 얼굴에 땀을 흘려야 양식을 먹을 수 있으리라."(창세 3,17-19) 창세기를 보면 해산과 결부된 신체적 통증이나 나날의 생계를 위한 힘겨운 투쟁이 도덕적 과오와 연결되어 있다. 우리의 죄로 인해 고통이 있다.

고통이 죄와 결부되는 연관성은 신약에서도 이어진다. 바오로에게 죄는 사멸하는 생명의 자연스러운 종결이 아니고 죄에 대한 중대한 벌이다. "죄가 주는 품삯은 죽음이다."(로마 6,23) 이 메시지는 우리가 자진해서 고통을 끌어들였다는 점을 분명히 한다. 폴 리쾨르[104]는 고대 세계에서 널리 받아들인 이 신념, 즉 고통의 원인이 우리 자신이라는 확신을 "당신이 고통을 받는다면, 아프다면, 실패한다면, 죽는다면 그것은 당신이 죄를 지었기 때문이다."라는 말로 간추린다. 인간의 신체적 혹은 정신적 온갖 무질서와 가뭄이나, 홍수 같은 자연의 모든 혼란이 인간이 무엇인가 잘못을 저질렀다는 고발장으로 여겨졌다. 여러 세기를 두

---

[104] Paul Ricoeur, "Wonder, Eroticism, and Enigma," *Cross Currents* (1964 Spring), 133-141.

고 이것이 고통에 관한 최선의 이해처럼 통했다.

히브리 성경에서 어떤 사람이 고통에 대해 새롭고도 불온한 질문을 제기했다. 욥기는 부유하고 경건한 사람, 대가족을 거느리고 많은 재산을 가진 사람의 이야기를 들려준다. 그런데 이 사람이 갑작스럽게 엄청난 재앙을 당하면서 파멸한다. 많던 재산이 한순간에 사라지고 가족들이 죽고 전신에 피부병이 생긴다. 이런 고통이 거듭되자 욥은 이 갑작스런 사태의 변화를 이해해 보려고 발버둥을 친다. 무슨 짓을 했기에 이런 일을 당하는가?

자신의 환난을 설명할 길이 없자 욥은 자기가 태어난 날을 저주한다. 선의를 가진 친구들이 그를 위로하면서, 그 고통의 원인으로 그가 저질렀을지도 모를 악한 행실을 인정하라고 재촉한다. 욥의 자녀들마저 같은 판단을 받게 된다. "자네 아들들이 그분께 죄를 지었다면 그분께서는 그들을 그 죄과의 손에 넘기신 것이네."(욥 8,4) 여기서 다시 한 번 '도덕적 우주'라는 관습적인 지혜가 통하고 있다. 고통은 죄에서 올 따름이다.

이런 설명을 받아들이기를 거부하며 욥은 하느님께 시선을 돌려 자기 고통의 원인을 알게 해달라고 요청하면서 괴롭게 탄식한다. 그러나 하느님은 그의 불행에 대한 해명을 거절하신다. 그 대신 하느님은 '폭풍 속에서' 극적으로 발현하셔서 욥의 무엄함을 꾸짖으신다. "내가 땅을 세울 때 너는 어디 있었느냐? 너는 평생에 아침에게 명령해 본 적이 있느냐? 새벽에게 그 자리를 지시해 본 적이 있느냐?"(욥 38,4.12) 욥은 하는 수 없이 이렇게 말한다. "저에게는 너무나 신비로워 알지 못하는 일들을 저는 이해하지도 못한 채 지껄였습니다. 그래서 저 자신을 부끄럽게 여기며 먼지와 잿더미에 앉아 참회합니다."(욥 42,3.6)

이 성경 일화를 엮은 후대의 편집인들은 욥이 처한 현실이 너무도 끔찍해서 에필로그를 달았는데, 욥이 갑자기 건강과 재산을 전부 돌려받았다는 내용이다. 이런 결말은 소위 균형 잡힌 '도덕적 우주'라는 편리한 사고방식으로 되돌아가는 것이다. 즉 욥의 고통은 하느님의 시험이었을 뿐이고 욥은 그 시험을 통과했으므로 만사가 잘되었다는 이야기이다. 이런 끝맺음은 당연히 이 성경 본문의 핵심에 있는 신비로운 주제와 어긋난다.

욥의 일화에서 해결되지 않은 핵심은 '모든 고통이 죄벌은 아니다.'인데, 도덕적 과오가 인간 고통의 신비를 충분히 해명해 주지 못한다. 성경에서도 나중에 예수님께서 고통과 죄의 분리를 보강하신다. 예수님의 제자들이 소경으로 태어난 사람을 데려와서 그가 불구인 원인을 묻는다. "누가 죄를 지었기에 저이가 눈먼 사람으로 태어났습니까? 저 사람입니까, 그의 부모입니까?"(요한 9,2) 그들은 신체적 불구는 반드시 도덕적 잘못에서 기인한 것이라고 전제했다. 그러나 예수님은 이렇게 대답하신다. "저 사람이 죄를 지은 것도 아니고 그 부모가 죄를 지은 것도 아니다."(요한 9,3)

고통에 '안 돼'라고 말하기

고통은 맞서야 할 도전인 동시에 껴안아야 할 신비이다. 바로 우리 인간의 취약성과 사멸성의 요소인 고통은 대부분 신비로 남는다. 그렇지만 대체로 우리를 덮치는 아픔과 불행은 부처가 인식한 대로 우리 자신의 행업이다. 후자의 고통에 대해서 우리는 과감히 "안 돼!"라고 말하지 않으면 안 된다.

우리가 사는 세상의 수많은 고통은 인간이 만든 것이다. 부처의 혜안처럼 철학자 마사 누스바움[105]은 인류의 엄청난 고통과 불행은 "인생의 구조에서 오는 결과물도 아니고 대자연의 신비스러운 필연에서 오는 결과도 아니다. 그것은 무지, 탐욕, 악의, 다양한 형태의 불량에서 기인한다. 처음에는 타협의 여지가 없는 것처럼 보이는 많은 갈등이 현명한 계획으로 해소될 수 있다."는 결론을 내린다.

현대의 신학자들도 악의 기원에 대한 추상적인 사변에서 벗어나 고통을 덜어 내는 전략을 함께 모색하도록 우리를 촉구한다. 고통에 대해서 "안 돼!"라고 말할 수 있는 것은 '부정적인 대조 경험'을 인식하는 데서 출발한다. 에드워드 쉴레벡스[106]가 이 용어를 사용하는데, "항의하게 만들고, 능동적 변혁을 향한 윤리적 책임을 불러일으키는 불의, 억압, 고통의 체험"을 일컫는다. 신학자 캐서린 힐커트[107]는 이에 덧붙여 "이 '부정적 대조 경험'이 불러일으키는 분노와 탄식과 능동적 저항에서 신앙의 눈은 인류와 우주의 미래를 위해 일하시는 하느님 영의 능력을 발견할 수 있다."고 한다. 부정적 대조 경험은 불의에 대항해서 일어나는 분노의 에로스를 낳고, 더 나은 것을 바라는 희망의 에로스를 낳는

---

105 cf., Martha Nussbaum, *Upheavals of Thought. The Intelligence of Emotions* (New York, Cambridge Univ. Press, 2001).

106 Edward Schillebeeckx, *Christ. The Experience of Jesus as Lord* (New York, Crossroad, 1983), p.724.

107 Catherine Hilkert, "Edward Schillebeeckx. Encountering God in a Secular and Suffering World." *Theology Today* 62(2005), 376-387, [381]. cf., Eadem, *Naming Grace. Preaching and the Sacramental Imagination* (New York, Continuum, 2002).

다. 여기서 에로스의 에너지가 저항 쪽으로 우리를 움직여간다.

고통당하는 사람들의 울부짖음은 사회 변혁을 위한 첫 번째 호소이다. 그들이 겪는 아픔은 우리에게 '이렇게 가서는 안 된다.'고 경종을 울린다. 고대 이집트에서 하느님은 히브리 노예들의 비명을 들으셨다. "나는 이집트에 있는 내 백성이 겪는 고난을 똑똑히 보았고, 작업 감독들 때문에 울부짖는 그들의 소리를 들었다. 정녕 나는 그들의 고통을 알고 있다. 그래서 내가 그들을 이집트인들의 손에서 구하려고 내려왔다."(탈출 3,7-8) 신앙 선조들에게 예언은 사태가 올바르지 못한 것을 본능적으로 인지하는 데서 시작되어 사회적 과오에 대한 고발로 계속된다.[108] 고통을 두고 "안 돼!"라고 말하는 일은 여러 모습으로 일어난다. 개인적 차원에서 오늘날 의료인들은 치료 가능성이 없을 경우라도 환자들의 통증과 신체적 괴로움을 다루는 일에 더욱 주의를 기울이고 있다. 사회적 차원에서 빈곤과 차별 문제에 대해 점증하는 각성은, 시민들로 하여금 사회 구조 속에 내재하는 원인들을 지적함으로써 이런 해악에 맞서 뭔가를 하도록 동기를 부여한다. 불필요한 고통에 대한 동정심은 사람들을 움직여서 불의한 제도를 변화시키기 위한 실제 행동을 취하게 만든다. 지구적 차원에서는 '국경 없는 의사', '국제 엠네스티', '가톨릭 구호 봉사',[109] 그 외의 단체들이 세계의 고통에 대해 '안 돼'를 외치고 있다.

---

108 cf., Jon Sobrino, *Where Is God? Earthquake, Terrorism, Barbarity and Hope* (Maryknoll NY., Orbis Books, 2005); Daniel Harrington, *Why Do We Suffer? A Scriptural Approach to the Human Condition* (Chicago, Sheed and Ward, 2005)

109 Doctors Without Borders, Amnesty International, Catholic Relief Services.

고통에 '예'라고 말하기

과학과 자선 사업에서 괄목할 만한 진전이 있었는데도 고통받는 사람들은 여전히 많다. 아마도 완전히 사라지는 일은 없을 듯하다. 그런 뜻에서 심리학자 에릭 에릭슨[110]의 말은 상당히 진지한 조언으로 들린다. "삶은 어차피 우리 모두를 환자로 만든다." 우리가 기술적·심리학적으로 얼마나 발전하든 우리는 여전히 고통에 직면하게 된다. 피할 수 없는 고통은 인류의 곤경으로, 치유와 해방의 방편이 미치는 범위 저 너머에 자리 잡고 있다.

에바 호프만[111]은 「그런 인식 이후에」라는 책에서 부모가 나치 홀로코스트에서 겪은 고통이 자신에게 전달된 과정을 회상한다. 그의 부모는 그 비극에서 친척들을 포함해 가족 대부분을 잃고 미국으로 왔는데, 깊은 슬픔이 트라우마로 깊이 남아 있었다. 알지 못하는 사이에 딸에게 전달된 그 통증은 그들이 슬퍼하던 상실 기억과 연관되어 있지 않았다. "부모님이 물려준 유산은 과정을 거치고 극복이 된 과거가 아니라 산산조각 난 격심한 고통, 슬픔, 상실의 흔적이었다."

호프만은 부모의 해소되지 않은 상실감, 그리고 지금은 자기 삶에 수시로 출몰하는 그 상실감을 슬퍼한다. 그의 노력은 고통에 이름을 붙이고 그것을 의식의 빛 가운데로 끌어냄으로써 그녀 위에 군림하는 그 세력에서 벗어나는 것이다. 이름 없는 그 고통을 인식하고 그것에

---

[110] cf., Erik Erikson, *Identity. Youth and Crisis* (New York, Norton, 1980).
[111] Eva Hoffman, *After Such Knowledge* (New York, Public Affairs Press, 2004), pp.34, 54.

"예!"라는 대답을 해서 그 고통이 발휘하고 있는 파괴력을 몰아내는 것이 그녀의 목표이다.

감당할 수 없는 고통은 어떻게 변화되는가? 호프만은 이렇게 답한다. "나누는 고통, 존중받는 고통은 견딜 만한 고통이다." 통증을 존중하는 것은 묻혀 있는 슬픔을 밝은 데로 끌고 나오는 발굴 작업의 첫걸음이다.

호프만은 정신적 충격과 비극이라는 두 종류의 고통을 구분한다. "비극에 맞선 분투는 고통을 수반할 수 있지만 정체성과 존엄성은 온전하게 남는다." 그래서 우리가 앞서 예거한 안티고네, 욥, 그리고 예수님의 고통은 '비극'으로 분류할 수 있다. 그런데 정신적 충격에서 오는 고통은 삶을 와해시키는 슬픔 속에서 파열된다. 호프만은 이렇게 시사한다. "충격은 정신이 흡수할 수 있는 정도를 넘어서는 고통이다. 다시 회복할 수 없을 때까지 영혼을 비틀어 놓는 고통이다. 너무 날카롭고 강렬해서 자아를 송두리째 파편화시키고 만다." '파편'과 '조각'이라는 단어는 호프만의 분석에서 중요한 이미지이다. 정신적 충격은 한 인간의 정체성을 산산조각 내고 존엄성을 갈가리 찢어 놓는다.

충격적 고통은 다음 세대로 전해지는데, 비밀스레 눈에 띄지 않게 전달된다. 호프만은 자녀가 수용한 부모의 고통을 '양도된 상실'이라고 설명한다. 부모의 불행이 의식 차원에서 흡수되지 않았으므로 인지하지 못한다. 인지하지 못하면 치유를 시작할 수 없다. 호프만은 어릴 때 부모가 겪은 충격적 사건을 직접 경험하지 않았다. 그러나 불안감, 우울한 침묵, 느닷없는 분노로 표현되는 부모의 상실감을 무의식적 여파로 겪으며 고통을 당했다. 호프만은 정신적 충격이 그렇게 무의식적으로 전달된 결과 "불가능한 것에 대한 애착, 믿기지 않을 만큼 강하게 사람을 붙잡으려는 시도를 하게 된다."고 말한다.[112]

중국인 학자 치 지웨이[113]는 그가 겪은 중국 문화 혁명의 슬픈 결과를 돌이켜보면서 이와 흡사한 판단을 내놓는다. 10년 동안 견딘 정신적 충격이 공개적으로는 드러낼 수 없었으므로 그 고통이 "몸속에 무력감으로 앙금처럼 가라앉아 있었고, 정신에 냉소주의로 앙금을 남겼다." 사람들은 지나간 고통의 공포를 잊어버리려고 시도하겠지만 그들의 몸은 그것을 기억한다. 의식이 부인하는 슬픔은 신체 속으로 가라앉아 있다가 때가 되면 다른 증세로 가장하고 표면에 떠오른다. 호프만의 이야기도 그렇지만 이 학자의 말에 따르면, "회상은 숨겨진 기억을 의식의 차원으로 끌어낸다. 드러난 기억으로 우리는 더 이상 무력해지지 않고 또 충분히 기억해 낼 수 있다. 비록 늦게나마 이처럼 기억해 내면서 우리는 마침내 "예!"라고 말할 수 있다.

나치에게 목숨을 잃고 순교한 독일 신학자 본회퍼Dietrich Bonhoeffer는 생애 동안 고통의 의미를 이해하려고 노력했다. 그는 고통의 신심에 귀결시키려는 그리스도교의 시도를 거부했다. "고통은 결코 절대적이 아니다. 그 자체가 목적일 수 없고 행복보다 고상한 신심 상태도 절대 아니다. 고통도 행복도 우리 자신을 전적으로 하느님의 처분에 맡기는 데서 오는 결실이다."

---

112 cf., Etty Hillesum, *An Interrupted Life. The Diaries of Etty Hillesum. 1941-43* (New York, Washington Square Press, 1985).

113 Ci Jiwei(慈繼偉), *Dialectic of the Chinese Revolution* (Stanford CA., Stanford Univ. Press, 1994), p.96.

고통의 에로스는 우리를 일으켜 세워 불필요한 고생을 덜어 내려는 윤리적 행동에 나서게 만든다. 이 과정에서 에로스가 우리를 불의한 사회의 변혁에 참여하게 한다. 고통의 에로스는 하느님께서 우리를 불쌍히 여기심이 결국 승리하리라는 신비로운 인식을 우리에게 일깨워 준다. 에로스의 이 통로는 우리로 하여금 지금 고통을 겪고 있는 사람들과 연대하는 입장을 취하게 만든다.[114]

---

[114] cf., Anthony Tambasco ed., *The Bible of Suffering. Social and Political Implications* (New York, Paulist Press, 2002); Marie Conn, *C.S.Lewis and Human Suffering* (Mahwah NJ., Hidden Spring, 2008).

성찰

조용하고 평화로운 분위기에서 자신이 번민한 중에나 다른 이의 불행에서 고통을 겪으면서 얻은 지혜가 있는지 더듬어 본다. 그런 성찰을 통해 기억해 낸 고통은 아픔을 다시 일깨우기 쉽다는 사실을 유념한다.

- 기억들을 가다듬으면서, 인간적 악의와 불의에서 야기되는 고통에 저항해 "안 돼!"라고 말하도록 도움을 준 응답(혹은 자세나 행동, 덕행이나 전략)이 있었는지 확인해 본다. 그 경험에서 고통에 대응하는 용기 또는 인내의 역할은 무엇인가?
- 다음으로, 고통에 처해 "예!"라고 말할 수 있도록 도움이 된 응답(자세나 행동, 덕행이나 전략도 좋다)이 있었는지 확인해 본다. 설명할 수 없는 고통의 신비를 인정할 때 나오는 응답 말이다. 그 경험에서 고통에 대응하는 데 슬픔과 탄식은 어떤 역할을 하는가?

11. 분노의 에로스
사회 변화의 원동력

> 예수님께서는 성전에 들어가시어,
> 그곳에서 사고팔고 하는 자들을 모두 쫓아내시고,
> 환전상들의 탁자와 비둘기 장수들의 의자를 둘러엎으셨다.
> (마태 21,12)

분노의 에로스는 사회 변화의 에너지이다. 분노는 생명에 이바지하는 가운데 일어나는데, 고통스럽지만 중대한 정열이어서 우리의 헌신에 힘을 더하고 불의 앞에 선 우리 결의를 지원해 준다.

분노에 대한 이런 견해는 예수님의 이미지를 '마음이 양선하시고 겸손하신' 분으로 받아들이는 신앙 전통과 어울리지 않는다. 분노는 전통적인 칠죄종의 목록에서도 상위를 차지하지 않던가? 분노에 관한 오래된 선입견 속에서 우리는 성경의 다른 구절을 떠올리지 않을 수 없다. 예언자 예레미야는 그가 속한 공동체의 불의한 행실에 몹시 화를 내며 이렇게 말한다. "주님의 분노가 저를 가득 채우니 더 이상 그 분노를 견딜 수 없습니다."(예레 6,11)

그처럼 '거룩한 분노'는 히브리 성경에 국한되지 않는다. 복음서 전체를 통해 우리는 분노하는 예수님의 모습을 보고 또 본다. 성전 앞에서 사고파는 사람들의 탁자를 둘러엎을 뿐 아니라 가짜 의인들에게 화도 내신다. "불행하여라, 너희 위선자 율법 학자들과 바리사이들아!"(마태 23,13). 베드로가 위험을 무릅쓰고 예루살렘으로 돌아가지 말라는 조언을 예수님께 드렸을 때에도 예수님은 화를 내셨다. "사탄아, 내게서 물러가라!"(마태 16,23) 또 안식일에 병자를 고치시려는 예수님을 막아선 사람들에게도 "노기를 띠시고 그들을 둘러보셨다."(마르 3,5) 구약의 예언자들의 삶에서 그리고 예수님의 생애에서 분노는 존중받을 만한 감정이었다.

그리스도교 소명은 우리에게 예수님의 직무를 삶에서 지속하라고 부른다. 사랑으로 하는 행위에서 분노는 잘못도 아니고 도덕적 결점을 드러내는 표시도 아니다. 분노는 불의에 대응하기 위한 원천일 수 있으며, 악인들에게 도전하고 세상의 악에 맞서도록 준비시키는 열정이다.

우리는 대부분 분노의 양면 효과에 익숙해져 있다. 때로 솔직한 분노 표출이 인간관계를 더 깊은 차원의 신뢰로 옮겨 놓을 수 있지만, 다른 상황에서는 분노가 우정을 끝장내는 수도 있다. 우리는 사회 개혁에서 분노가 중요한 역할을 하는 것을 안다. 또한 현대 사회에 만연한 수많은 폭력의 배후에 분노가 도사리고 있는 것도 우리는 알고 있다.

이렇게 이중적이고 복잡한 경험은 우리를 불편하게 만든다. 본능적으로 일어나고 정신적 고통을 수반하는 이 분노라는 감정을 우리는 싫어한다. 적대감을 폭발시키거나 관계를 파괴하는 분노의 결과를 우리는 두려워한다. 그럼에도 분노의 대가를 생각할 때조차 분노하지 않을 수 없다는 것을 안다. 때로 분노는 우리를 해악에서 지켜 주고, 우리의 가치를 일깨우며, 우리가 행동하도록 활력을 북돋우는 협력자이다.

분노는 우리와 세상과의 연대를 강화하고, 우리에게 닥칠지 모를 위험을 사전에 경고하고, 우리를 무장시켜 행동하게 만든다. 그렇다 하더라도 이 열정을 가라앉히기도 쉽고, 그 에너지를 다른 데로 돌리거나 분노가 가진 보호 기능을 곡해하기도 쉽다. 그러나 분노를 잘 사귀면 소중한 동지가 된다. 자신의 의견을 말하고 불의를 고발할 때 분노는 단호하다. 그렇다고 분노가 항상 공격적인 것만은 아니다. 분노의 에로스가 우리를 움직이기는 하지만 타인에게 해를 끼치는 것을 목표로 하고 있지는 않다.

일상의 접촉에서 복잡한 생활 양식 때문에 우리는 자주 화가 나는 상황을 접한다. 만원 버스 안에서 어떤 사람이 마구 밀치기도 하고, 판매원이 요청하는 서비스를 제대로 해 주지 않을 때도 있으며, 이웃집의 밤샘 파티가 밤잠을 설치게 하거나 퇴근 직전에 할당된 업무로 인해 교통 체증에 발목을 붙잡히기도 한다. 이런 일상에서 우리는 스트레스를 조절할 필요가 있다. 때로는 하루 일과를 조금 단순하게 만들어 일에 포위된 느낌을 덜 받게 하거나 도전해 오는 일상에서 벗어나 삶을 지속할 방법을 배워야 한다.

당연히 불만족스러운 상황에서도 분노는 타오른다. 사랑하는 사람이 부당한 대우를 받는 것을 볼 때, 동료의 행동이 도를 넘어 무례하거나 정당하지 못할 때, 정치인이 우리 세계관의 뿌리를 이루는 가치를 경멸하는 태도를 보일 때 등등 무례함이나 불의한 일 앞에서 분노의 에로스는 그런 잘못을 바로잡는 데 투신하라는 의욕을 북돋운다. 물론 이런 정당한 분노가 자칫 빗나가 자멸적인 행동을 유발하거나 무관한 사람에게 향할 수 있다는 것도 우리는 인식한다. 그러나 불의 앞에서 일어나는 분노는 사회생활에서 불가결한 기능을 한다. 신학자 베벌리 해리슨[115]은 이렇게 상기시켰다. "모든 진지한 도덕적 활동, 특히 사회 변화를 도모하는 행동은 인간적인 분노의 힘이 솟구치면서 나오는 결실이라는 사실을 놓쳐서는 안 된다."

분노에 잠재한 긍정적 힘을 제일 먼저 간파한 인물은 철학자 아리스토텔레스이다.[116] 기원전 3세기 반 이전에 그는 감정을 논하는 글에서 기질[117]이라는 은유를 도입했다. 새로 검을 만드는 데 사용될 금속은 담금질을 받아야 한다. 그래야 무르지 않으면서도 유연성이 있는 검이 된다. 그래서 좋은 기질을 지닌 사람은 쉽게 화를 내지 않는다. 그리고 화가 나더라도 자신의 강한 감정을 적절하게 표현하는 방법을 찾는 자세가 갖추어져 있다.

아리스토텔레스는 분노를 경험하고 그것을 표현할 필요가 있다고 강조한다. "화를 내야 할 일에 화를 내지 않는 사람은 바보로 여긴다." 자신을 지킬 능력이 없는 사람, 자기 주변의 불의에 맞설 능력이 없는 사람은 특별한 의미에서 '성마른' 인간이다. 그런 사람들은 분노가 아니라 극기적 수동성으로 자기 기질을 잃어버린 셈이다. 아리스토텔레스의 말에 따르면, 분별없는 폭력 행사뿐 아니라 우리가 마땅히 대응해야 할 상황에서도 분개하지 못한다는 점에서 우리는 인간의 근본 능력

---

[115] Beverly Wildung Harrison, "The Place of Anger in Works of Love" in Carol Robb ed., *Making the Connections. Essays in Feminist Social Ethics* (Boston MA., Beacon Press, 1985), p.14.

[116] Aristotle, *Nicomachean Ethics*, in Richard McKeon ed., *The Basic Works of Aristotle* (New York, Random House, 1941), 10. 1125b26–1126b10.

[117] 'temper'라는 단어는 고대 철학의 심리학에서 성격 분류를 행하는 '기질'temperamentum을 의미하고, 동시에 '쇠의 담금질'을 형용한다. 그래서 '좋은 기질을 타고난 사람'은 곧 '잘 담금질 된 사람'으로 통하기도 한다.

인 분노를 남용하는 것이다.

토마스 아퀴나스는 아리스토텔레스의 시민의 의무를 그리스도교 덕목으로 옮기면서 '분노'의 복잡한 성격을 최대한 부각시켰다.[118] 흔히 분노는 자신이 받은 상처나 부당함에 의한 슬픔과 더불어 오고, 때로는 부정적 상황을 우리가 바로잡을 수도 있을 것이라는 희망과 더불어 온다. 아퀴나스는 화가 난 사람은 자신이 왜 화를 내는지 해명하려고 하는데, 아퀴나스가 사용한 라틴어 'vindicta'는 "해명" 또는 "복수"를 의미한다. 분노가 우리를 복수로 몰고 간다면 분명 그리스도교 덕목에 들어설 자리가 없다. 그렇지만 아퀴나스는 분노에 잠재한 긍정적 힘을 강조했다. 분별을 거듭 순화해 정의와 사랑의 봉사에 쓰일 때 분노는 덕목이 된다. 그러므로 담금질을 통해 분노의 에로스는 용기와 투신하려는 마음을 갖게 한다.[119]

분노와 정의

분노는 도덕적 요구를 한다. 잘못이 저질러졌고 따라서 바로잡아야 한다는 요구이다. 불의에 대항하면서 분노는 그 용납 못할 상황을 바로잡도록 우리를 움직인다. 때로는 분노를 표명하는 것으로 충분하고, 비탄에 찬 우리의 호소를 사람들이 알게 함으로써 필요한 변화를 가

---

118 cf., Thomas Aquinas, *Summa theologiae* I–II, qq.46–48.

119 cf., Kathleen Fischer, *Transforming Fire. Women Using Anger Creatively* (New York, Paulist Press, 1999); Evelyn Eaton Whitehead – James D. Whitehead, *Shadows of the Heart. A Spirituality of the Painful Emotions* (Omaha NB., iUniverse.com, 2004)

져온다. 그런데 세상은 대체로 불만을 보고도 사태를 빨리 알아채지 못한다. 더구나 구조적 불의는 신속한 해결을 가져오는 일이 드물다. 우리의 목표가 사회 변화라면 비탄을 마음에 새겨 두는 일 이상의 무엇을 하지 않으면 안 된다. 상황을 바꾸는 일을 해야 한다. 여기서 계획과 문제 해결의 전략이 중요하다. 우리가 달성하고자 하는 것을 분명히 해야 하고, 우리 앞에 놓인 장벽을 인식해야 하며, 필요한 자원을 모으고 협력자들을 파악해야 한다. 우리는 분노의 감정을 안고 있는 것을 꺼릴 수도 있는데, 다나 크라울리 잭[120]이 관찰한 바에 의하면 "분노는 잠재적 비전을 명확하게 하고 기존 질서를 위협하는 행동을 위한 필요조건"이기 때문이다.

악행을 마주할 때 느끼는 분노는 우리에게 행동할 힘을 준다. 그러나 행동할 힘을 가졌다고 해서 성공이 보장되지는 않는다. 정의는 격렬하고 뜨거운 분노에 도움을 주는 경우가 드물다. 분노의 열기는 심신을 소진시키고 때로 최선의 판단에 어긋난 행동을 하게 만든다. 분노 폭발은 사태를 악화시킬 뿐이다. 분노를 효과적인 행동으로 이끄는 일이 실질적인 변화 작업이다. 정의로운 분노는 조심스럽게 배양될 때, 즉 목표를 분명히 하고 행동 계획을 수립하며, 장애물을 극복하고 작은 성취나마 소중히 여기는, 서서히 이루어지는 과정 내내 자신을 지탱하는 데 도움을 준다.

분노를 품고 행동하는 것은 새로운 방식으로 우리의 분노를 간

---

[120] Dana Crowley Jack, *Silencing the Self. Women and Depression* (Cambridge, MA., Harvard Univ. Press, 1991), p.91.

직한다는 뜻이다. 일시적으로 분개했다가 물러서기보다 그 열정 안에 머물기를 원한다. 굳어진 편견이나 장기간 남용된 형식에 접하면 변화가 불가능한 것처럼 보이기도 한다. '아무것도 할 수 없어.'라거나 '저것까지 개선하는 일은 내 몫이 아니야.'라면서 체념하는 자세로 뒷걸음질 치고 싶은 유혹을 느낀다. 저항이 쓸모없어 보인다. 그러나 그런 비관적 의식에 굴복하면 힘은 약화될 것이다. 분노와의 접점을 놓친다면 우리는 사회 변혁의 고리에서 떨어져 나오고 말 것이다. 반대로, 우리가 분노에 의해 소진된다면 무력해질 것이며, 분노의 에너지를 적절한 도구로 사용하게 할 대범함과 통찰력을 잃게 될 것이다.

  분노를 느꼈던 그 위협적인 기억은 우리를 행동하게 한다. 무관심이 스며들 위험이 있을 때 우리는 자신을 단련하며 분노를 생생하게 간직한다. 우리가 목격한 불의를 마음에 간직하고 우리가 당한 모욕을 상기하며, 위기에 처한 가치를 기억하면서 우리 자신을 일으켜 세워 적절한 대응을 준비한다. 우리의 분노에 경의를 표하고 그 에로스를 효과적인 행동으로 변화시키는 것이다.

  하지만 분노를 마음속에 간직하는 일은 위험스럽기도 하다. 분노를 기억해 내는 것은 감정적 통증에 다시 불을 붙이는 일이고, 그 통증만으로도 분노의 재를 휘젓는 것이기 때문이다. 개인적 악의나 사회 불평 등의 증거물에서 등을 돌리고 할 수 있다면 어떻게든 빠져나가는 게 더 낫지 않을까 하는 마음을 갖게 된다. 우리 감정을 극복하는 데 도움을 줄 사람을 찾는 것은 그런 이유로 분노를 단련하는 중요한 요소가 된다. 우리의 분노를 공유할 동료나 지지해 줄 사람을 찾게 되면 우리는 혼자 할 수 있는 것을 넘어서는 힘을 얻게 된다. 우리의 불만이 인정을 받고 행동에 집중할 수 있는 구조가 갖추어진다면 이런 지원 단체는 우리를 보호하고, 우리가 느끼는 분노에 압도되지 않도록 지켜 줄 수 있다. 단체는 우리를 도와 아픔을 견뎌 내면서 에너지를 행동으로 옮기게 해 준다.

이렇게 탄력적으로 정의를 추구하자면 정당한 분노와 건전한 공동체가 필요하다. 분노의 에로스가 정화될 수 있고, 효과적 대응을 세울 수 있는 공간이 필요하다. 이런 활동을 지원하는 모임, 곧 부서의 특별 조사단, 소규모 신앙 공동체, 동료들의 연대망, 일단의 친구들은 우리를 보호하여 좌절감에 굴복하거나 복수하려는 욕구를 막아 준다. 이러한 구조적 안전망 속에서 격렬한 감정이 인지되어 대면하고, 의문을 갖게 되며, 순화되고 확고해진다. 분노를 없애는 게 목적이 되는 일은 드물다. 우리는 열정을 완화하면서도 그 감정의 에너지는 간직하고 싶어 한다.

그렇더라도 분노는 불쾌하고 격렬한 감정으로 남아 있다. 그 감정이 우리의 자제력을 위협하고 평온한 마음을 흔들어 놓기 때문에 많은 이들이 차라리 그런 감정을 품지 않고 살고 싶어 한다. 그러나 분노의 에로스는 불가피한 동요로 다가온다. 우리를 얕잡아 보거나 비하하거나 우리의 가치가 위협을 당하거나 함께 나누는 삶이 불의로 말미암아 위태로워지면 우리는 그런 공격에 맞서서 일어나지 않으면 안 된다. 친숙해지고 길들여지면 분노는 힘 있는 연합군이 되고 우리가 세상에서 책임 있는 삶을 살아가게 돕는다.[121]

---

121 cf., Katheryn Tanner, *The Politics of God. Christian Theologies and Social Justice* (Mineapolis MN., Fortress Press, 2000); Willard Gaylin, *Hatred. The Psychological Descent into Violence* (New York, Perseus Publishing, 2004); Idem, *The Rage within. Anger in Modern Life* (New York, Simon and Schuster, 1984).

친밀한 관계에서의 분노

우리는 사회 변혁의 에너지로 분노의 에로스에 초점을 맞추어 왔다. 분노는 개인적 배경에서도 작용하는데, 가족이나 친구, 직장 동료나 이웃과의 사이에서도 작용한다. 그리고 우리가 분노를 어떻게 다스리는가는 이런 인간관계에 광범위한 영향을 끼친다.

친밀한 관계에서도 때로 분노를 표현할 필요가 있다. 그러나 "다 털어놔!" 하는 상식적인 충고와는 반대로 개인이 격렬한 분노를 표현하는 것은 우리 자신이나 다른 사람의 분노를 가라앉히는 데 큰 도움이 되지 않는다. 우리 사이의 문제가 인식되고 상호 존중이 회복되어야 분노가 풀린다. 그러므로 분노를 적절하게 표현하는 법을 배우는 것은 가치 있는 기술이다. 처음에 우리는 공격한 상대를 응징하려고 충동적으로 모욕적인 말이나 행동을 할 수 있다. 또는 상처를 간직한 채 애정을 거둬들이고 무거운 침묵으로 일관하거나 협력을 거부할 수도 있다. 가까운 사이에서는 보통 분노를 넘어서서 소통과 이해와 평화를 향해 움직이게 된다. 우리 목표가 사태를 좋게 푸는 데 있다면 상대방을 응징하는 것이 상황을 나아지게 하지 않으리라는 현명한 결론에 이른다. 그 대신에 화해의 행동을 취하거나 문제 해결의 대화를 시도한다.

'허심탄회하게 말하기'는 유용하다. 이야기를 나누는 것이 상황을 분명히 하고 우리 사이에 유대를 강화할 때 특히 그렇다. 말로나 신체적으로 상대방을 공격하지 않고 내가 화가 났고 왜 화가 났는지를 상대가 알 수 있게 해 준다. 상대의 어떤 행동이 나를 화나게 했는지를 적대적인 태도로 말할 필요는 없다. 그러나 자신의 분노를 상대에게 알리는 방식은 대화의 결과에 중대한 영향을 미칠 것이다.

때로 화난 감정을 말로 드러내는 것은 냉담한 태도(이럴 수밖에 없어)를 벗어나게 만들고, 자신의 인격적 가치와 능력에 대한 상실감(난 그런 말 들어서 싸!)을 벗어나게 만든다. 그러나 우리가 분노를 없애고자 한다면 좀 다른 기술이 필요하다. 우리는 분노를 몸과 마음으로 겪는다. 따라서 분노의 힘을 사라지게 하는 데에도 몸과 마음을 이용할 수 있다. 신체의 흥분 상태에 초점을 두고 분노의 방위 반응 fight or flight을 사라지게 할 수 있다. 요가, 명상, 바이오피드백 훈련 등은 자율 신경계에 영향을 미치고 생리적 흥분을 가라앉힐 수 있다. 알맞은 신체 단련은 분노의 에너지를 다른 방향으로 돌릴 수 있다. 좋아하는 활동에 몰입하고 특히 정신 집중을 요하는 활동에 몰두하면 몸이 풀려 우리의 감정 상태도 변할 수 있다.

분노를 누그러뜨리는 또 다른 방법은 우리가 내리는 판단에 집중하는 것이다. 좀 더 넓은 관점에서 상황을 바라보는 것은 자주 도움이 된다. 약속에 늦는 친구를 기다리다 화가 난 경우 그 친구가 늦을 수밖에 없는 이유가 있다는 사실을 알게 되면 화가 가라앉는다. 상대가 엄청난 스트레스를 받는 상황에 처해 있다는 것을 알게 되면 명백하게 무례한 언행도 너그럽게 봐줄 수 있다. 우리가 모르던 사실을 알게 되거나 참작할 만한 상황을 파악하고 나면 분노가 줄어든다. 유머 역시 분노를 날려 버리는 데 도움이 된다. 우리가 자신을 두고 웃고 넘길 수 있을 때 피할 수 없는 삶의 일부인 좌절이나 실망에서 오는 충격을 완화할 수 있다.[122]

---

[122] cf., Thic Nhat Hanh, *Anger. Wisdom for Cooling the Flames* (New York, Penguin Putnam, 2002).

분노 중에 용서하기

가까운 관계에서 분노를 해결하자면 쌍방의 접근이 필요하다. 앞에 놓인 불편한 문제를 마주하면서 서로 불만을 인식해야 한다. 그런 다음 함께 나눌 실천적 해결을 모색해야 한다. 우리가 배워야 할 것은 용서하는 법이다.

진정한 용서는 용감하게 정면으로 분노를 대하고 그것을 해결한 결실이다. 용서할 때에만 우리가 받은 상처가 관계를 지속하는 데 끼어들지 않게 한다. 용서는 우리를 다시 시작할 수 있게, 새로운 시작이라는 느낌을 갖게 만든다. "용서하고 잊어라!" 하는 격언도 있지만 용서는 잊는 것과 같지 않다. 용서하면 우리가 상처를 간직해 온 것을 알지만, 타인이 끼친 해악에 근거해서 그를 보지 않고 그가 어떤 사람인가 하는 측면에서 대응한다. 격언이 지시하는 점은 중요하다. 용서하라 그리고 아픔이 사라지게 하라는 것이다. 그래야 기억이 고통과 우리 사이의 적대감을 되살리는 일이 없을 것이다.

용서하자면 결단이 필요한데, 그 결단은 순간적인 선택으로 되지 않는다. 결단하기까지의 과정에서 용서는 상처가 점차 치유되고 둘 사이에 신뢰가 회복되게 만든다. 이런 용서 과정은 우리를 이전과 같은 관계로 되돌리거나 아무 일도 없었던 것처럼 지내게 해 주지 않는다. 무언가 유의미한 일이 일어났고, 서로 짜여 있던 우리 삶의 구조가 해체되었다. 우리는 이런 균열을 인정하면서 그것을 앞으로도 지속될 관계의 일부로 통합해 넣는 선택을 할 수 있다. 비록 우리가 받은 상처가 관계의 깊이와 본질에 잠재적으로 영향을 주리라고 생각하지만 우리는 그 상처가 다시 반복되지 않기를 희망한다.

　　진정한 용서는 쉽지 않다. 용서를 하려면 우리의 아픔을 겪어야 하고 아픔의 원인을 직시해야 한다. 분노의 감정이 정당한 것인지 판단하기 위해 상처를 살펴볼 마음을 가져야 한다. 분노를 점검해 보면서 자신이 틀렸다는 사실을 알게 될지도 모른다. 어쩌면 우리가 타인의 동기를 오해했을 수도 있고, 그 일에 지나친 반응을 보였을 수도 있다. 우리의 실수를 인정할 용의가 있는지 아니면 분노를 키우면서 용서를 회피할 것인지 결정을 내리지 않으면 안 된다.

　　우리가 분노하는 게 옳다고 할지라도 용서하기 위해 필요한 되새김은 그 상처를 덧나게 한 일들을 드러내 보여 주기도 한다. 성인의 삶에서 대부분의 상호 작용은 공동 책임이 있고 문제에 우리 각자 보탠 바가 있게 마련이다. 어느 한편만 비난받아 마땅한 상황은 거의 없다. 그런데 불행히도 자신을 무고한 희생자로 판단하는 것이 용서에 필요한 자기반성이라는 책임을 지는 것보다 더 중요한 것일 수 있다.

　　참된 용서는 우리의 상처를 빼앗아 간다. 이때 고통스러울 수도 있지만 우리는 마음속에 간직한 이 기념품을 넘겨주어야 한다. 그렇게 보내 버림으로써 그때까지 음미하던, 복수해야 마땅하다는 도덕적 우월감을 내려놓게 된다. 그리고 분개하며 함부로 낭비한 에너지를 다시 찾는 기회가 된다. 어떤 면에서 용서는 쌍방이 비기는 것이다. 우리가 상대방에게 행사할 수 있는 뭔가를 쥐고 있다는 의식을 잘라 없애는 까닭이다. 조심스럽게 희망을 가지고 용서하면서 우리는 새로 시작한다.

　　용서는 하기도 어렵고 받아들기도 어렵다. 상대방이 베푸는 용서를 받아들이려면 우리가 준 고통을 돌이켜 보아야 한다. 우리 책임을 인정해야 하고 우리가 잘못한 편에 있음을 인정해야 한다. 우리에게 용서가 필요하다는 것은 자신을 낮추는 일이고, 따라서 모든 것을 부인하는 것이 사랑으로 용서를 청하려고 다가가는 것보다 더 쉬워 보인다. 용서를 받아들임은 우리 잘못을 인정하는 것이며, 자신만 인정하는 것이 아니라 상대에게도 내 잘못을 인정하는 것이다.

먼저 분노를 쏟아 놓은 다음에 우리의 비난이 오도되었거나 피해 의식이 과장되었다고 깨닫게 되는 경우가 있다. 이 같은 새로운 인식에 도달하면 분노는 저절로 가라앉는 느낌이 들지만 용서는 우리에게 그 이상의 것을 요구한다. 용서는 우리를 움직여 분노를 넘어서게 하지만, 분노를 거친 다음에 가능한 일이며, 여기에는 판단과 선택이 관련된다. 진실로 용서하려면 그 분노를 돌이켜 봐야 하고 우리의 상처와 비난을 자세히 들여다보아야 한다. 하지만 우리의 분노가 상처에 새겨져 있을 경우에 용서는 우리가 그것에 초점을 맞추고 있도록 허용하지 않는다. 용서에서 우리는 상대가 처벌받아 마땅하다고 느끼지만 상대에게 앙갚음하는 것이 아니라 동정과 배려로 대응하기를 선택한다. 우리가 처음에 쏟아 낸 분노에 그런 동정심이 함께하는 일은 드물다. 그리고 진정한 용서가 그렇듯이, 이런 마음은 우리 선택에서 오는 직접적 결과라기보다 은총으로 다가온다.

용서는 우리에게 해를 입힌 사람의 사과로 좌우되지 않는다. 돌아가신 부모님을 용서하는 법도 배울 수 있고, 나를 저버리고 떠난 배우자를 용서하는 것도 배우며, 끝까지 우리 원수로 남아 있기로 작정한 사람들을 용서하는 법도 배울 수 있다. 심리 치료사들에 의하면, 용서는 모욕을 당하고 상처받은 사람이 회복되는 데 중요한 단계로, 잘못을 저지른 상대가 후회하는 기색이 전혀 없는 경우라도 그렇다.

용서는 반드시 화해로, 치유된 관계로, 우정의 회복으로 귀결되지도 않는다. 용서하는 작업은 한 사람의 마음에서 시작될 수 있지만 관계가 재건되려면 상호 관여가 필요하다. 그런 화해가 늘 가능한 것은 아니며, 때로 바람직하지 않을 수도 있다. 용서하는 과정은 우리가 상처를 인식하고 우리 스스로 말려든 고통을 정면으로 마주하며 스스로 변화하려고 노력할 것을 요청한다. 그렇다고 기만적인 관계에 남아 있거나 우리의 행복이 위태로워지는 상황으로 돌아가라는 요구가 아니다. 우리가 용서를 향해 움직이더라도 분노의 일부가 남아서 우리에게 저항하도록 힘을 줄 수도 있고, 우리가 더욱 풍요로운 삶으로 나아가지 못하게 하는 행동 양식에 떨어지지 않게 우리를 보호할 수도 있다.

화해가 목표라면 용서야말로 힘 있는 동맹군이다. 때로는 용서가 평화에 이르는 유일한 길이기도 하다. 다른 경우 화해에 이르기 위해 충분히 대화하거나 설명하지 못하고 후회를 온전히 표현하지 못한다. 상처는 너무 컸고 우리 사이는 너무도 멀어져서 다리를 놓을 수도 없다. 그런 상황에서 우리는 용서가 한 개인이 성취할 수 있는 것 이상임을 상기하게 된다. 그것은 희망을 품고 기다려야 하는 선물이며 은총이다.

용서하라는 예수님의 요청

"네 형제가 죄를 짓거든 꾸짖고, 회개하거든 용서하여라. 그가 너에게 하루에도 일곱 번 죄를 짓고 일곱 번 돌아와 '회개합니다.' 하면, 용서해 주어야 한다."(루카 17,3-4)

예수님은 거듭거듭 용서를 강조하신다. 하느님께서 용서하신다는 약속은 그리스도인의 가장 놀라운 희망 가운데 하나이다. 과거를 변화시킬 힘이 우리에게 있다는 사실을 우리가 발견한 것이다! 깊은 상처를 받으면 마음은 굳어지게 된다. 파국까지 갔던 관계를 회복하면서 우리는 단호하게 어깨를 으쓱하면서 이렇게 말한다. "그런 일이 있었지. 이제 할 수 있는 건 더 이상 없어." 복음서는 오래 묵은 상처마저도 용서할 수 있다는 것을 보여 준다. 예수님의 생애에서 드러나는 이런 이야기들은 우리 자신에게도 놀라운 무엇을 기대하게 만든다. 사랑의 힘으로 우리는 과거의 위력에 맞서고 과거의 실패가 갖는 세력을 무력화한다.

예수님의 생애에서 용서는 중요한 의미를 갖게 되어 그분을 따르던 사람들마저 받아들이기 힘들어했다. 예수님은 덕이란 율법을 철저하게 준수하기보다 서로 용서하는 데 있다고 강조하시면서 당대의 신앙의 지혜를 뒤집어 엎으셨다. 간음하다 붙잡힌 여인이 광장으로 끌려나와 창피를 당하고 돌에 맞아 죽을 지경에 이르렀다. 그러나 예수님은 그 여인이 벌을 받는 것에는 관심을 보이지 않으시고 그 여인을 염려하며 후회의 세 요소를 제시하신다. 잘못을 인식하고, 그것을 잊어버리는 일, 그리고 앞으로 잘못을 저지르지 않는 삶을 사는 일이다.[123] 예수님은 용서를 처음 만들어 내신 것이 아니라 용서의 힘을 강조하면서 누구나 그 힘을 발휘할 수 있으며 이 덕은 그분을 따를 사람들이 어떤 사람이어야 하는지를 밝혀 준다고 선포하셨다. 그래서 우리도 원수와 친구 그리고

---

[123] 요한 8,10-11의 "여인아, 너를 단죄한 자가 아무도 없느냐?" "선생님, 아무도 없습니다." "나도 너를 단죄하지 않는다. 가거라. 그리고 이제부터 다시는 죄짓지 마라." 하는 대화에서 이 세 단계를 유의할 만하다.

우리 자신마저 기꺼이 용서하지 않으면 안 된다.

　　　　용서는 에로스의 움직임이다. 그 에너지는 그리스도교 공동체의 모습을 바꾸고, 우리가 고결한 인간의 모임이 아닌 상처입고 죄 많은 자들의 모임이라는 것을 알라고 초대한다. 용서할 힘을 지닌 공동체는 놀라운 보화를 가진 것이다. 이런 능력을 갖고 살아감으로써 그리스도교 공동체 자체가 화해의 성사가 된다.

성찰

시간을 내서 요즘 자신의 삶을 떠올려 본다. 가족과 친구, 직장에서 그리고 교회와 자신이 속한 사회 공동체에서 어떻게 살았는지 돌이켜 본다.

최근에 불의에 대항해서 분노를 경험했는지 생각해 본다. 불공평한 대우, 부정직한 행동, 공공 신뢰의 배반, 중요한 가치에 대한 유린 등등. 그런 경험을 고스란히 기억해 본다.

이제 다음 질문을 던져 본다.
- 그런 특정 경험에서 분노는 어떤 도움이 되었는가? 흥분했던 때로 거슬러 올라가 보면 어떤 성과를 추적해 낼 수 있는가? 분노가 어떤 행동을 하게 했는가? 어떤 성찰을 하게 했는가?
- 그 특별한 경험에서 분노가 문제가 되지는 않았는가? 흥분했을 때 부정적인 결과는 무엇이었는가? 분노가 정신을 분산시키지 않았는가? 분노가 사태를 더 악화시키지는 않았는가?
- 정의를 추구할 때 분노의 역할에 관한 신념이나 조심할 점을 자신의 경험에서 이끌어 낼 수 있겠는가?

12. 동정의 에로스
정의를 추구하는 열정의 다리[124]

> 그가 아직도 멀리 떨어져 있을 때에
> 아버지가 그를 보고 가엾은 마음이 들었다.
> 그리고 달려가 아들의 목을 껴안고 입을 맞추었다.
> - 루카 15,20

예수님이 제멋대로인 아들의 이야기를 들려준다. 아들은 큰 잘못을 저지르고 아버지에게 돌아왔다. 아들의 귀향 장면은 놀라운 반전이다. 아버지는 아들에게 화를 내지도 않았고, 아들이 용서를 비는 말을 하기까지 환영을 유보하지도 않았기 때문이다. 아버지는 아들이 길을 잘못 들었다고 지적하거나 어떤 교훈을 얻었는지 확인하는 데에도 관심이 없는 듯하다. 그저 달려가 아들을 반기고 그가 돌아온 것을 기뻐할 뿐이다. 아들이 스스로를 부끄러워하며 절망하고 있는 것을 느끼고 손님처럼 환대하고 성대한 잔치를 준비한다.

---

124 cf., Henri Nouwen et alii, *Compassion. A Reflection on the Christian Life* (New York, doubleday Publishing, 2006); Dalai Lama, *An Open Heart. Practicing Compassion in Everyday Life* (Boston, Little Brown, 2002), Kathleen Brehony, *Ordinary Grace. An Examinaion of the Roots of Compassion, Altruism and Empathy* (New York, Riverhead Books, 1999)

예수님은 하느님께서 바로 그런 분이라고 말한다. 하느님께서는 재판관이 아니라 '아빠'^Abba 로서 우리를 맞으신다. 우리가 서로 그처럼 넘치는 관심을 갖기를 원하시며 무한정 자식을 사랑하는 부모처럼 맞으신다. 그리고 하느님께서는 우리에게 희생이 아니라 자비를 원하신다. 경건한 사람들의 삶은 의인들의 눈에 띄는 선한 행위보다 세상의 필요에 응하는 사람들의 겸손한 동정심으로 드러날 것이다.

동정심은 에로스의 체험이다. 동정이라면 대개 다른 사람의 고통을 함께 느끼며 가엾게 여기는 것이라 생각하지만 사실은 훨씬 넓은 의미를 갖는다. 이 감정으로 우리는 열정이 가득 찬 영역, 즉 즐거움과 혼란스러움, 분노와 기쁨의 세계로 들어간다. 상상의 다리를 놓고 우리는 타인의 감정의 세계로 건너가는 것이다. 우리는 친구의 성공에 흥분하기도 하고, 친구의 마음에 가득한 슬픔을 같이 느끼기도 한다.

동정의 에로스는 우리 마음이 타인을 향해 뻗어 나가는 수많은 길을 포함한다. 자연도 우리의 호응을 불러일으킨다. 바닷가를 거닐고 있으면 부서지는 파도에 감정이 빠져든다. 우리가 자연과 그리고 자연의 서두르지 않는 리듬과 일치하고 있다는 깨달음은 동정의 일부이다. 우리는 단순히 우리 주위를 돌고 있는 세상의 일부를 포옹하는 것이 아니다.[125]

오염된 물줄기 옆에 서 있으면 또 다른 감정을 느낀다. '동정'이라는 일반적 의미에 훨씬 가까운 감정이다. 오염된 강물이라는 손상된

---

[125] "동정", "연민"을 뜻하는 'compassion'(com-passion = 함께 느낌)은 '공감'의 어감도 담고 있어서 이러한 해설이 가능하다. – 역자 주

자원을 바라보면서 우리는 책임감을 느끼며 후회와 슬픔을 체험한다. 강을 오염시키는 짓은 우리 삶을 더럽히는 짓이다. 우리가 강가에 살지 않더라도 강의 생명과 그 파괴를 공유한다. 이런 자책감은 그런 파괴를 돌이켜 세우라고 우리를 자극한다.

동정은 고통 중에 있는 사람에게 향할 때 특별한 날카로움을 내보인다. 라틴어 'misericordia'는 에로스의 이런 면을 포착하고 있다. 불행을 겪는 사람들에게 '마음'을 쓸 때 우리는 자비로운 행동을 한다.[126] 동정에서 일어나는 행동은 고통을 당하는 사람들과 결속하게 하며 서로를 고립시키는 장벽을 무너뜨린다. 우리가 이 장벽을 넘어설 때 동정은 그때까지 숨어 있던 친밀함을 열어 준다.

낯선 사람의 고통에 등을 돌리기는 쉽다. 많은 사람들은 타인을 '낯선 사람'이나 '외부인'으로 보라고 배웠다. 동정의 에로스는 새로운 시야를 열어 주어 곤경에 처한 사람이 '우리 동족'임을 깨우쳐 준다. 우리는 공통된 인류애를 나누며, 공통된 취약함이 있고 똑같이 하느님의 사랑을 받는다. 이런 동족 관계에 부응해서 동정은 우리에게 친절을 다해 행동하라고 가르친다.

처음에는 대개 우리도 '다른' 사람들, 즉 발달 장애가 있는 본당 신자, 최근에 이웃에 온 난민 가족, 일자리를 찾아온 밀입국 노동자 등을 우리와 같은 동족인 '것처럼' 대하게 된다. 그런데 자꾸 그렇게 대하다 보면 변화가 일어난다. '저 사람들'이 점차 '우리 사람들'이 되고, 그

---

[126] 자비라고 번역되는 'misericordia'[miseri-cordia]는 "불쌍한 사람miser에게 마음cor을 씀cordia"으로, 곧 "불쌍히 여기는 마음"으로 풀이된다. ―역자 주

들의 감정과 열정이 우리의 그것과 매우 비슷해 보인다.

동정과 동족의 관련성은 착한 사마리아인의 비유(루카 10,30-37)에서 분명해진다. 어느 이스라엘 사람이 노상강도를 만나 부상당한 채 길가에 버려져 있다. 같은 동족인 사제와 특권층 사람 하나가 지나다 그를 보았지만 그냥 지나쳐 갔다. 두 사람에게 그는 불편한 존재이다. 그런데 세 번째 길손은 그에게 다가간다. 그는 유다인들에게 멸시당하는 족속에 속하는 사마리아인으로, 이방인이자 원수이다. 바로 그 이방인이 동정심으로 그를 보살핀다. 그가 처한 곤경에 마음이 움직여 이방인은 가던 길을 멈추고 그 사람의 상처를 싸맨 다음 여관으로 데려가고 치료비까지 댄다. 종족이나 나라 사이의 증오나 적대감, 대대로 유산처럼 내려온 상호 의혹은 제쳐 놓고 한 인간의 필요에 응한다.

예수님은 이 비유를 "누가 내 이웃입니까?"라고 친족 관계를 물은 데 대한 답변으로 말씀하셨다. 내가 가진 것을 나눌 권리와 보살핌을 청할 수 있는 사람은 누구인가? 예수님은 이웃이라면 어떻게 행동해야 하는지 보여 주시고 우리도 그렇게 하라고 초대하신다.

예수님이 들려주는 이야기는 역설에 차 있다. 집단의 연대감이 발휘될 것을 기대한 일에서 우리는 무관심을 보았다. 적대감을 보여도 놀라지 않을 일에서 우리는 진정한 관심을 보았다. 이 이방인의 행동에서 우리는 동족을 구성하는 것이 과연 무엇인지 깨닫는다. 그 사람만이 "그를 보고서는, 가엾은 마음이 들었다." 그러니까 곤경에 처한 사람이 우리 이웃이다. 우리의 동족이란 핏줄이나 신앙으로 우리와 맺어진 사람만이 아니고 우리가 상대방의 아픔과 희망을 함께 나누고자 하는 사람들 전부이다. 동정심이 동족을 만들어 낸다. "누가 나의 이웃입니까?"라는 물음에 대답하면서 이 비유는 핵심을 짚었다. 우리는 다른 사람의 재난을 보고 행동하여 움직이게 마음을 허락함으로써 이웃이 되라는 부름을 받고 있다. 그러므로 동정심은 사람을 치유하는 행동을 향해서 단순히 공감하는 감정 그 너머로 우리를 데려간다.

동정심은 어떻게 발전하나

인간은 타인의 아픔을 보면 타고난 감응을 한다. 어린아이들에게서도 그것을 보게 된다. 유아원에서 한 아이가 슬퍼 보이면 다른 아이가 위로를 해 준다. 동네 놀이터에서 넘어진 아이가 울기 시작하면 곁에 있는 다른 아이도 따라서 울기 시작한다. 공감대가 이루어진 것이다. 어린이들은 동물이 고통을 당할 때에도 자발적으로 호응을 한다. 인간 심성은 주변의 아픔을 간파하고 대응하는 기능을 갖추고 있는 것처럼 보인다.

자라면서 우리 대부분은 그런 고통에서 자신을 지키는 일종의 전략을 개발한다. 우리가 온전하지 못한 가족 관계에서 자랐다면 그런 전략이 우리가 살아남는 데 도움이 될 수도 있다. 그보다 조금 나은 환경에서도 다른 사람의 불행에서 어느 정도 거리를 유지하는 법을 찾아낸다. 남을 돕는 직업에 종사하는 많은 사람들(의료인이나 사목자, 카운슬러나 지원 사업 종사자) 역시 자기감정을 절제하는 법을 배운다. 그것은 요구가 훨씬 많은 책임을 수행하는 상황에 처할 때 도움이 될 수 있다. 그러나 우리의 감성을 거부하는 것은 우리가 보살피는 일의 질을 떨어뜨릴 수 있다. 동정심은 우리에게 자기 방어를 내려놓고 감정이 이입된 응답, 우리 마음속에서 울리는 반응을 기꺼이 받아들이라고 촉구한다.

동정에 따른 실천을 추구한다면 우리의 하루 일정이 흐트러질 뿐만 아니라 정신도 혼란을 겪게 된다. 때로 타인의 필요를 인식하는 유일한 길은 그 사람의 고통 속에 들어가는 길뿐일 것이다. 그러자면 자신의 방어벽을 치우고 경계심을 내려놓고 자신이 상대방의 고통을 느끼도록 허용해야 한다. 여기서 우리는 에제키엘 예언자와 함께 우리의 돌 심장을 꺼내고 살 심장을 넣어 주시기를 애원하는 기도를 올리게 된다.

　　우리의 기도는 동정심이 선물로 오며 변화를 가져오는 에로틱한 그레이스임을 깨닫게 한다. 동정의 에로스는 고통받는 사람이 더 이상 낯선 이방인이 아니고 이웃이며 동족임을 인식하게 만든다. 동정은 우리가 구체적 필요에 호응하는, 그러면서도 곤란을 겪는 당사자들의 품위를 지켜 주면서 특별한 감성을 지니고 행동할 힘을 불어넣어 준다. 동정은 세상의 고통에 마음을 열게 만든다. 비록 그것이 우리가 그런 세상과 분리되어 있고 그래서 안전하다는 잘못된 의식을 무너뜨리는 일이 될지라도.

동정심이 실패하는 경우

　　동정심은 힘 있는 감정이다. 감정 이입과 행동으로 우리를 타인과 이어 주는 사회적 본능이기도 하다. 격해진 감정이 효과적인 대응과 단절될 때 동정심은 실패를 맛본다. 우리 감정이 동요하지만 흘러나갈 길이 없는 까닭이다. 우리 눈물이 행동으로 나아가지 못하고 우리 감정이 변화를 추진하지 못한다. 우리 마음은 사사로운 영역에 갇혀 있게 된다. 이때 동정이라는 값진 덕목은 그냥 감상적인 것이 되고 만다.

동정심이 실패하는 두 번째 길은 연민 때문인데, 여기에는 흔히 생색을 내는 기미가 있다. 타인을 염려하는 마음이 들고 이때 도덕적 우월감을 갖는 수가 있다. 자기보다 운 나쁜 사람들을 딱하게 보는 기분을 느끼려고 '내려가 준다.' 저 낮은 무리를 향해 내려가서는 자신이 그들과 다르다는 사실을 더욱 분명히 확인한다. 프리츠 펄[127]의 말대로, 우리는 '우리가 진지하게 고려해야 할 라이벌이 아닌 사람들'에게 연민을 품는다.

연민은 사람 사이의 틈을 메우지 못하고 오히려 두드러지게 한다. 겉으로 보이는 관대함은 이미 월등한 자기 위치를 강화하고 우월감을 고조시킨다. 연민의 경우 우리가 위험을 무릅쓰지 않는 배경에서, 고맙다는 반대급부를 기대하는 범위에서 염려한다. 이상하게도 연민에는 동정심의 본질적 요소, 즉 상처를 입을 가능성이 결여되어 있다. 상대와 나를 동일시하지 않은 채 타인을 돕는다. 그런 연민은 타협하는 동정이다.

정의의 연합군, 동정심[128]

성경에서 요청하는 정의는 에로틱한 뿌리가 깊다. "행복하여라,

---

[127] cf., Fritz Perl, *The Gestalt Approach and Eye Witness to Therapy* (1973). : 개인의 행동과 성격을 생리적 심리적 사회적 제반 요소의 총화에서 관찰하고 치유하는 Gestalt therapy를 창안. – 역자 주

[128] cf., Daniel Groody, *Globalization, Spirituality, and Justice. Navigating the Path to Peace* (Maryknoll NY., Orbis Books, 2007), Phyllis Trible, *God and the Rhetoric of Sexuality* (Mineapolis MN., Augsburg Fortress, 1986).

의로움에 주리고 목마른 사람들! 그들은 원하는 만큼의 양을 갖게 될 것이다."(마태 5,6 참조)[129] 산상 설교에서 예수님은 정의正義에 관해서 정의를 내리거나 설명하지 않는다. 그 대신 주림과 목마름이라는 에로틱한 이미지를 구사하신다. 예수님을 따르는 사람들에게 정의는 일용할 양식처럼 기본적인 것이고, 그것이 결핍되면 (주림과 목마름이라는) 신체 고통으로 나타난다.

그리스도교 전통과 미국인의 삶에서 정의는 핵심 덕목이다. 그리스도인들에게 정의는 윤리생활에서 특전의 위치를 갖는다. 미국인들에게 정의는 민주주의의 중심이 되는 이념이다. 하지만 그렇게 폭넓은 신임에도 불구하고 정의는 여전히 파악하기 어려운 무엇이다. 만인을 위해 구현할 정의의 길을 우리는 어떻게 찾아낼 것인가?

세기가 지나면서 서구 철학자들은 정의의 논거를 만들어 내고 정의가 요구하는 것이 무엇인지를 설명하려고 이성理性이라는 도구를 사용해 왔다. 이성은 현실을 비추어 주지만 설득하지는 못한다. 정의를 에워싼 상황을 밝혀 주기는 하지만 항상 의로운 행동으로 우리를 이끌어 가지 못한다. 그리스도교 지도자들은 때로 죄책감이라는 강력한 감정을 주입시켜 왔다. "정직하고 올바르게 행동하라. 그렇지 않으면 그대의 부족한 행실에 죄책감을 갖게 되리라." 하지만 이성만으로, 죄책감을 인식하는 것만으로 더욱 정의로운 세상으로 가는 그 머나먼 길로 우리를 지금까지 이끌어 온 것 같지는 않다.

---

129 저자는 성경 구절의 끝 대목을 정의 관념(unicuique suum tribui : 각자에게 자기 몫이 돌아간다)에 빗대어 'they will have their fill'이라고 의역한다. —역자 주

정의에 이르는 길은 보다 에로틱한 경로에 따라 타인을 자신과 같게 생각할 수 있는 능력에 있지 않을까? 카렌 암스트롱은 정의란 동정의 공적인 얼굴이라고 했다. 아마도 정의와 동정이라는 두 힘 있는 덕목을 잇는 것이 에로스인지도 모른다.[130]

정의에 관한 공통된 문화적 시각은 흔히 이런 연관을 감춰 버리기도 한다. 서구의 사회학 이론에서 정의는 세 가지 핵심 원칙에 의거하는데, 공평함, 보편성, 개인의 권리이다. 첫째, 정의는 사람들이 공평하게 대우받기를 요구한다. 예를 들어 민주주의는 한 사회의 혜택과 부담은 모든 시민이 나누어야 한다는 지향을 갖는다. 법률은 이 동등한 대우를 보장하기 위해서 제정되고, 정의는 이 같은 법률이 치우침 없이 적용되기를 요구한다. 두 번째로, 정의에 관한 서구의 이런 이해는 보편적으로 통하는 원칙들을 존중하는 데 토대를 둔다. 법률은 일반 규범에서 나온 것으로, 모든 경우에 적용된다고 이해한다. 이런 의미에서 정의는 특수한 상황에서는 불완전하다.

공정한 대우에 대한 기대는 개인 권리에 관한 서구의 관념과 연관된다. 생명권, 자유, 사적 자유, 집회의 자유, 종교의 자유 같은 기본권은 인간을 의미하는 것의 일부로 간주된다. 이 본질적 권리들은 '절대적인 것'으로, 국가 권력이 합법적으로 몰수하지 못한다. 사실 법 체제의 목적은 이 개인의 기본권을 수호하고 증진하는 데 있다.

정의를 이렇게 이해하는 점은 서구 문화의 위대한 업적 가운데

---

[130] Karen Armstrong : 영국 비교 종교학자로, 그리스도교의 대이슬람 호전적 정책을 지적해 왔다. 본 주제에 관해서는 *Twelve Steps to a Compassionate Life* (2010) 참조. – 역자 주

하나이다. 개인의 자유와 사회적 평등을 보장하는 안전장치는 불가결한 것이다. 그렇지만 실제 시행에서 이런 관점이 제대로 구현되는 데에는 항상 한계가 있다. 비판자들은 정의에 관한 현대 서구의 이념이 일률성과 분리를 강조하고 있다고 지적한다. 일률성이란 법의 일반 원칙들이 모든 사람에게 동등하게 적용되어야 한다는 뜻이다. 분리는, 법 체제가 개인의 권리를 지켜 주고 개별적 자율을 보호하기 위해 설정되어 있다는 뜻이다.

모든 문화가 정의를 이런 식으로 이해하는 것은 아니다. 여러 사회에서 역사적으로도 그랬지만 오늘날에도 정의는 사회적 복지와 더 뚜렷한 연관을 갖는다. 개인의 사적인 권리를 보호하기보다 오히려 공동체의 조화를 증진하는 목적에서 법률이 제정된다. 서구에서조차 시민 덕목에 관한 아리스토텔레스의 고전적 토론은 공동선에 대한 헌신을 강조한다. 토마스 아퀴나스의 신학적 유산에 의거해서 교황 요한 바오로 2세는 '공동선, 다시 말해서 모든 사람의 선과 인간 각자의 선에 헌신하는 확고하고 항구한 결의'로서 정의를 결속의 덕목과 연결한다. 이처럼 다른 목소리가 정의에 관한 근대 서구의 견해가 지닌 가치를 부인하는 것은 아니지만 그런 견해의 위력 못지않게 그 한계를 파악하는 데 도움이 된다.[131]

성경은 정의에 관해서 훨씬 폭넓은 관점을 표명한다. 윤리학자

---

[131] 교황 요한 바오로 2세의 회칙 「사회적 관심Sollicitudo rei socialis」(1987)은 이 '연대성'을 주제로 삼는다. cf., David Hollenbach et alii, *Modern Catholic Social Teaching. Commentaries and Interpretations* (Washington DC., Georgetown Univ. Press, 2005).

존 드 그루치[132]가 주장하는 것처럼, 정의에 관한 성경의 이해는 "정의가 사랑과 비록 구분은 가능하지만 사랑과 불가분하다."는 것이다. 정의는 자비로움에서 충만해지며, 철저한 계산을 넘어서 진심에서 우러난 응답이다. 자비는 개인적이고 특별한 방식으로 응답하는데, 어려움에 처한 사람들의 특별한 상황에 예민하게 반응한다. 성경의 관점은 우리가 본질적으로 상호 연관되어 있다는 점을 강조한다.

예수님은 이스라엘의 정신 유산인 특별한 세계관을 받아들이셨다. 그 유산은 고아와 과부는 버림받은 이들이 아니라 가족이며, 이민자와 난민들은 우리 공동체의 일원이라고 가르친다. 예수님은 하느님의 나라라는, 힘없이 지속성 있는 견해를 부르짖으셨는데, 그 신념에는 정의가 동정심과 결속되어 있다.[133]

상상력을 배양하는 성경

성경은 명시된 법전을 내놓고 따르라고 하거나 일상생활의 복잡다단한 상황에서 무엇을 해야 하는지 말해 주는 문서를 제시하지 않는다. 그 대신 윌리엄 스폰[134]이 상기시키듯이, 성경의 이야기와 상징은 '확실한 행동 규칙을 장려'한다. 예수님의 이야기는 죄인과 버림받은 이

---

[132] John de Gruchy, *Reconciliation. Restoring Justice* (Minneapolis., Augsburg Fortress, 2002), p.202.

[133] cf., Robert Schreiter, *In Water and in Blood. A Spirituality of Solidarity and Hope* (Maryknoll NY., Orbis Books, 2007).

[134] William Spohn, "Jesus and Christian Ethics," *Theological Studies* 56(1995), 92-107.

들을 찾고 있으며, 몸이나 마음에 고통이 있는 사람들에 대한 그분의 동정심, 용서하라는 끊임없는 호소들이 '반복해서 독특한 방식으로 감정적 에너지를 불러일으켜 행동하게 하는 규칙'이 된다. 그리고 이 감정적 에너지는 우리를 다시 에로스의 세계로 밀어 넣는다. 복음서의 이야기로 돌아갈 때 우리의 상상력은 성경의 현실관으로 가득해진다. 참으로 극적인 비유 말씀들이나 강력한 이미지를 통해서 성경은 서서히 우리의 응답이 독특한 형태를 갖게 만든다. 성경 이야기가 하는 일은 엄격한 규칙으로 우리에게 부담을 지우려는 게 아니라 좀 더 정의로운 동정심을 갖는 생활 방식으로 우리 마음을 기울이게 하는 것이다.

우리의 상상력을 배양하는 작업은 '타자'를 보는 성경의 관점에서 시작된다. 유다인 선조들은 이집트에서 겪은 종살이와 바빌론 유배의 쓰라린 기억을 간직하고 있었다. 야훼 하느님은 그 기억을 생생하게 간직하라고 강조하셨다. 탈출기의 많은 계명 가운데서도 그 지시는 분명 반복될 가치가 있었다. "너희는 이방인을 학대해서는 안 된다. 너희도 이집트 땅에서 이방인이었으니, 이방인의 심정을 알지 않느냐?"(탈출 23,9)

그런데 실향의 고통(자신들도 한때 겪었던)을 겪는 타인들을 존중하고 보살피라는 명령에도 불구하고 이스라엘 민족은 다른 신들을 섬기고 예배를 올리는 본토인들 틈에서 자신들의 신앙 정체성을 보전하느라 투쟁하지 않을 수 없었다. 본토인들로부터 오는 위협과 적대 관계가 때때로 종교적 '타인들'에게 폭력적인 감정을 품게 만들었다. 이 적대감이 오늘날에도 전 세계 무수한 지역에서 종족들 사이의 폭력을 유발하고 있다.

우리는 '타자'를 어떻게 대해야 할까? 우리와 다르다고 판단한 사람들에게 어떻게 행동해야 할까? 21세기의 첫 10년 동안 '타인'에 관한 진지한 물음이 무대의 중심을 차지했다. 국가적 복지 혜택을 나누고자 하는 이민자들을 두고 미국은 어떻게 해야 할까? 미국인 역시 이민자들의 후손이면서도 이민자들이 미국인의 복지를 누리려는 데 새삼 긴장하고 있다. 9·11 테러와 이어지는 세계 곳곳의 충돌은 이방인과 외국인의 면면을 부각시켰다. 외국인이라면 흥분된 상상 속에 우리 안전을 위협하는 위험한 사람들로 그려지고 있다. 우리와 다른 사람들에게 우리는 무엇을 해야 할까?

철학자 엠마누엘 레비나스[135]는 '타자'에 관해서 위대한 사도 역할을 했다. 2차 세계 대전 직후에 서방 국가에는 자국에서 추방된 사람들이 넘쳤다. 그중 상당수는 나치의 홀로코스트에서 살아남은 사람들이었다. 유다인인 레비나스는 전후 유럽에서 자신이 얼마나 다른지를 뼈저리게 느꼈다. 그는 철학이 그런 세상에서 의미를 가지려면 윤리에서 그 출발점을 찾아야 하고, 윤리는 '타자'를 인식하는 데서 시작해야 한다고 주장했다.

레비나스의 출발점은 단호하고 직설적이다. 타자의 첫마디는 "나는 당신이 아니다. 나를 죽이지 마라!" 레비나스의 논지는 이렇다. '타자'는 우리 삶에 침범해 들어와서 우리를 불편하게 하고, 우리가 묵살하고 싶은 문제들을 불러일으킨다. '타자'의 존재는 우리가 대단히 소

---

[135] Emmanuel Levinas : 프랑스 철학자이며 현상학의 대가. '타자'의 문제와 연관되는 저서는 *Humanism of the Other* (1972); *Entre Nous: On Thinking-of-the-Other* (1991); *Alterity and Transcendence* (1995) 등이 있다. – 역자 주

중하게 여기는 질서, 이성, 통제 등을 어지럽힌다. 우리가 삶을 불편하게 만드는 사람들에게 관심과 주의를 기울이는 도덕적 성찰을 시작하지 않는다면 우리의 윤리도 철학도 진정한 것이 되지 않는다.

'타자'로 다가오시는 하느님

마태오 복음서 말미에서 우리는 동정심의 영적 깊이를 보여 주는 주목할 만한 비유를 만나게 된다. 예수님의 말씀에 의하면 최후 심판의 날에 하느님께서는 힘없는 사람들을 보살폈는지 여부에 따라 우리를 판단하신다. 이 비유에서 주님이 의인들에게 하는 말은 이렇다. "너희는 내가 굶주렸을 때에 먹을 것을 주었고, 내가 목말랐을 때에 마실 것을 주었으며, 내가 나그네였을 때에 따뜻이 맞아들였다. 또 내가 헐벗었을 때에 입을 것을 주었고, 내가 병들었을 때에 돌보아 주었으며, 내가 감옥에 있을 때에 찾아 주었다."(마태 25,35-36)

비유에서 주님의 말씀을 듣는 사람들은 당혹해한다. "저희가 언제 주님께서 굶주리신 것을 보고 목마르신 것을 보고 헐벗으신 것을 보았습니까?" 주님은 이렇게 대답하신다. "너희가 내 형제들인 이 가장 작은 이들 가운데 한 사람에게 해 준 것이 바로 나에게 해 준 것이다." (마태 25,37-40 참조)

아마도 이 복음사가는 하느님께서 일찍이 정의를 강조하신 말씀을 의도적으로 일깨우고 있는 듯하다. 그들이 보이는 공허한 연민에 낙담하신 주님께서 이스라엘 민족을 질책하셨다. "저 높은 곳에 너희 목소리를 들리게 하려거든 지금처럼 단식하여서는 안 된다. 내가 좋아하는 단식은 이런 것이 아니겠느냐? 불의한 결박을 풀어 주고… 네 양식을 굶주린 이와 함께 나누고 가련하게 떠도는 이들을 네 집에 맞아들이는 것, 헐벗은 사람을 보면 덮어 주는 것이 아니겠느냐?"(이사 58,4.6-7) 성경의 이러한 근거에서 '가장 작은 이들', 곧 사회의 변두리에 있고 가장 힘없는 사람들을 보살피는 유다-그리스도교의 관심이 성장했다.

    이성과 법률은 정의로운 사회를 지키는 막강한 파수병이다. 그리고 아파할 줄 아는 죄의식이야말로 불의하게 행동할 때 우리에게 경보를 발해 준다. 그러나 더 많은 사람들이 동정심을 발휘하는 세상을 만드는 동기를 부여하는 것은 에로틱한 상상력이다. 성경은 우리의 상상력을 키워 준다. 오랜 세월의 적대 관계나 복수심을 딛고 일어서는 삶의 방식을 보여 주는 이미지들을 서서히 일깨운다. 그런 시각에서 이방인과 외국인들이 우리 형제와 자매로 인식된다. 그들을 우리의 소중한 통합에 잠재적 해를 끼치는 사람들로 두려워하지 않고 훌륭한 동료로 보람 있는 동지들로 받아들일 수 있다. 동정의 에로스는 이처럼 더 관대한 삶에 이르는 길을 열어 준다.

성찰

순수한 동정심이 발휘된 행동을 목격한 때를 떠올려본다. 그 행동은 나에게 직접 발휘된 것일 수도 있고, 내가 누군가에게 동정에 찬 응답을 한 기억일 수도 있다. 아니면 진정한 동정이 베풀어지는 모습을 본 것일 수도 있다. 잠시 시간을 내서 그 경험을 머리에 생생하게 되살려본다. 관련된 사람들, 상황, 배경, 취한 행동, 느낌, 결과를 기억해 본다.

이제 다음을 성찰해 본다.
- 그런 경험이 동정심을 이해하는 데 있어서 영향을 주거나 자신의 이해를 확인시켜 주었는가?
- 그 경험이 동정심에 관한 이해를 어떻게 넓혀 주었는가?
- 그런 경험이 동정과 정의 사이에 연관이 있다는 새로운 통찰을 제공해 주었는가?

에로스라는 생명 에너지는
우리의 일생 동안 휘몰아쳤다 잠잠해졌다 한다.

영적 여정을 걸으며 변화하는 이 리듬에
우리는 자신을 맞추는 법을 배운다.

이때 현존과 부재는 공통된 리듬으로서,
사태를 주의 깊게 의식하는가 하면
분리와 상실을 체험하는 시기에 이르기도 한다.

붙잡고 있거나 놓아주는 것은
격렬한 이끌림이 필연적 결별에 자리를 양보할 때처럼
친숙한 움직임이다.

축제를 벌이고 단식을 하는 것은 또 다른 리듬이다.
우리는 기쁨과 쾌락에서 움직여 나가
외로움이나 슬픔의 때를 맞이하기도 한다.

이러한 움직임 한가운데서 우리는
에로스의 그늘을 만난다.
이 덧없는 에너지가 뒤틀리는 경우를 만난다.

우리가 풍요로운 세상을 향해 가도록 하느님께서 계획하신 에너지가
생명에 이르는 길이 아닌 다른 길로 잘못 향할 수도 있다.

13. 현존과 부재
빛과 어둠을 존중하기[136]

> "조금 있으면 너희는 나를 보지 못할 것이다.
> 그러나 다시 조금 더 있으면 나를 보게 될 것이다."
> – 요한 16,19

에로스의 육성은 우리 삶에서 에로스가 보여 주는 리듬을 인식하는 데서 비롯한다. 에로스는 끊임없이 흐르는 물결이 아니라 잠잠하다가 휘몰아치고 다시 잠잠해지는 흐름이다. 성적 열정도 극에 다다랐다가 가라앉았다 한다. 모든 삶은 휴식에서 고도의 흥분에 이르렀다가 다시 고요한 평온으로 되돌아가는 주기적 움직임을 갖는다. 쉽게 파악할 수 없는 이런 리듬에 우리 삶을 맞추는 능력이 커지면 심리적 건강과 영적 성숙에 도움이 된다.

성경도 이런 리듬을 기록으로 남기고 있다. 도전과 희망이 교차하는 공동체의 위기에서, 의기양양했다 의기소침했다 하는 개인의 감

---

[136] cf., Esther de Waal, *Lost in Wonder. Rediscovering the Spiritual Art of Attentiveness* (Collegeville MN., Liturgical Press, 2003); Ronald Rolheiser, *Shattered Presence. Recovering a Felt Presence of God* (New York, Doubleday, 1999); Thomas Moore, *Dark Nights of the Soul* (New York, Gotham, 2005).

정 변화에서 성경의 일화들은 우리에게 그렇게 교차하며 형성되는 신앙 생활의 움직임을 기쁘게 받아들이라고 권유한다. 이런 역동적 움직임의 중심에 삶과 죽음 사이의 핵심 긴장이 놓여 있다. 성경은 창세기를 여는 창조 설화부터 복음서 마지막에 수록된 예수님의 처절한 죽음에 이르기까지 이 근본 리듬으로 구성되어 있다. 우리가 삶을 돌이켜 볼 때 그리고 우리 죽음의 확실성을 내다볼 때 이 리듬이 우리를 사로잡는다. 성경의 비유 이야기들은 이 역설이 우리의 신앙 여정의 핵심에 자리하고 있다고 일깨워 준다. "밀알 하나가 땅에 떨어져 죽지 않으면 한 알 그대로 남고, 죽으면 많은 열매를 맺는다."(요한 12,24)

예수님의 삶과 죽음을 기록한 복음은 조금 당황스러운 진리를 알린다. 인간 경험에는 우리가 삶을 걸 만한 가치들이 있다. 그리고 더욱 놀랍게도 우리가 죽음을 각오할 만큼 보람 있는 가치들도 있다. 어떻게 그럴 수 있을까? 그렇다면 생명보다 더 중요한 것이 무엇인지 의문을 갖게 된다. 우리는 자녀, 조국, 자기 보전 등의 가치를 열거할 수 있고 이것들을 기꺼이 우리 생존보다 우선시할 수 있을 것이다. 또 복음서는 우리가 목숨을 너무 사랑하다 보면 그 목숨을 잃을 수 있다고 상기시킨다(요한 12,25 참조). 살아남으려고 절망적으로 매달리면 우리에게 가장 소중한 것을 잃게 될 수 있다.

이런 깨달음은 그리스도인들에게만 있지 않다. 중국의 순자는 "사람이 구차하게 살기를 바라면 반드시 죽는다."는 글을 남겼다.[137] 순

---

[137] Burton Watson ed., Hsun Tzu. Basic Writings (New York, Columbia Univ. Press, 1963), p.90. : 순자 제13권 19편 禮論篇 제3장 '故人苟生之爲見, 若者必死.'

자와 거의 동시대 인물인 맹자도 이런 말을 했다. "삶도 또한 내가 바라는 것이지만, 삶보다 더욱 바라는 것이 있기 때문에 삶을 버리기까지 하는 것이다. 죽음 또한 내가 싫어하는 것이지만, 싫어하는 바가 죽음보다 더 싫어하는 것이 있기 때문에 환난을 피하지 않게 된다."[138]

아가서에서 "사랑은 죽음처럼 강하다."(아가 8,6 참조)라는 구절이 나온다. 예수님의 일생에서도 우리는 사랑이 죽음보다 강할 수 있음을 보게 된다. 예수님의 생애는 무참하게 끝났지만 그분을 따르는 사람들은 그들 가운데에 그분께서 계속 현존하신다는 것을 체험했다. 이 체험은 그리스도인들이 죽어 감과 생명으로 나아감이라는 신비로운 리듬을 깨닫게 한다.

우리 생애를 통해서 에로스는 리듬 있게 흘러간다. 현존과 부재, 붙잡기와 놓아줌, 축제와 단식이 번갈아 일어난다. 그리스도인들은 이런 일들을 '구원을 주는' 리듬으로 체험한다. 번갈아 일어나는 이 에로스의 흐름과 변화하는 은총의 움직임과 우리 삶이 조화를 이룰 수 있다면 고통과 죽음 한가운데서도 구원받는다는 사실을 발견할 것이다.

현존과 부재의 리듬

"주님께서 그대에게 복을 내리시고 그대를 지켜 주시리라.
주님께서 그대에게 당신 얼굴을 비추시고

---

[138] 맹자 고자 상편 5 '生亦我所欲 所欲有甚於生者, 故不爲苟得也. 死亦我所惡 所惡有甚於死者, 故患有所不辟也.'

그대에게 은혜를 베푸시리라.
주님께서 그대에게 당신 얼굴을 들어 보이시고
그대에게 평화를 베푸시리라."(민수 6,24-26)

우리는 사랑하는 사람들에 둘러싸이면 행복하고 평화롭다. 하지만 그런 사람들의 현존에서 멀어지는 날과 시기가 있다. 일이나 여행 또는 질병이나 침울함이 우리가 가장 마음을 쓰는 사람들에게서 우리를 떼어 놓기도 한다. 에로스의 생명 에너지를 가꾸어 가면서 우리는 사랑하고 동정하는 마음으로 타인들에게 더욱 의지할 수 있는 사람으로 현존하게 된다. 어떤 부재는 우리가 만든 것이 아니고, 아무리 괴로워도 어쩔 수 없이 견뎌야 한다는 것을 우리는 안다. 이렇게 우리는 현존과 부재의 리듬 속에 배워 간다.

우리의 신앙 선조들은 하느님과의 관계에서도 시계추처럼 오가는 현존과 부재를 체험했다. 한때는 "주님께서는 마치 사람이 자기 친구에게 말하듯, 모세와 얼굴을 마주하여 말씀하시곤 하였다."(탈출 33,11)는 기억도 간직하고 있다. 그러나 같은 장^章에는 하느님께서 당신의 부재가 필요하신 듯이 "내 얼굴을 보지는 못한다. 나를 본 사람은 아무도 살 수 없다."(탈출 33,20)고 하신다. 그들의 삶이 그랬듯이 우리의 신앙생활 역시 현존과 부재라는 상반된 리듬에 지배된다.

유다교와 그리스도교 영성은 세상에 계시는 하느님의 현존이라는 신비를 경축한다. 신앙 안에서 우리는 대담하게 이 신비스러운 '타자'에게 다가가려고 애쓴다. 그분의 놀라운 능력이 우리의 근원에 자리 잡고 있고, 우리의 모든 숨결을 불러일으키며, 우리의 지상 존재 너머까지 그 숨결을 이어 준다.

부재 속의 현존

히브리 역사가 시작되는 시기, 아브라함과 사라는 세 나그네를 대접하면서 야훼의 현존을 경험한다. 그 이상한 손님들은 아브라함과 사라가 나이가 많았는데도 불구하고 아이를 낳을 것이며 그 아이의 후손이 큰 나라를 이룰 것이라 말한다(창세 18장 참조).

야훼의 현존은 사막에서도 나타났다. 모세가 야훼의 백성을 노예살이에서 끌어내 온 후에 그들은 곧 자신들이 넓고 황량한 불모지를 헤매고 있는 것을 알게 된다. 열악한 기후와 양식과 쉴 곳도 없고 방향 감각도 잃은 상황에서 그들은 자신들을 보호하고 이끌어 주는 힘을 깨닫는다. 탈출기는 사막에서 고난을 겪는 백성과 그들을 인도하는 구름에 관한 이야기를 한다. "이스라엘 자손들은 그 모든 여정 중에, 구름이 성막에서 올라갈 때마다 길을 떠났다. 그러나 구름이 올라가지 않으면, 그 구름이 올라가는 날까지 떠나지 않았다."(탈출 40,36-37) 방랑하는 무리는 이 신비로운 힘의 움직임을, 그 두려운 부재와 예측할 수 없는 발현을 인식하기에 이르렀다. 후대의 신앙 전통은 이 신비스러운 힘을 '셰키나' 혹은 '현존'이라고 불렀다. 그 힘이 그들을 황량한 사막으로부터 '젖과 꿀이 흐르는 땅'으로 인도할 것이고 도중에 그들을 먹여 살릴 것이다.

인간의 역사에서 하느님의 신비로운 현존의 거룩한 이야기는 여러 세기 뒤 신약에서 오순절의 기억으로 이어졌다. 예수님의 죽음 후 제자들은 비탄에 젖어 그분의 부재를 절감하면서 다락방에 모여 있었다. 한때 그분의 현존으로 기쁨을 누렸던 그들이지만 이제는 기억만을 간직한 채 버려진 듯했다. 정서적 고갈과 방향을 잃은 내면의 사막에서 그들은 갑자기 엄청난 에너지가 솟구치는 체험을 하는데, 그것은 거센 바람과 불꽃 모양의 혀들로 상징된다(사도 2장 참조). 예수님의 부재에서 오는 슬픔이 열렬함과 확신으로 변했다. 그들이 하느님의 영으로 인식한 현존이 그들의 삶 속에 들어온 것이다.

하느님의 현존에 관한 수많은 성경 이야기에서 우리는 하느님의 부재라는 흥미로운 주제를 거듭해서 만난다. 사람을 무기력하게 만드는 불모지, 사막이라는 환경이 이스라엘인들에게는 구원하시는 하느님의 현존을 깨닫는 데 핵심적인 요소로 보인다. 예수님의 부재는 오순절에 하느님의 영이 믿는 이들의 공동체에 새로운 힘으로 들어올 여지를 만들었던 것이다. 이런 일화들은 현존이 때로 부재를 필요로 한다는 점을 나타낸다. 우리가 서로에게 온전히 존재하지 못하고 완전한 조화를 이루지 못하는 것과 마찬가지로 인간들이 하느님의 현존을 깨닫는 것이 보장된 것은 아니다. 역사에서 하느님의 자비로우신 현존은 항상 공현일 것이고, 명백한 부재가 빛과 함께 나타나는 현존이 될 것이다.

예수님의 죽음이라는 망연자실한 사건을 목격하고 두 제자가 그들 마을로 돌아가는 중이었다(루카 24,13). 그들이 침통한 얼굴로 엠마오를 향해 걷고 있을 때 그들에게 침통해하는 이유를 묻는 낯선 이를 만난다. 그는 하느님께서 죽음에서 태어나는 생명을 약속하신 점을 일깨워 준다. 그의 말이 그들의 마음을 위로했고 그에게 저녁 식사를 함께하자고 간곡히 청한다. 그리고 이야기는 '빵을 떼어 나누어 주시자' 그 사람이 예수님이었음을 알아보았다고 한다. 그러고 나서 예수님은 그들에게 나타나실 때처럼 홀연히 사라지셨다. 예수님께서 낯선 이의 모습으로 나타나신 순간적인 공현 후에 두 제자는 상심하거나 불만을 갖지 않았다. 오히려 두 사람의 정신이 생기를 얻었다. "우리 안에서 마음이 불타오르지 않았던가!" 그들에게 타오른 불꽃은 에로스와 그레이스였다.

하느님의 현존과 부재의 신비는 성경 이야기에서 그치지 않는다. 그리스도인들은 지금까지 예수님이 제자들과 마지막으로 나누신 식사를 기념하여 빵을 떼어 함께 나눈다. 초기 의식에서 발전된 성찬례는 바로 현존과 부재를 기념하는 축제이다. 초기 그리스도교 공동체는 예수님을 기억하여(곧 그분의 부재중에) 빵을 떼어 나눌 때 그리스도께서 그들의 정신에 생기를 주시면서 그들 사이에 현존하신다고 인식했다. 이런 기념식 안에서 사람들은 자양분을 얻고 새로이 힘을 얻어 그들 삶으로 돌아갔다. 엠마오 이야기에서처럼 오늘도 그리스도께서는 당신의 현존이 보장된 것처럼 우리 곁에 남아 계시는 것이 아니다. 그러나 성찬을 함께하면서 빵을 떼어 나누는 가운데 예수님께서 다시 현존하신다. 이 현존이 비록 잠시일지라도 우리의 기운을 돋우고 우리를 양육한다. 문제는 우리 삶에 하느님의 현존과 함께하는 부재를 존중하는 일이다.

일상의 부재

중대한 변화의 시기에 우리는 '좋았던 시절'을 돌이켜 보기도 한다. 급격한 변화를 맞고 있을 때 우리는 장밋빛 유리를 통해 어쩌면 굴절된 과거의 행복하고 안정된 때를 추억하며 그리워한다. 우리의 신앙 선조들도 시나이 광야에서 '자유롭게' 떠돌면서 지나간 시간에 누리던 위안을 그리워했다. 노예살이를 하는 동안 '이집트의 고기 냄비' 곁에서는 적어도 먹을 것과 밤이슬을 피할 처마는 있었다. 비록 포로였지만 정체성은 확고했으니 자신들이 노예라는 점은 잘 알고 있었다.

어느 정도의 노스탤지어를 갖는 것은 건강에 좋다. 열심히 앞으로 나아가면서도 때로 흐뭇한 마음으로 순수했던 지난 시절을 돌아보게 한다. 그러나 억제하지 않으면 이 감상적인 마음은 우리를 현재에 부재하게 만드는 방편이 될 수 있다. 비록 우울한 기분에 잠기더라도 때로는 노스탤지어를 자극하면서 소중히 간직하기도 한다. 전장을 누비던 퇴역 군인은 일상에 돌아와 자신과 전우들이 응분의 대우를 못 받고 있다면서 날마다 비통해한다. 어느 본당 신자는 교회가 당면한 고뇌가 증가하는 데 항의하면서 지난 시절이 옳았다고 주장한다. 노스탤지어는 자칫하면 어느 작가가 '심기증'[139]이라고 이름 지은 증세로 발전할 수 있다.

평정심도 부재에 대처하는 훈련이 될 수 있다. 보통 우리가 세상에 자신을 내보이는 면에서 침착한 태도는 건강한 대인 관계의 자산이다. 성인으로 생활해 나가기 위해서 우리는 대외적으로 자신의 평정심을 유지하는 전략을 발전시킨다. 그런데 이 평정심이 어느 순간 우리를 내동댕이치기까지는 우리가 이 자산을 잘 의식 못한다. 우리는 대화 중 갑자기 생각의 가닥을 놓치는 수가 있다. 두 친구를 서로 소개하면서 순간적으로 둘의 이름을 혼동한다. 그러면 순간 당황하고 민망해진다. 평

---

[139] 실제와는 달리, 자기가 심한 병에 걸렸다고 염려하는 증세. cf., Svetlana Boym, *The Future of Nostalgia* (New York, Basic Books, 2001).

정심을 잃은 것이다. 그럴지라도 대개는 재빨리 냉정을 되찾고 계속한다. 우리에게 그런 허점이 있다는 것을 새삼 의식하지만 약간 마음이 상하는 정도에 그친다.

애덤 필립스[140]는 평정심이 일종의 '자기 견지'self-holding의 수단이라고 설명하면서 잘못하면 그것이 '자기 은폐'self-hiding로 발전할 수 있다고 한다. 다수의 미국 남성들은 침착한 데서 그치지 않고 자신을 억제하는 정도가 되었다는 보고가 있다. 대인 관계에서 자신을 약간 떼어 놓고 보는데, 남에게 허점을 잡히지 않으려는 것이다. 여기서 평정심이라는 필수적인 기술이 방호복 역할을 하는데, 그것은 자신을 타인과 떼어 놓고 흔히 자기감정과도 거리를 두는 자부심을 보인다. 많은 남성들이 익숙한 행동 계획 안에서 자신을 본다. 눈에 띄게 우울해 보이는 친구에게 동료가 묻는다. "어떻게 지내?" 그러면 자동으로 다음과 같은(거짓이 분명한) 대답이 나온다. "잘 지내." 당사자의 마음은 무너지고 있을지도 모르지만, 냉철해야 한다는 습성이 그 약점에 가면을 씌우는 것이다. 평정심은 보호 장치를 제공하지만 상당히 비싼 대가를 치르기도 한다.

게리슨 케일러[141]는 자신이 받은 신앙 교육을 회상하는 글로 세상에 알려진 사람으로, 그런 배경이 어떻게 경직된 평정심에 스며들어 왔는지를 기술하고 있다. "당신은 내게 훌륭한 사람이 되라고 가르쳤다. 그래서 나는 훌륭한 점이 가득하지만 내게는 옳고 그른 데 대한 의

---

140 cf., Adam Philips, *On Kissing, Tickling, and Being Bored* (Cambridge MA., Harvard Univ. Press, 1993).
141 cf., Garrison Keillor, *Lake Wobegon Days* (New York, Viking, 1985).

식도, 분노와 열정에 대한 개념도 없다." 성숙한 어른답게 케일러는 자신의 이 같은 기능 장애를 두고 점잖은 익살을 부린다. "그래서 나는 신중함과 우울함의 균형을 잘 유지하려고 내 감정을 끊임없이 타락시키려고 애쓴다." 우리가 케일러의 이 말에 쓴웃음을 짓는다면 아마 우리 자신에게 있어서도 그 점을 인정하는 웃음일 것이다.

신중함이 호기심에 자리를 내줄 때 그것은 평정심이 우리 생명력을 위기에 몰아넣었다는 신호이다. 호기심은 에로틱한 에너지로, 우리로 하여금 자신을 넘어서서 우리 삶이 풍요로워질 새로운 경험과 관계로 들어가게 이끄는 충동이다. 신중함이 호기심의 싹을 잘라 버릴 때 우리가 안전하게 살아남기는 하겠지만 우리 삶은 풍요롭지 못할 것이다. 우리가 자신을 떠나 있는 것이므로 삶의 많은 경이로움을 잃을 것이다.

우리는 살면서 자신을 떠나 있는 방법을 수없이 만들어 낸다. 그러나 자연이 우리를 다시 현존하도록 돕는다. 자연이 사용하는 방식 가운데 하나는 아름다움이다. 아름다운 것은 우리의 주의를 끌고, 안절부절못하는 우리를 사로잡으며 우리를 지금 여기 있도록 잡아당긴다. 거대한 도시의 지평선을 바라보거나 섬세하고 예쁜 꽃을 바라보면 우리는 잠시 분심과 근심 걱정에서 풀려난다. 그때 우리는 그 대상에 열중해서 '여기' 존재하는 것이다.

문학 비평가 일레인 스캐리[142]는 아름다움이 갖는 위력을 이렇

---

[142] Elaine Scarry, *On Beauty and Being Just* (Princeton NJ., Princeton Univ. Press, 1999), pp.25, 65.

게 설명한다. "온 세상 곳곳에 놓여 있는 아름다운 것들은 우리의 감각적 지각에 기상 알람 같은 역할을 한다. 우리에게서 쇠퇴해 버린 경각심을 가장 예리한 수준에까지 회복시킨다." 아름다운 사물이 우리를 현존으로 세차게 잡아끄는 힘은 단순히 심미적인 문제가 아니다. 에로틱의 결합력이 아름다움을 관심과 연결한다. 아름다운 그릇이나 파손되기 쉬운 고대 필사본이나 특히 사랑스러운 아기를 보게 되면 우리는 그것의 안전과 보존에 각별한 주의를 기울이게 된다. "대상의 아름다움을 지각할수록 조심해서 다뤄질 가능성이 커진다."[143]

현명한 부재

오순절의 이야기, 즉 초기 그리스도교 공동체에서 예수님의 부재와 성령의 발현은 우리가 '현명한 부재'라고 부를 만한 흥미로운 동력을 일깨운다. 예수님께서 당신을 따르는 사람들의 공동체를 리더십 없이 두고 부재하셨다. 그 고통스러운 공허감 속에서 제자들은 예수님에게서 배운 가치를 어떻게 보존하고 전도할 것인지 결정해야 했다. 예수님의 그런 '현명하신 부재'라는 위기를 통해서 추종자들은 스스로 리더가 되었다.

현존과 부재의 신비스러운 리듬은 오늘의 삶에서도 계속된다. 사제 한 명과 평신도 두 사람으로 구성된 대학 내 교목 팀은 일을 잘하

---

[143] cf., Susan Ross, *Beauty of the Earth. Women, Sacramentality and Justice* (New York, Paulist Press, 2006); John O'Donohue, *Beauty. The Invisible Embrace* (New York, Harper Collins, 2005).

고 있다. 사제는 활동적이고 자질을 갖춘 리더이며 젊은 두 동료는 그를 보좌하는 데 기쁨을 느끼면서 대학생들을 상대로 활동을 함께하는 중이다. 어느 날 사제가 다른 소임으로 이동되자 남은 구성원은 망연자실한다. 리더의 카리스마 넘치는 통찰력과 능력 있는 지도 없이 무엇을 한단 말인가? 그들은 상실감으로 탄식하면서도 학생들의 계속되는 필요에 대응하며 새로운 노력을 기울인다. 그런데 본인들도 놀라울 정도로 두 평신도 사목자는 자신들이 새로운 도전에 맞갖은 사람이라는 것을 알게 된다. 능력 있는 사제의 사목 리더십에 의지할 때에는 자신들의 그런 자질을 인식하지 못했고 그럴 필요도 없었다. 하지만 리더의 카리스마가 사라지자 자신들의 카리스마를 의식하게 된 것이다. 리더의 '현명한 부재'에서 봉사에 필요한 그들 자신의 힘이 드러난 것이다.

현존의 실습

현존과 부재의 리듬은 고유한 에너지를 가진 것처럼 보인다. 그러나 우리는 그 움직임의 희생자에 불과한 것이 아니다. 우리가 현존을 더욱 확실하게 할 수 있고, 피할 수 없는 부재의 시기를 잘 참아 견딜 수 있는 훈련을 선택할 수 있다. 그리스도교 신앙생활의 전례가 이런 목적으로 짜여 있다. 전례 의식은 하느님께 더욱 가까이 현존하고 그분의 수많은 선물에 더욱 감사하는 방식을 우리에게 가르친다. 그리고 슬픔을 나누는 의식에서 우리 삶에서 만나는 상실과 과오를 깨닫고 거기에 압도되지 않는 법도 배운다.

아울러 현존의 영성은 우리 자신에게 더 주의를 기울이라고 당부한다. 우리는 우리 자신이 되도록 부름받은 존재로서 유일무이하고 특별한, 그러므로 고유한 인격체이다. 우리 몸에 그만큼 익숙해지고 몸의 활동과 휴식이라는 순환에 그만큼 친숙해지는 일도 이 주의 깊은 현존의 한 가지 혜택일 것이다. 거기서 주어지는 또 다른 선물이 있다면 고독이 점차 편하게 느껴지는 점이다.

고독을 감당하는 능력이 커질수록 부재에 익숙해지는 법을 배운다. 고요함이 더욱 편안해지고 따로 시간을 갖는 일이 소중해진다. 부재의 공백 중에 일어나는 부정적인 감정들이며 아픈 기억들을 대면하면서 우리는 공허함도 의미 있는 축복의 공간을 만들어 낸다는 사실을 깨닫는다. 사랑하는 사람의 죽음에 따른 부재는 우리에게 상실을 받아들이라고 초대하는데, 소중한 추억 속에서 우리는 새로운 현존을 창조한다. 부재는 감사하는 마음, 우리 삶을 행복하게 해 준 친지와 그들의 가치를 새삼 깨닫게 한다.

기도하는 사람은 누구나 부재에 친숙해져야 한다. 하느님의 침묵이 때로는 우리 기도보다 더 큰 소리를 내는 까닭이다. 우리가 부재에 익숙해진다 해도 하느님의 침묵이 우리를 슬프게 하는 것도 아니다. 과거에 있었던 하느님의 현존을 우리가 기억하면서 그 현존이 돌아오리라는 희망을 품고 앞을 내다보게 된다. 그러기까지 우리는 고요함을 견뎌 낼 수 있을 것이다.

성찰

조용한 분위기에서 성찰하면서 하느님과의 특별한 현존의 시간을 돌이켜 본다. 하느님이 내 삶에 실재하신다는 깊은 의식을 갖게 된 시기를 회상해 본다. 그 기억이 다시 풍부해지고 가득 차는 시간을 가져 본다. 그런 회상으로 어느 정도 시간을 보내고 나서 하느님의 현존을 실감하면서 자신이 체험한 선물과 그레이스에 이름을 붙인다. 아래의 기도들을 바치면서 이 성찰을 마친다.

✚ 현존의 기도

이스라엘의 하느님, 예수님의 하느님,
당신의 이름은 셰키나, 곧 '현존'입니다.
우리 몸에, 우리 감정에, 우리 희망에 구원을 베푸시는
당신의 현존을 우리가 느낍니다.

당신께서는 사막에서도 나타나시고 오아시스에서도 나타나시고,
위기 중에도 조용한 식사 중에도 나타나십니다.
당신의 현현은 우리의 두려움을 잠재우고
우리가 당한 모욕을 치유하십니다.

당신께서 보여 주시는 모든 얼굴에서 당신을 알아보게 도와주소서.
육에서도 영에서도, 에로스에서도 로고스에서도

당신을 알아보게 하소서.

예수님은 육체를 지닌 하느님의 갈망이시며
하느님의 신체 언어이심을 우리가 기억하도록 도우소서.

우리를 이 세상에 살게 하시고
우리 세상을 통해 당신의 현존을 일깨워 주소서.

성찰의 분위기를 이어 가면서 하느님의 부재를 겪은 경험을 돌이켜 본다. 그 추억을 부드럽게 대하고, 삶의 여정에서 일어난 움직임을 존중한다. 잠시 회상한 다음 하느님의 신비로운 부재의 일부였던 선물과 그레이스에 이름을 붙인다. 아래 기도를 바치면서 이 성찰을 마무리한다.

✚ 부재의 기도

현존하시는 하느님,
우리가 당신의 신비로운 부재를 감당하게 도우소서.

우리가 당신을 뵙지 못하는 밤의 어둠을 지내는 동안,
당신을 느끼지 못하는 불만스러운 겨울을 지내는 동안,
당신 소리를 듣지 못하는 슬픈 계절을 지내는 동안
우리를 붙들어 주소서.

홀리 에로스 / 에로스의 리듬

당신의 부재, 현명하신 부재에 우리가 적응하게 하소서.
우리가 애착하는 과거를 비우고
당신께서 마련하시는 놀라운 미래를 준비하게 해 주소서.
우리가 절망에 빠지지 않게 하시고
당신께서 오시리라는 희망을 향해 나아가도록 이끄소서.

14. 붙잡기와 놓아주기
관계 맺음의 규칙 배우기

갈등은
우리가 사랑하는 이들을 붙잡는 길 중 하나이다.

에로스의 에너지는 우리를 관계 속으로 유인한다. 모험에 찬 이 만남에서 우리는 타인을 어떻게 하면 잘 붙잡는지도 배우고 어떻게 하면 움켜쥔 것을 늦추는지도 배운다. 붙잡기와 놓아주기라는 이 끝없는 도전은 에로스의 또 다른 리듬을 끌어온다.

인간의 삶은 이 에로틱한 리듬의 첫 번째 순환에서 시작한다. 우리의 부모가 서로를 포옹으로 붙들었고, 수정受精을 이룬 포옹이 우리에게 생명을 주었다. 아홉 달 뒤 우리는 어머니 자궁의 따뜻한 양수에서 놓여났고 새로운 길에 들어섰다. 붙들고 놓아주는 이 최초의 동력에서 우리의 모든 시작과 끝이 흘러나온다. 삶을 지속해 나가면서 우리는 새로운 친구를 받아들이기를 배우고, 가치를 획득하고 변함없이 유지하기를 배우며, 새로운 발전의 기회를 잡기를 배운다. 긴박하고 어려운 시기를 지내며 중요한 관계를 유지하는 것과 중독이 될 만큼 전념하던 것들을 놓아주는 것도 배운다. 우리의 결별과 관계 맺음은 결실을 맺기도 하지만 위협이 되기도 한다. 은혜로운 것일 수도, 슬픔으로 고통받는 것일 수도 있다. 사랑하는 사람들과 소중한 가치에 매달릴 때에도 에로스의 리듬 있는 움직임은 죽음 앞에 마지막 놓아주기를 우리에게 연습시킨다.

로베르토 웅거[144]는 '붙잡기'와 '놓아주기' 사이의 긴장을 성숙의 동력으로 설명하며 이렇게 말한다. "성숙을 통해서 당신은 통제하기를 희망했던 세계를 잃었다. 상처와 불행, 정체성의 상실로 상처받지 않을 것이라 여기던 세계를 잃었다. 그리고 나서 당신은 정신과 의지가 붙잡을 수 있는 세계를 다시 얻는다. 당신의 정신과 의지가 꽉 붙잡거나 끝끝내 붙잡으려고 애쓰기를 그만두었기 때문이다."

성숙은 우리가 세상과 타인을 붙잡고 있는 손아귀를 느슨하게 풀라고 한다. 이것은 우리의 헌신을 저버린다거나 우리에게 생명을 주는 다양한 관계를 끊어 버리는 일이 아니라 우리의 착각일 수도 있는 통제의 한계를 인식하는 일이다. 세상 것을 단단히 붙잡으려고 또는 끝내 붙잡고 있으려고 애쓰는 노력을 그만두고 나면 웅거가 제시하듯이 우리가 하느님의 세상을 품에 안기가 훨씬 더 쉬워진다는 사실을 알게 될지 모른다.

'안아 준다'는 말의 풍부한 은유는 에로스로 인해 일어나는 다양한 포옹과 헌신을 포함한다. 우리는 부모 품에 안겼던 따스한 기억들을 대부분 간직하고 있다. 장거리 자동차 여행을 마치고 집에 도착했을 때 너무 졸려서 일어나지 못하는 우리를 아버지는 안아서 집 안으로 데려갔고, 어렸을 때 병이라도 나면 어머니는 내내 당신 팔에 우리를 안고 계셨

---

[144] Roberto Unger, *Passion. An Essay on Personality* (New York, Free Press, 1984), p.111.

다. 믿음직하던 포옹의 기억도 위로가 된다. 그런 포옹은 오랜 우정의 일부였고, 교사나 선배, 스승들도 포옹으로 우리의 성장을 북돋워 주었다.

안아 준다는 말이 때로는 별로 다정하지 않은 기억을 불러일으키기도 한다. 실제로 어떤 부모는 아이들을 자주 따뜻하게 안아 주지 않았을 수도 있다. 어린 우리를 보호해야 할 부모나 돌봐주는 이들이 우리에게 해가 되거나 벌을 주는 방식으로 우리를 잡았던 기억도 있을 수 있다. 또 어떤 사람들은 가족이 기꺼이 성원해 주지 않아서 자신의 꿈과 계획을 포기하기도 했을 것이다. 그리고 가장 따뜻한 포옹이라 할지라도 오래 지속하기 위해서는 변화가 있어야 한다. 서로 안아 주는 방식이 오래된 것이면 반복해서 떠나보내야만 중요한 관계가 보전될 수 있다. 그렇게 해서 부모가 어른 친구가 되고 이전에 선배나 스승이던 사람이 동료가 된다.

성애, 출생 그리고 가족 사이의 감각적인 포옹에 뿌리를 둔 '안아 주기'는 신앙 안에서도 그 실행이 적절하게 묘사된다. 그리스도인들은 그들이 사는 세상을 사랑이 많으신 하느님께서 안고 계심으로 지탱된다는 사실을 인식하고 '주님의 영이 온 세상을 가득 채운다. 그 영이 만물을 한데 안고 있다.'고 선언한다(지혜 1,7 참조). 이 구절을 누구보다 잘 알고 있던 바오로는 이 은유를 예수 그리스도께 적용한다. '그분 안에 만물이 안겨 있습니다.'(콜로 1,17 참조) 그리고 오래된 성가에서도 '온 세상을 당신 손에 쥐고 계시다.'라고 노래한다.

하느님의 포옹이라는 이미지는 우주적 상징 이상이다. 그리스도인들은 전통적으로 하느님을 어버이이며 보호자로 그려 왔다. 우리 존재가 유지되는 것은 자비로운 우주에 의해서만이 아니고 사랑을 베푸시는 인격신 하느님에 의해서이다. 제일 먼저 그리고 가장 지속적인 이 포옹에 대한 신뢰는 시편 작가의 기도에서 메아리치고 있다. '제 영혼이 당신께 매달립니다. 당신 오른손이 저를 단단히 안아 주십니다.'(시편 63,9 참조)

'안아 준다'는, 은유적으로 신앙을 불어넣어 주는 그 신앙은 그리스도인으로 살아가는 우리 일상의 노력으로 드러난다. 복음 이야기들로 거듭 되돌아가면서 삶에서 우리는 예수님께서 베푸시는 '안아 주심'을 의식하기에 이른다. 교회 안에서 일어나는 추문으로 마음이 상하거나 본당의 리더십이 약한 것에 실망할 수도 있다. 그러나 우리의 신앙은 넓은 품을 지니고 있어서 우리를 예수 그리스도께 결합시키는 모든 애정과 책임의 결속을 전부 가슴에 품는다.

시인들이 노래하는 육감적인 포옹과 신앙심의 영적 애착 사이에는 일상의 포옹이 자리 잡고 있으며 그런 포옹을 통해서 우리 삶이 피어난다. 우리는 첫 번째 가족의 안전한 둥지를 떠남으로써 새롭고도 모험에 찬 인간관계의 세계로 들어간다. 사랑에 빠지고 성애의 달콤한 포옹을 나누게 된다. 성인으로 일하면서 우리는 협력과 협동의 유대를 만들어 낸다. 가족과 우정의 관계를 통해 우리는 헌신을 하고, 약속을 맺고, 우리 자신과 다른 사람들과 책임 있는 관계를 이루는 법을 알게 된다. 그리고 곧 불가피하게 우리는 갈등이라는 괴로운 경험을 맞이한다.

갈등의 포옹

사회적 기대 안에는 조화의 이미지가 가득하다. 좋은 친구들은 다투지 않고, 성숙한 어른은 화를 내지 않는다. 연인들은 언제까지나 행복하게 살아간다. 이런 낭만적인 환상이 설득력 있게 홍보되면서 갈등 없는 애정이 이상으로 권장된다. 그래서 우리가 날마다 잘 사랑해 보려고 서툰 노력을 하고 그런 노력에는 긴장과 고민이 따른다. 이처럼 어려운 상황을 경험하면서 우리는 가까운 관계에서 갈등이 일어나는 것이 정상이라는 사실을 배운다. 사실 삶의 여러 부분에서 갈등은 매우 중요하다. 갈등은 변화와 성장의 활력, 존중할 만한 동력이다.

"살아가는 기술은 춤보다 씨름에 가깝다." 스토아 철학자 마르쿠스 아우렐리우스가 강조한 말이다. 춤과 씨름은 서로 껴안고 하는 것인데 스타일이 전혀 다르다. 두 가지 모두 포옹에 힘이 있다. 여기에 생기를 불어넣는 것은 에로스의 에너지이다. 우리 삶은 이 두 가지 타입의 만남으로 운명 지어진다. 어떤 사람들은 실제로 멋진 대결을 즐긴다. 이들은 활력을 주는 도전을 찾아다닌다. 의견 대립은 그들을 자극해서 그들이 가장 소중하게 여기는 가치를 위해 싸우게 만든다. 비록 소수지만 이런 사람들에게는 갈등이 에로스의 특별한 충전을 가져다준다.

그러나 우리 대부분은 다른 사람과 의견 충돌로 씨름해야 하거나 고질적인 문제와 싸워야 할 때 몸을 사린다. 친구나 직장 동료와 갈등을 일으킬 가능성에 직면하면 다른 대안을 찾아 고개를 돌린다. 논쟁이라면 무조건 피하고 싶을 수도 있고, 위협적인 상황이라도 대부분은 그것을 신속히 장악하려는 쪽으로 기운다.

갈등을 피하고자 하는 사람들은 그 목적을 위해 치밀한 수단을 강구한다. 겁에 질린 아이처럼 더 이상 방에서 뛰쳐나가지 않지만, 대신에 의견 대립을 비껴가려고 농담을 하거나 주의를 다른 데로 돌려 갈등을 피한다. 또는 갈등이 잠재한 상황에서 즉시 두 손을 들고 성가신 대결을 피하리라 기대하며 "원하시는 대로 하시죠."라고 입버릇처럼 내뱉는다. 불행하게도 이렇게 회피한다고 해서 갈등이 제거되는 경우는 드물다. 단지 뒤로 미루어질 뿐이다.

한편 사태를 장악하고자 하는 사람들도 치밀한 테크닉을 개발한다. 모임에서 안건에 대해 빈틈없이 관리하고 통제하여 갈등이 일어날 여지를 없앤다. 여기서 겉으로는 춤의 이미지가 드러난다. 다른 사람을 장악해서 갈등을 피하는 사람은 "춤출까요?"라는 말을 건네는 것처럼 보인다. 하지만 실제 메시지는 "춤출까요? 리드는 내가 하죠."이다. 외부에서 보는 사람들에게는 이런저런 결혼 생활이나 작업 환경에서 일사불란한 움직임이 호흡이 잘 맞는 춤처럼 보일지 모른다. 그렇지만 상대의 리듬에 억지로 맞춰야 하는 배우자나 작업 동료에게는 포옹도 씨름처럼 느껴진다.

갈등에 대한 세 번째 대응은 신비스러운 성경 이야기에서 드러난다. 밤의 어둠 속에서 야곱이 가공할 상대와 씨름을 한다(창세 32,24-32 참조). 상대를 피할 수도 없고 격파할 힘도 없어 야곱은 상대방을 붙들고 버틴다. 생존을 위한 투쟁이다. 어둠 속에서 야곱은 동트기를 기다린다. 새벽은 상대방이 누군지 비춰 줄 것이고 갈등의 의미를 밝혀 줄 것이다.

야곱이 하느님과 맺고 있던 관계를 보여 주는 이 이야기는 씨름이라는 상징으로 그 관계의 친밀함을 그려 낸다. 현대 독자들에게 이 옛날이야기는 사람의 삶에 일어나는 포옹의 양면을 보여 준다. 야곱 혼자 어둠 속에 있는데 누군가 뒤에서 붙잡아 껴안는다. 야밤을 틈타 자신을 덮친 정체 모를 선수와 싸우면서 야곱은 상대방이 자기에게 뭘 원하는지 알고 싶어 묻는다. 그는 상대의 팔에서 몸을 뺄 수도 없고 상대방을 제압할 힘도 없다. 어둠 속에서 그 둘은 상처를 입은 채 불평을 하면서 새날이 오기를, 변화된 상호 관계를 향해서 싸운다.

이 이야기의 핵심은 논쟁이 다분한 포옹의 애매모호한 양면성으로 여겨진다. 야곱은 위협을 당하지만 무너지지는 않았다. 싸움에서 심한 부상을 당했지만 자기 자신을 새롭게 의식하면서 더욱 강해진다. 땀으로 얼룩진 그 포옹에서 야곱도 그를 습격한 인물도 변한다. 야곱은 자신의 정체성이 도전받은 것을 알게 되고, 이스라엘(하느님과 겨룬 사람)이라는 이름을 새로 얻는다. 그는 심한 부상도 입었고 그래서 평생 절뚝거리게 되었다. 그는 잠시 후 한밤중에 만난 낯선 상대가 자신의 하느님임을 알게 된다. 야곱의 요구에 야훼는 할 수 없이 축복을 내린다. 기진맥진한 대결은 양편의 변화를 가져왔고 이제 새로운 방식으로 서로 포옹한다.

우리는 예수님의 생애와 메시지의 주요 역할을 인식할 때 그분의 비유 이야기, 즉 가난한 자와 버림받은 자, 위선적 태도, 용서 등에 관한 이야기는 우리를 불편하게 할 때가 많다. 그리고 그 비유가 내포하는 의미와 우리 태도와 맞붙어 싸우라고 우리를 떠민다. 예수님은 마지막 날, 특히 돌아가시기 전날 밤 고뇌하실 때 삶과 죽음의 갈등과 싸우신다. 십자가에서 "저의 하느님, 어찌하여 저를 버리셨습니까?"라고 부르짖으셨다는 사실은 그분께서 얼마나 고군분투하셨는지를 알게 한다.

그리스도교 유산은 우리에게 지침이 될 창조적 갈등에 관한 이야기를 다양하게 간직하고 있다. 신앙의 첫 세대에서 베드로와 바오로는 비유다인을 그리스도교 공동체로 받아들이는 일을 두고 격한 언쟁을 했다(갈라 2장 참조). 예수님의 길을 따르는 사람들이 모두 정결한 음식을 먹는다는 기대를 할 수 있는가? 전통적으로 유다인들이 행하는 할례를 새로운 구성원들에게도 요구해야 하는가? 이 갈등에서 생겨난 통찰은 그리스도교 전통에 새로운 가능성을 열어 주었다. 이방인들에게 신앙을 개방하고 궁극에는 온 세상에 개방하는 일이었다. 여기서도 갈등은 분명히 은총으로 채워졌다.[145]

애착과 초월

애착이라는 말은 개인주의의 가치를 높이 평가하는 서구 문화에서 아주 오랫동안 오명을 감수하고 있다. 미국인들은 서로 거리를 두고 독자적으로 행동할 것을 장려한다. 그리스도교 영성은 때로 이런 경향을 심화시켜 왔는데, 인간의 애착은 하느님만을 향한 온전한 신심에서 우리를 벗어나게 할 수도 있다고 경종을 울려 왔다.

그리스도교의 초기 세대들은 로마 제국의 압제 아래 새로운 믿음에 따라 살기 위해서 무척 애를 썼다. 제국의 그런 환경에서는 이교도 사회에 휩쓸리거나 결혼이나 가족의 일상 요구는 예수님을 따르는 개인적 처신에 너무도 많은 타협을 강요하는 것처럼 보였다. 예수님도 부자

---

[145] cf., Robert Wicks, *Crossing the Desert* (Notre Dame IN., Ave Maria Press, 2007); Kerry Walters, *Soul Wilderness. A Desert Spirituality* (New York, Paulist Press, 2001); Kenneth Stevenson, *Rooted in Detachment. Living the Transfiguration* (Collegeville MN., Liturgical Press, 2007).

청년에게 하느님을 모시려면 모든 것을 버리라는 요구를 하시지 않았던가? 당신 제자들에게도 "나는 너희를 세상에서 불러냈다."고 하시지 않았던가?

그래서 열심한 그리스도인들은 도시 중심부를 떠나 결혼과 시민 생활의 참여를 버리고 사막의 수도원으로 피해 살았고, 이때 초월 영성이 대두되었다. 초기 수덕 운동의 목표는 경탄할 만했고, 일상의 애착은 유독한 관계들에 얽혀 들 수 있다고 경고했다. 마음을 구속하고 하느님에게서 떼어 놓는 일체의 관계에서 자유로워지고 싶다는 소망이 있었다.

그러나 우리가 초월에 너무 익숙해지면 초월은 영성 규율로서는 도움이 되지 않는다. 제2차 바티칸 공의회에서 가톨릭교회는 교회가 현대 사회와 거리를 두어 왔고 현 세상의 발전과 요청에서 멀어져 있었다는 점을 인식했다. 이제 가톨릭 신자들은 이 세상과 세상의 슬픔과 기쁨까지 함께 껴안으라는 권고를 받았다. 그러한 포용이 거룩함에 헌신하는 데 손상이 될 수도 있으리라는 사실에 크게 마음을 쓰지 않게 되었고, 신앙 공동체는 옛 신념을 되찾았다. 그것은 세상에 대한 하느님의 애착으로, 사람이 되신 말씀이신 예수님 안에서 하느님의 애착은 찬미를 받으셨고, 세상에 대한 인간의 애착은 함께 나누는 책임감으로 인식되었다.

자율이라는 문화적 이념이 초월이라는 종교적 이념과 결부되면 투신하는 일에 신중해진다. 결혼과 가정생활에 헌신하고 소명과 일에 투신하는 것도 물론 애착이다. 오래 지속되는 이런 관계 맺음에서 위험을 무릅쓰겠다는 의지가 없다면 우리 삶은 결실을 얻지 못할 것이다. 어려운 가운데서도 이런 애착을 존중함으로써 충실함이라는 자원을 촉발해서 변화의 도전에 맞서 가치 있는 투신에 단단히 매달릴 수 있다. 그래서 우리는 믿음과 희망은 그 자체가 애착이라는 것을 인식한다. 종교적 신심은 우리를 하느님께 애착하게 하고 예수님이 선포한 가치에 몰두하게 만든다. 종교적 희망으로 우리는 복음의 변화된 세계관에 매달린다. 그 변화를 떠받치는 명확한 증거가 미미해 보일지라도.

우리 생명의 애착에 대한 마지막 도전은 언제 놓아줄 것인지를 아는 일이다. 특히 처음 시작하거나 개척한 일에서 이런 문제에 직면하게 된다. 어느 시기가 지나면 그 일의 책임을 다른 사람이 감당하도록 넘겨줄 때라고 느끼게 된다. 어쩌면 자신보다 젊은 동료가 그 일을 감당할 준비가 되어 있다는 신호를 보내고 있을지도 모른다. 한 가지 확실한 사실은 그런 제의가 우리에게는 항상 아직 때가 아닌 것으로 보인다는 점이다. 부모들이 자녀들을 조심시킨다며 하는 말을 기억해 보라. "너는 아직 집을 떠나기에는 너무 이르다. 넌 아직 어리잖니. 세상이 얼마나 위험한지 아니? 넌 겨우 서른다섯밖에 안 됐잖니." 이렇듯 보내는 일은 언제나 너무 이르다!

다른 데서도 그렇지만 여기서도 복음이 우리의 길잡이가 되어 준다. 예수님은 때 이른 죽음으로 당신을 따르는 사람들의 공동체에서 부재하게 되었다. 예수님의 현존과 지도를 잃은 첫 그리스도인들은 버림받은 느낌이었다. 그런데 오순절에 성령의 능력을 통해서 그들은 자기네가 받은 선물과 권위를 발견하게 된다. 예수님의 현명한 부재 중 그들은 신앙 공동체에서 신뢰받는 지도자가 되었다.

이와 똑같은 장면이 가정과 교회와 사회에서 날마다 일어난다. 나이 든 부모, 선배 교사, 현명한 지도자들은 아직도 한참 걸려야 마치게 될 일을 손에서 놓는다. 그러면 새로운 세대가 책임을 넘겨받을 기회를 얻는다. 붙잡기와 놓아주기는 애착과 초월이 번갈아 일어나는 흐름 속에서 계속된다. 이렇게 해서 에로스의 리듬이 신비한 어른의 삶을 통해 우리를 발전하게 한다.[146]

---

[146] cf., Margaret Farley, *Personal Commitments. Beginning, Keeping, Changing* (San Francisco, Harper, 1983); John Bowlby, *A Secure Base. Parent-Child Attachment and Healthy Human Development* (New York, Basic Books, 1988).

성찰

자신에게 생기를 준 '붙잡기'의 경험을 떠올려 본다.
- 그 경험에서 사람, 가치, 헌신 중 어느 것에 애착했는가?
- 그것을 지속하려는 노력에서 어떤 축복이 있었는가?

자신에게 활기를 준 '놓아주기'의 경험을 떠올려 본다.
- 어떤 중단이나 분리가 요구되었는가?
- 그 경험에서 어떤 은총이 초월하는 경험의 일부가 되었는가?

15. 축제와 단식
영혼에 자양분을 주기

> 만군의 주님께서는 이 산 위에서 모든 민족들을 위하여
> 살진 음식과 잘 익은 술로 잔치를,
> 살지고 기름진 음식과 잘 익고 잘 거른 술로 잔치를 베푸시리라.
> – 이사 25,6

축제와 단식은 어느 문화에서나 행해진다. 잔치와 추수 감사 축제는 궁핍하고 어려운 시절과 번갈아 온다. 유다교와 그리스도교 전통은 인간의 삶에서 이 교차하는 에로스의 리듬에 큰 비중을 두어 왔다.

이사야 예언자는 축제의 수호성인이다. 하느님께서 우리를 위해 계획하신 마지막 잔치의 이미지를 불러일으키기 때문이다. 신학자 버나드 리[147]는 이 견해가 함축하는 바를 이렇게 생각했다. "백성이 땅과 그 풍요로움을 누리게 하는 것이 하느님의 의도이다. 음식이 얼마나 맛있고 신선한지 맛보고 잘 익은 포도주가 얼마나 좋은지 맛보면서 사람은 하느님이 얼마나 다정한 분인지도 맛보고 경험할 수 있다. …충만함은 하느님께서 아낌없이 주는 분임을 드러낸다."

---

147 cf., Bernard Lee, "The Appetite of God." in *Religious Experience and Process Theology*, Harry J. Cargas – Bernard Lee eds. (New York, Paulist Press, 1976), 369–84. Idem, *Jesus and Metaphor of God* (New York, Paulis Press, 1998).

신약 성경은 예수님이 참석한 많은 축제와 잔치를 기록했다. 카나의 혼인 잔치, 신분이 문제가 된 여인이 값비싼 향유를 예수님의 머리에 발라 드린 식사 자리를 우리는 어렵잖게 기억한다. 비유와 이야기에서 예수님은 잔칫상에서 명예로운 자리를 차지하는 일, '한길과 골목에서' 사람들을 초대해 축제에 참석시키는 일에 대해 말씀하신다.

예수님은 축하연에 자주 참석하셨고 주변 사람들은 그 점을 주시했다. 세례자 요한의 금욕적 생활 방식에 깊은 인상을 받았던 사람들은 우려하는 목소리를 냈다. "요한의 제자들은 자주 단식하며 기도를 하고 바리사이의 제자들도 그렇게 하는데, 당신의 제자들은 먹고 마시기만 하는군요."(루카 5,33) 예수님은 삶에 새겨진 리듬을 가리키며 대답하신다. "혼인 잔치 손님들이 신랑과 함께 있는 동안에 단식을 할 수야 없지 않으냐? 그러나 그들이 신랑을 빼앗길 날이 올 것이다. 그때에는 그들도 단식할 것이다."(루카 5,34-35)

그리스도교 초기에 단식은 수도 생활에서 정기적인 수련이었고 때로 매우 엄격하게 시행되었다. 축제는 시대에 뒤진 것이 되었고, 그리스도인들은 "단식할 때가 왔다!"고 판단했던 것이다. 예수님께서 제자들과 나눈 마지막 식사를 기념하는 성찬의 잔치는 점차 극도로 자제하는 의식으로 변했고, 매주 공동으로 거행하던 축하연은 결국 '의무의 날'로 알려지기에 이르렀다. 동정성童貞性의 이상과 후대에 서방 교회에 도입된 독신생활의 규율은 성생활을 엄격히 절제하도록 규정해 놓았다. 오늘날 그리스도인의 생활에서 우리는 축제와 단식의 리듬을 보다 깊이 인식하는 방향으로 돌아오고 있다. 축제와 단식은 축하해야 할 활력이며, 우리 일상생활에서 에로스의 중요한 발로가 된다.

축제를 맞아들이는 일[148]

　국가의 경축일은 그 나라의 달력을 아름답게 장식한다. 추수 감사 축제는 곤궁을 면하고 살아남았다는 것과 풍족함을 아울러 인식한다. 축제와 카니발은 인간의 정신이 이따금 충족감을 느낄 필요가 있다는 점을 입증한다. 축제 때 우리는 평소에 먹는 것보다 많이 먹는다. 먹는 일을 축하하는 것이다. 음식이 우리에게 영양을 공급해 주는 반면 축제는 우리 삶의 또 다른 측면인 공동체와 즐거움에 대한 굶주림을 충족시켜 준다. 축제가 없으면 우리 영혼은 굶주리게 된다.

　우리는 축하하고 감사하기 위해 축제를 지낸다. 그리고 축제의 좋은 점은 규율에 따라 치른다는 것이다. 우리는 초를 내오고 특별한 식탁보를 깔고 좋은 포도주를 내놓는다. 잔치는 느긋하게 진행되고 식탁에는 공들여 만든 음식들이 차려진다. 사랑하는 이들과 자리를 함께하는 것이 가장 큰 기쁨이기 때문에 혼자 축제를 지내는 일은 거의 없다. 축제는 흥청망청 마시고 떠드는 자리가 아니다. 그래서 음식이나 술이나 성행위에 자신을 내던지지 않는다. 진정한 축제는 우리에게 과도함을 피하라고 가르친다. 축제가 정신없는 분방함이나 지나치게 먹고 마시는 자리로 타락한다면 그것은 실패한 축제이다.

　그리스도교 전례는 경건한 축제의 표본을 제시한다. 우리는 색색의 의상과 깃발을 준비하고 분향과 노래를 더해서 즐거움과 슬픔을 조화

---

148 cf., Susan Cole et alii, *Wisdom's Feast* (New York, Rowman and Littlefield, 1997); Holly Whitecomb, *Feasting with God* (New York, Pilgrim Press, 1996).

롭게 경축한다. 다른 축제들도 그렇지만, 전례 거행은 그것이 그저 반복이나 공허한 몸짓으로 변형되지 않는다면 우리에게 중요한 진리를 알려 주는데, 축제가 공동체의 예술이지 사사로운 방종이 아니라는 점이다.

우리는 먹을 것과 마실 것만으로 축제를 지내지 않고 우리의 모든 감각을 동원해 축제를 지낸다. 교향곡을 듣고 오페라를 감상하는 일은 영혼을 위한 축제가 된다. 박물관에서는 다른 사람들이 창작한 예술품을 보며 우리 눈이 축제를 즐긴다. 그러나 우리는 바쁜 생활에 묶여 축제를 놓치기도 한다. 일과 걱정에 치여 그런 사치를 누릴 시간이 없다고 주장한다. 하지만 이런 자양분이 결핍되면 우리의 영은 시들기 시작한다.

축제는 성생활의 일부도 해당된다. 우리의 성애에서 축제를 지내는 것은 근본적인 본능을 표출하면서 그 이상을 축하하는 일이다. 성관계를 통해 우리는 즐거운 놀이를 함께하고 서로에게 감사한다. 상호 기쁨을 음미하면서 우리는 성관계가 생식이나 사사로운 기분 전환 이상의 역할을 한다는 사실을 깨닫는다. 음식이나 음료가 그렇듯이 성관계가 작위적으로 이용되고 쾌락이 남용될 때 축제는 타락한다는 것을 알게 된다. 우리의 성애에서도 축제는 극기와 과도함을 거부한다.

결혼하고 얼마 지나면 부부는 서글프게도 그들 성애의 축제에 새로운 규율이 생긴 것을 알게 된다. 아이들과 애완동물이 집 안을 채우고, 매일 할 일과 부수적 작업이 주간 계획을 차지한다. 부부는 함께 보낼 시간을 내려고 달력을 체크해야 한다. 신혼 초의 자연스러웠던 로맨스는 이제 '시간을 내서' 하는 사랑 행위가 되고 만다. 성적 떨림이 중년의 친밀감을 느끼는 새로운 리듬으로 바뀌는 것이다.

에로스의 삶에서 축제는 육체에 내맡기는 것이 아니다. 그리스 도인의 규율로서 축제는 창조의 선물에 호응하는 것이다. 우리가 정신적 상처를 안고 있다면 축제는 치유 훈련이 될 수 있다. 용기를 내고 격려를 받으면서 우리의 관능이 선한 것임을 서서히 다시 배운다. 음악을 듣거나 운동을 하고 혼자 조용한 시간을 보내면서 우리는 재창조에 시간을 할애한다. 특별한 음식을 마련해서 친구들과 나눈다. 정성 어린 마사지를 받으며 그 손길을 반긴다. 우리의 에로틱한 삶에서 축제를 즐기는 법을 배우며 쾌락은 존중해야 할 제자리로 돌아온다.

단식을 맞아들이는 일[149]

수많은 기쁨과 필요한 계율과 함께 축제는 에로스의 리듬을 이룬다. 이 에로스의 움직임은 단식으로 보완된다. 여러 세기 동안 단식은 색다른 훈련이어서 수도자와 종교 엘리트들을 위한 것이지 우리 같은 보통 사람들을 위한 것은 아니라고 여겨져 왔다. 그러나 오늘날 단식은 일상적인 단련으로 삶의 일부라고 인식한다.

현대에 와서 건강 단련의 하나로 단식이 재등장하면서 단식하는 동기가 대단히 다양해졌다. 단식은 이제 신체와 그 열정을 배척하는 의미를 띠거나 죄 있는 영혼을 벌주려는 욕구에서 하는 것이 아니다. 우리

---

[149] cf., Dag Tessore, *Fasting* (Hyde Park NY., New City Press, 2008); Thomas Ryan, *The Sacred Art of Fasting. Beginning to Practice* (New York, Sky Light Paths, 2005); Evelyn Whitehead – James Whitehead, *Wisdom of the Body. Making Sense of Our Sexuality* (New York, Crossroad, 2002).

는 단식으로 삶의 일상적 리듬을 중단하고 이때 일어나는 또 다른 갈망에 귀를 기울이게 된다.

단식은 정신을 집중하는 훈련이지 무엇을 박탈하는 것이 아니다. 우리 삶은 피할 수 없는 엄청난 의무와 재미있는 일로 가득 차 있다. 날마다 해야 할 일이 넘쳐난다. 그 자체로는 좋은 일들이지만 다른 희망과 꿈을 밀어낼 만큼 우리를 강요한다. 단식을 한다는 것은 우리가 홀대했을 가능성이 있는 일에 마음의 주파수를 맞추려고 바쁜 삶 가운데서 잠시 쉬는 것이다. 단식은 주의를 기울이는 연습을 하게 해서 우리 마음에 품고 있는 갈망을 더욱 분명하게 보도록 한다.

단식은 동양의 전통에서 오랫동안 중시되어 왔다. 서구 그리스도인들도 그것을 실행하면서 단식하는 기간이 우리에게 어떤 자양분을 주는지 알게 되었다. 생활의 일상적 리듬이 방해를 받지만 우리는 오히려 더욱 맑은 정신으로 깨어 있게 된다. 아마도 이것은 단식의 생리에서 기인하는 듯하다. 음식을 부족하게 섭취하면서 신체는 충격을 받고 경보를 발한다. 그러나 이 경보를 일단 무시하고 넘기면 몸과 정신에 느끼는 공복감을 음미하기에 이른다. 단식을 해 본 사람들은 감각이 더 예민해지고 정신은 더 집중되어 일상의 혼란스런 부담들이 사라지는 것 같다고 말한다.

단식을 하면서 우리 삶에서 더욱 의미 있는 '예!'를 지키기 위해 경험의 어떤 부분에서 우리는 '안 돼!'라고 말한다. 이런 일은 일상에서도 일어날 수 있다. 저녁에 집중해야 할 중요한 회의를 앞두고 있을 때는 저녁 식사에 으레 곁들이던 포도주 한 잔을 안 마신다. 또한 스포츠 중계를 보면서 주말을 보내다가 우리의 감각이 무뎌지고 가족을 제쳐 놓았다는 각성이 들면 텔레비전 시청을 더 유쾌한 일로 전환한다.

성생활에서도 단식은 일상적일 수 있다. 배우자가 출장 중이거나 투병 중일 때 우리는 사랑을 나누는 성생활을 절제하게 된다. 종교적 헌신을 위해 독신 생활을 받아들인 사람들은 성생활을 단절한 것이 그들의 삶을 순수한 우정으로 풍요롭게 만들고 음악, 예술, 아름다움을 감상하는 관능적인 기쁨으로 풍부해지는 혜택을 누리게 된다. '에로스는 악'이라는 믿음으로 인해 성적 접촉을 삼가는 일은 그리스도교다운 기강이 아니며, 창조계로부터의 불건전한 도피에 해당한다.

과중한 일과 그릇된 죄의식을 금하는 일도 우리에게 도움이 된다. 위험을 무릅쓰지 못하게 붙잡는 두려움과 불안도 단절해야 한다. 시기와 질투를 끊어 버리면 우리는 좀 더 이해심 많은 친구가 된다. 악을 피하거나 우리 자신을 부정하는 일보다 쉽게 잊어버리는 선을 인식하는 데 절제가 있다. 잠시 단식하는 일은 굶주리는 수많은 사람들을 다시 생각하게 하고, 그런 각성은 어려움에 처한 동료 인간들에게 가장 중요한 것으로 기여하겠다는 동기를 부여한다. 초대 교회에서 단식의 날은 공동체적 훈련이었다. 단식함으로써 신앙 공동체 전체가 불우한 사람들을 기억했다. 불우한 사람들의 단식은 그들이 선택한 것이 아니며 또 끊임없이 이어지고 있는 까닭이다. 이렇게 해서 단식은 동정심과 정의와 결부된다. 그러므로 단식의 규정은 축제의 규정처럼 공적 훈련이므로 개인적 수련이어서는 안 된다.

다른 단식이 우리를 기다린다. 우정에 금이 가거나 사랑하는 사람이 세상을 떠나면 우리는 그들과 누리던 관계의 은총을 빼앗긴다. 상실을 애도하는 동안 우리의 단식은 슬픔이라는 얼굴을 하지만, 슬픔에서도 우리는 단식과 축제의 리듬을 간파할 수 있다. 몇 해 전에 가까운 친구가 마흔다섯 나이에 암으로 세상을 떠났다. 많은 친구들이 말할 수 없는 슬픔에 잠겼다. 그 친구의 사랑스러운 현존을 빼앗긴 것이다. 아름다운 우정으로 아로새겨진 축제는 이제 끝이 났다.

    몇 주 후에 비석을 세우기 위해 친구들이 그녀의 묘지에 모였다. 잠시 기도를 바친 다음 친구 여럿이 그녀가 살던 집으로 갔고 애도하는 분위기에서 조용조용 대화가 이어졌다. 그리고 1주기를 맞은 이듬해에 우리와 삶을 함께했던 그녀를 추모하기 위해 다시 모인 우리는 그때까지도 그녀의 힘들었던 투병과 마지막 고통을 기억하고 있었지만 이번에는 포도주와 그녀가 평소 좋아하던 몇 가지 음식을 마련하고 감사하는 시간을 가질 수 있었다. 그 특별한 친구를 알고 사랑했다는 것이 특전이었다고 감사하는 축제를 열었던 것이다. 단절은 끝나가고 축제가 다시 시작되었다.

    다이어트든 일의 흐름에서든 또는 애정 생활에서든 단식이라는 영적 수련은 우리가 선택한 것일 경우가 많다. 그러나 잘못된 단식이 우리 삶에 침투할 수 있다. 소심하거나 부끄러움 때문에 친근한 관계를 피하면서 생생한 삶으로 이끄는 접촉에 거리를 두게 되는 수가 있다. 활력이나 즐거움을 등지고 원치 않는 우울한 단식으로 빠질 수도 있다. 날씬함을 숭상하는 풍조는 무수한 젊은 여성들을 과도한 다이어트로 내몰고 불규칙한 식사 등 몸을 학대하는 길로 이끈다. 중독성 습관은 축제와 단식의 잔인한 패러디이다. 중독자는 삶의 고통스런 부분을 피해 즐거움을 얻고자 음식이나 약품, 성행위 등에 탐닉한다. 수치와 가책이 쌓이면 끊겠다는 맹세도 한다. 절대로 알코올을 입에 대지 않겠다고 과식하지 않겠다고 포르노 사이트에 들어가지 않겠다고 맹세한다. 일종의 단식을 결심한 것인데 그것이 오래가지 않는다. 중독의 악순환이 되돌아오고, 에로스의 활기찬 리듬을 흉내 내는 데서 그치고 만다.

축제와 단식의 리듬을 존중하는 것은 고상한 습관으로 결실을 맺는다. 그리스도교 전통에서 덕德으로 규정한 이런 습관은 우리 마음의 움직임과 친숙해지면서 위력을 갖게 된다. 우리에게 적절한 축제와 단식의 리듬을 찾아내면서 우리는 정결의 덕을 갖추게 된다. 그리스도인에게 정결은 성적 금욕에 관한 것이 아니라, 각자의 소명에 적합한 쾌락과 절제를 융합하고 친밀과 고독을 융합하는 데서 표현된다. 정결은 우리 자신의 몸에 대한 존경을 포함한다. 이 존경심은 불건전한 과도함이나 신심 없는 단식으로 육신을 학대하지 않도록 한다. 정결을 갖춤으로써 우리는 타인의 몸에도 같은 존경심을 품는다. 이런 존경심에서 에로스와 그레이스의 포옹으로 쾌락과 책임이 만난다.

성찰

기억에 남는 어떤 축제는 오래 전부터 잘 계획하면서 기다리게 된다. 그러나 어떤 축제는 계획에도 없이 갑자기 지내게 되어 우리에게 놀라움을 선사한다. 삶에서 축하와 기쁨, 축하연과 즐거운 시간을 보낸 최근의 축제를 돌이켜 본다.
- 잠시 시간을 내서 그런 축제의 은총을 음미해 본다. 그리고 그 기억들이 자신을 이끌어 감사의 기도를 올리도록 한다.

자신이 경험한 단식을 회상해 본다. 자신의 의지로 선택한 단식과 상실의 시기에 어쩔 수 없이 겪은 단식을 떠올려 본다. 그런 단식 중에 의미 깊은 기억을 찾아보고 지금 자신에게 주는 의미를 헤아려 본다.
- 그 단식에서 가장 도전적인 요소는 무엇이었는가?
- 그 단식이 자신의 삶에 어떤 도움이 되었는가?

이제 최근 경험한 축제와 단식의 리듬을 성찰해 본다.
- 현재 느끼는 리듬이 만족스러운가?
- 그렇지 않다면 지금 자신의 삶에서 축제와 단식의 균형을 유지하기 위해 할 수 있는 일은 무엇인가?

16. 에로스의 그늘
생명의 에너지가 길을 잃을 때

"에로스가 인간에게 단순히 순간적인 쾌락만을 주는 것이 아니라 우리의 온 존재가 열망하는 더없는 행복의 전조가 되려면 에로스는 절제되고 정화되어야 합니다."[150]

에로스는 격정적이어서 때로 통제하기 어렵다. 우리에게 로맨스와 사랑을 일깨우고, '우리 온 존재가 열망하는 더없는 행복'을 갈망하도록 우리를 북돋우는 에로스가 때로 난잡함과 방종과 난폭함으로 폭발할 수도 있다. 이 생명 에너지는 풍요로운 삶을 향한 열망에서 소유하려는 욕구로 미끄러지면서 후회를 가져오기도 한다. 에로스의 양면성, 창조성과 파괴력이 함께 잠재한 이 양면성은 그것이 조심해서 가다듬어야 할 에너지임을 뜻한다. 이런 조심성은 우리에게 너무 열정적이 되지 말라는 것이 아니라, 우리의 정열을 더 고결한 방식으로 가다듬는 데 목표가 있다. 다듬어지지 않으면 에로스는 우리의 가장 심원한 열망을 좌절시키고 소용돌이치며 어두운 통로로 쉽게 내려가 버린다.

어느 문화에서나 에로스는 화가, 시인, 음악가 같은 예술가들의

---

[150] 교황 베네딕토 16세, 회칙 「하느님은 사랑이십니다」(2005) 5항.

삶에서 극적으로 타오른다. 이들 저명한 반항아는 우리 일상생활의 영역을 넘어선 극단에서 에로스를 포옹한다. 그들이 가진 매력의 일부는, 특히 젊은이들에게 그 매력은 과도함에서 비롯한다. 에너지를 낭비하며 무모한 모험에 뛰어들면서 이 재능 있는 생명들은 짧은 기간 활활 불타오르고 흔히 곧 사그라진다. 에로스의 어두운 측면인 이 극단은 우리에게 강한 흥미와 동시에 경계할 것을 알린다.

또 다른 극단에서 사람들은 조심스럽게 삶에 접근한다. 자신의 열망을 확신하지 못하거나 어쩌면 자신이 지닌 에너지에 지레 겁을 먹고 위험을 무릅쓰거나 새로운 가능성에 참여하기를 주저하면서 가장자리에서 서성거린다. 이 양 극단에서는 에로스가 다듬어지지 않고, 여기서 우리는 에로스의 어두운 면을 본다.[151]

호기심의 에로스, 그 함양과 그늘

인생 초기에 에로스는 의욕적이지만 미숙한 충동처럼 모습을 드러낸다. 호기심은 에로스가 가장 활기차게 표현된 것 가운데 하나이다. 유아들은 눈에 들어오는 것에 전부 끌리고 손이 닿는 것은 무엇이든 잡으려고 한다. 강아지들도 이와 같은 활달한 관심을 보이는데, 평생 그렇지만 보는 것마다 코를 대고 킁킁거린다. 아이를 교육시키고 강아지를 훈련해서 우리는 이 생명 에너지를 양성하고 방향을 잡아 준다.

---

151 cf., Paul Ricoeur, "Wonder, Eroticism, and Enigma," *Cross Currents* (1964 Spring), 133–141.

호기심의 에로스는 특히 십대들에게서 잘 나타난다. 성숙하는 자신의 신체에 새로이 관심을 갖고 주변 사람들의 성적 매력에 자극을 받는다. 이 호기심은 청소년이 자기 몰입에서 벗어나게 만드는 충동의 일부이다. 열중하고 로맨스에 빠지는 것은 호기심의 에로스에서 자라며, 로맨스는 애정으로 피어나 헌신적 사랑, 결실을 맺는 사랑으로 끌어간다.

청년에게 직업 선택과 인생의 가치를 실험하도록 활력을 공급하는 것도 호기심의 에너지이다. 호기심은 우리를 매료해서 "과학자가 될까? 아니면 댄서? 정치가? 교사?" 하는 시험적 선택으로 우리를 이끌어, 그 선택이 언젠가 가치 있는 직업이나 보람 있는 소명으로 성취될 것이다. 함양 과정을 통해 호기심이라는 생명 에너지는 어른으로 살아가는 일생에 잘 연마된 자원이 된다.

호기심이 어떤 가치와 융합하지 못한 채로 남으면 '무익한 호기심'으로 전락하기 쉽다. 이렇게 되면 이것저것 무작위로 표본적인 삶을 끊임없이 시도해 보지만 어디에도 정착하지 못한다. 항구성 있는 중심점과 연결되지 못하는 호기심을 그저 흥미를 찾아 옮겨 다니면서 적은 만족을 얻을 뿐 결실을 내지 못한다.

미국 문화에서 '유명인 주시하기'는 무익한 호기심의 주된 행태이다. 타블로이드판 신문과 인터넷상의 루머는 이런 소일거리에 할애되어 있다. 이런 것은 미국인들이 '잘 알고 있다'는 것에 얼마나 열광하는지 보여 주는 증거이다. 관음증은 중독되기 쉬운 무익한 호기심의 변종이다. 어떤 사람이 다른 사람들의 활동을 열심히 지켜본다. 거리를 두고 뚫어지게 응시하는 이 관찰자는 관계를 맺거나 실제 마주할 위험 없이 안전하다. 가십은 무익한 호기심의 단골 메뉴이다. 스프링클러를 돌리듯이, 인터넷상에 권위 있는 자들의 몰락이나 동료들의 무분별한 언행에 관한 이야기를 퍼뜨리기도 한다. 우리 호기심을 자극하는 조각 정보들을 교환하기도 한다. 그러나 이런 열광은 아무에게도 이득이 되지 않는다. 에로스가 길을 잃은 것이다.

포르노는 불모의 열광으로 호기심을 무익하게 하는 전형이다. 포르노에서 우리는 아우구스티누스의 유명한 글귀처럼 '만족할 줄 모르는 것을 만족시키려는' 희망을 가진, 중독성을 지닌 에로스의 얼굴을 본다. 그러나 자극이 만족을 주지 못한다. 포르노는 지속되는 접촉이 차단된 자극을 얻으려고 애쓴다. 건전한 에로스의 테두리가 무너지고 만족이라고는 찾을 수 없다.

호기심의 에로스는 이와 또 다른 그림자를 만들기도 한다. 어떤 아이들은 자라면서 안전한 거리를 두고 세상을 보라는 지나친 조심성을 배우게 된다. 그래서 점차 조심성이 호기심을 몰아낸다. 게리슨 케일러[152]는 자신이 성장한 종교적 배경으로 생겨난 조심성을 두고 한탄한다. "나는 잃어버리는 것을 두려워하도록 배웠다. 그것이 호기심과 발견의 즐거움을 죽여 버렸다. 낯선 도시에 가면 나는 길을 잃을까 두려워하면서 길 이름을 외우고 현재 있는 곳을 정확히 알아둔다. 빛나도록 아름다운 풍경 속에서도 나는 호텔로 돌아가는 길을 머릿속에 그리느라 바쁘다."

우울한 시기에 호기심의 에로스는 꺾인다. 깊은 우울증에 빠지

---

[152] cf., Garrison Keillor, *Lake Wobegon Days* (New York, Viking, 1985).

면 소중한 인간관계도, 좋아하는 활동도, 멋진 가능성도 우리 관심을 끌지 못한다. 호기심의 에로스가 사라진 것이다.

감상에 젖은 동정심

동정심도 에로스의 어두운 그늘 아래 갇힐 수 있다. 중국의 현인 맹자는 동정심은 인간 본성에 본질이 되는 요소라고 간주했다. 타인의 불행을 의식하면 사람의 마음에 자발적 관심이 점화된다는 것이다. 우리는 상喪을 당한 사람이나 불우한 사람들에게 마음이 움직여 어떻게든 도움과 위안을 주려고 한다. 그러나 여기에도 어둔 그늘이 드리운다. 동정심을 일으키는 자연적 경향이 때로는 쓸모없는 감상주의에 머물기도 한다. 이때 우리는 안전한 영역에서 마치 멜로드라마를 보듯이 인생을 관조하는 데 그친다. 슬픈 장면마다 울고 또 울다가 눈물을 닦고는 자기 관심사로 돌아가 버린다. 우리의 감정적 반응인 동정의 에로스는 우리를 행동하도록 움직이지 않는다. 눈물을 흘리지만 행동은 하지 않는 것이다. 우리 마음이 잠시 슬픔으로 가득 찰 뿐 실천적 행동이 따르지 않는다. 우리 눈물은 세상에 변화를 가져오지 않는다. 동정심이 일어났으나 고귀한 보살핌으로 이어지는 길을 열지 못하고 감상주의의 막다른 골목에서 멈춘다. 이것도 에로스의 어두운 그늘이다.

쾌락과 그 그림자

쾌감의 경험은 짧지만 강렬하다. 터치의 희열이나 좋은 음식의 맛은 짜릿한 떨림과 깊은 감미로움을 주지만 짧게 끝난다. 강렬하지만 곧 사라져 버리는 이 감각적 쾌락을 우리는 어떻게 발전시킬 수 있는가? 이 에로스 체험을 축하하고 양성할 수 있는 길은 무엇일까?

감각적 기쁨은 쾌락으로는 만족할 수 없는 열망을 낳곤 한다. 외로울 때 따뜻한 포옹은 영원히 안겨 있고 싶다는 열망을 일으키지만 그것은 연인이 만족시켜 줄 수 없는 소망이다. 신체적 쾌락은 우리에게서 열망과 꿈을 불러일으키는데 그것을 충족시키기에는 감각의 능력이 부족하다. 쾌락의 강렬하지만 순간적인 속성이 곧 환상이나 기만적이라는 뜻은 아니다. 쾌락의 선물이 얼마나 부서지기 쉬운지를 우리에게 일깨울 따름이다.

쾌락은 우리를 창조계에 존재하게 만든다. 그렇지만 삶에서 부딪치는 난관에서 잠시 벗어나기 위해 쾌락이 동원되는 수도 있다. 시련을 겪을 때 우리는 음식, 알코올, 성행위 등에 몰두하게 되는데, 거기서 오는 즐거움이 고통을 완화해 주리라는 기대 때문이다. 하지만 그것은 강렬하게 그러나 잠깐일 뿐이다. 그래서 여전히 고통에 맞서지 못한 채 우리를 구해 줄 쾌락으로 다시 돌아가게 된다. 이것이 중독의 시나리오이다.

그런 것에 중독되면 자신을 고통에서 부재하게 만드느라 쾌락을 불러 모은다. 그 즐거움으로 돌아가는데, 우리 삶을 살기 위해서 도움을 받으려는 것이 아니라 단지 고통에서 빠져나가려고 그러는 것이다. 그리고 피할 수 없이 고통이 되돌아온다. 위안을 얻으려고, 기억을 잊기 위해 짧은 순간이나마 넘치는 자원, 곧 음식, 알코올, 마약, 성행위로 머리를 돌리게 된다. 부질없이 망각을 찾아 헤매면서 그런 부담을 감각적 즐거움으로 지우고 나면 진정한 쾌락이 우리 삶에서 사라져 버린다. 시인 도널드 호올 Donald Hall 은 중독과 벌인 자신의 투쟁을 이렇게 묘사한다. "알코올에 의한 자가 치료는 / 일시적 위안이 되었다. / 그것은 치명적인 짧은 휴가였고 / 죽음의 전조였다." 영성은 현존에 관한 것이며, 중독은 부재와 관련된 것이다.

중독은 즐거움과 관련이 없다. 충동적으로 음식을 먹고 수시로 과음을 하고 난잡하게 성행위에 몰두하는 사람의 얼굴에는 미소가 없다. 데이비드 무라[153]는 자신이 겪은 성행위 중독에 관한 글에서 쾌락의 확실한 부재를 이렇게 적었다. "중독된 사람의 내면에는 흔히 즐거움이라는 낱말을 배우지 못한 소년이 자리 잡고 있다. 즐거움이란 말은 그의 혀에 얹혀 있는 돌멩이처럼 딱딱하고 맛이 없고 삼킬 수도 없다. …소년의 삶에 성행위가 들어왔을 때 그 즐거움에 이름을 붙일 낱말이 없었다." 중독에 빠진 여성들을 위해 주로 활동해 온 치료사 마리언 우드맨 [154]의 말에는 부재라는 주제가 울려 나온다. "중독은 몸에 있지 않다. 그래서 몸이 괴로워한다. 그의 몸은 '사람이 살지 않는 집'이다. 굶주리고 있다는 고통스런 감각이 거기에서 나온다."

쾌락은 우리를 자신의 삶에 현존하게 하거나 삶이 요구하는 것에서 일시적으로 부재하게 만들 수 있다. 쾌락의 에로스는 기쁨과 만족으로 통하는 길을 열어 준다. 엄청난 스트레스를 받는 때에 쾌락이 우리

---

153 David Mura, *A Male Grief. Notes on Pornography and Addiction* (Minneapolis MN., Milkwood Editions, 1987), p.19.

154 Marion Woodman, "Worshipping Illusions. An Interview with Marion Woodman." *Parabola* (1987,5), 56–67.

를 중독과 파멸에 이르는 우회로로 데려갈 수 있다. 현존은 우리 삶을 축복하는 감각적 즐거움의 범위가 어디까지인지 주의를 기울이게 만들고, 해로움과 위험의 신호를 보내는 고통에 대해서도 조심하게 만든다. 고통 안에 현존하는 것이 마조히즘은 아니다. 우리 불행에 주의를 기울임은 치유를 위한 방법과 상실을 존중하는 예식으로 우리를 이끌 수 있다. 우리는 참을 수 없는 고통이나 어쩔 줄 모르는 쾌락에서 부재할 것이 아니라 삶의 충만한 신비에 현존하라는 부름을 받고 있다.

에로티시즘의 그늘[155]

다정함은 에로스로 발전하고 서로를 만족스럽게 하는 쾌락과 헌신적 사랑 안에서 완성을 이룬다. 폴 리쾨르[156]는 "다정함은 맹목적 충동의 힘에서 방출된 성적 에너지이다. 그것은 인격화한 성애이다."라고 말한다. 에로티시즘, 즉 인격적 친교와 상호성이 없는 채 쾌락을 추구하는 끊임없는 열망은 에로스의 그늘로 나타난다. 에로티시즘이 다정함을 대신하면 "쾌락에 대한 이기적 탐욕이 상호 교류를 제압하고 만다."
　　에로스의 생명 에너지는 성애보다 훨씬 많은 영향을 끼친다. 에로스는 우리의 감정, 노동 생활, 사회적 참여를 활성화한다. 에로스가

---

155 Laurent Parks Daloz, *Common Fire. Leading Lives of Commitment in a Complex World* (Boston, Beacon Press, 1996); Roland J. Sider, *Rich Christians in an Age of Hunger* (New York, thomas Nelson, 2005); Joseph Nangle, *Engaged Spirituality. Faith Life in the Heart of the Empire* (Maryknoll NY., Orbis Books, 2008).

156 Paul Ricoeur, "Wonder, Eroticism, and Enigma." *Cross Currents* (1964 Spring), 133–141.

우리를 움직여 활발한 접촉을 향하게 하며 우리가 사는 세상에 고귀한 이바지를 하고 싶은 열망에 불을 지핀다. 인격적 성숙과 사회 복지는 에로스가 그 모든 영역에서 발휘하는 역할에 달려 있다.

노동은 우리에게 목적과 의미를 갖게 한다. 아름다운 것이나 유용한 것을 창조함으로써 삶에 깊은 의미를 더하고, 가치 있는 봉사를 함으로써 우리의 사회 참여를 확실히 한다. 하루하루의 노동에서 의미가 결여될 때 우리 삶에서 생명력이 빠져나간다. 매일 따분한 일을 하러 가지만 에로스가 우리와 동행하지 않는다.

사람들이 인격적 가치와 자신의 일이 갖는 사회적 중요성을 느끼지 못하면 다른 데서 관계와 즐거움을 찾게 된다. 많은 성인들은, 아이들이 자라 성인이 되고 그들 가정을 갖게 될 때 이 확대된 가족 관계 안에서 활력적 관계를 찾는다. 어떤 사람들은 자원봉사 활동에 참여하고 여가 활동이나 여행에 몰두하면서 다시 호기심의 에로스와 결속한다. 그러나 우리 문화권에서는 많은 사람들이 에로티시즘에 눈을 돌려 노동의 무의미함을 잠시 잊게 하는 성적 쾌락을 추구한다.

그와 유사한 에로스의 그늘이 일터에서처럼 시민 생활에도 드리울 수 있다. 시민 생활에서 사람들은 관계를 맺고 있다는 느낌, 자신이 중요한 사람이라는 느낌을 갖고 싶어 한다. 정치가들이 부정부패를 자행하고 편파적으로 움직이는 것처럼 보이면 시민들의 참여는 의미를 잃고 이 순수한 개인적 참여를 봉쇄해 버릴 때 사사로운 보상이 증식하게 마련이다.

삶의 어떤 분야가 몹시 불만스러울 때 다른 영역에서, 비록 성적 일탈일지라도 기분 전환과 즐거움을 얻으려고 하는 것이 에로티시즘이다. 직장이나 공적인 분야에서 쫓겨나면 에로스는 포르노나 매춘이라는 순간적 만족에서 보상책을 찾는다. 인터넷에 포르노사이트가 폭발적으로 증가하는 현상은 사생활에서 이런 에로티시즘이 증대되고 있음을 입증한다. 하지만 에로티시즘은 성행위가 채워 줄 수 있는 것보다 더 많은 것을 성행위에 요구한다.

만족을 모르는 소비주의[157]

"우리의 도시와 우리의 영혼은 경제의 힘으로 형태를 갖춘다. … 우리 욕망은 끊임없는 자극과 사회 가치로 포화 상태에 있다."[158]

우리는 포화 상태에 이른 욕망 한가운데서 살아간다. '꼭 봐야 할' 연예 프로, '반드시 있어야 하는 물건', 돈과 특권으로 규정되는 '유명세 숭배'가 그 대상이다. 번영하는 경제에서는 언제나 살 것들이 있는 법이다. 시장은 신제품을 내놓고, 우리가 이미 가진 것과 완전히 다르다며 '새로운 버전'을 내놓는다. 이런 재화를 구입하려면 더 오래 일해야 한다. 일하는 시간이 늘어나면서 육아, 잔디 가꾸기, 심지어 장 보는 일마저 남에게 맡긴다. 결국 그 비용을 대느라 더 긴 시간 일할 필요가 생

---

[157] cf., Benjamin Barber, *Consumed. How Markets Corrupt* (New York, Norton, 2007); Kenneth Himes, "Consumerism and Christian Ethics." *Theological Studies* 68(2007), 132-153.; Leigh Schmidt, "Practices of Exchange. From Market Culture to Gift Economy in the Interpretation of American Religion." in David Hall ed., *Lived Religion* (Princeton NJ., Princeton Univ. Press, 1997), pp.69-91.

[158] William Schweiker - C. Mathewes eds., *Having. Property and Possessions in Religious and Social Life* (Grand Rapids MI., Eerdsman, 2004), p.110.

겨난다.

미국인들은 경제적으로 나아지면서 여가와 숙면을 취할 시간이 줄었다. 미국은 저축률을 마이너스로 유지하고 있다. 각종 청구서, 임대료, 교육비, 건강 관리비 때문에 우리는 저축이 어렵다고 본다. 시장은 '충분한 상태'의 기준점을 제시하지 않는다. 넉넉할 만큼 충분한 때는 언제일까? '좀 더'를 멈추고 가진 것만으로 만족할 시점은 언제인가? 신학자 슈바이커[159]는 이렇게 묻는다. "이 세상과 우리 삶의 형태를 만드는 세력을 간파하고 변혁시키려는 시도를 우리가 포기해야 하는가?"

그리스도교 가치관마저도 소비주의에 강탈당할 수 있다. 생명을 넘치게 누리고 싶다는 성경의 이념(요한 10,10 참조)이 더 많이 소유하려는 끝없는 욕구로 변질되고 있다. 언제나 영적 탐구의 표지로 통하던 거룩한 불안이 끝없는 부富와 지위를 향한 추구로 변모하고 있다. 이런 목표를 추구하는 길은 우리를 만족으로 이끌지 못한다. 그런 풍토에서는 정의 문제, 사회적 혜택에서 제외된 사람들의 어려운 상황, 공동선을 위한 희생에 대해서 성찰할 여지가 거의 없다. 자신의 삶에 바쁘고 과중한 일에 지친 우리는 그런 문제를 깊이 생각할 여유가 별로 없다.

그렇다면 어떻게 소비문화의 그늘에서 벗어날 수 있을까? 고대의 종교적 이념, 즉 소박한 여유로 만족하기, 환경을 생각하는 덕목인 검소함, 필요하거나 정당한 소유 이상을 탐하지 않기 등은 소비를 선동하는 문화 전쟁에서 얇으나마 갑옷이 되어 준다. 문화적으로 포화 상태인 욕심과 인간의 심원한 욕망을 어떻게 구분할 수 있을까? 톰 보드윈

[159] 같은 책 참조.

160의 말처럼 우리가 사들이는 소유물 what we buy과 우리가 누구냐는 본질 who we are을 어떻게 통합할 것인가?

웬디 페얼리161는 인간 욕망과 신앙 유산 사이의 연결을 추적하면서 이런 희망을 제시한다. "신앙 전통은 우리에게 이 욕망에 관해 함께 이야기를 나눌 수 있게 하고 이 욕망을 좀 더 진지하게 삶에 옮기는 방법을 찾아낼 수 있게 한다. 이런 신앙 전통이 없었다면 욕망은 엄청난 힘으로 날아가지만 방향을 잃은 화살과 같을 것이다." 솔직한 대화가 아직도 가능한 작은 신앙 공동체, 활기찬 본당의 모임에서 우리의 희망을 보게 된다. 거기라면 우리의 가장 심원한 욕망과 사방에서 우리를 옭죄는 '포화 상태의 욕망'에 관해서 '함께 이야기를 나눌 수' 있을 것이다.

색욕, 성적 착취, 중독 등 우리가 잘 아는 에로스의 죄목이 우리 세상에 어두운 그늘을 드리우고 있다. 그러나 신학자 피터 블랙162은 우리가 모색할 것은 에로스의 죄목만 아니라 에로스를 거스르는 죄목까지 탐구해야 한다고 제시한다. 에로스의 죄목만 생각하는 것은 이 생명 에너지를 성행위로 축소하는 것과 마찬가지다. 하지만 에로스를 거스르는 죄목들(창조주가 세상에 주입한 생명의 에너지를 감소시키거나 좌절시키는 행위들)도 성찰하다 보면 우리의 시야는 넓어진다. 블랙은 "에로스를 거스르

---

160 cf., Tom Beaudoin, *Consuming Faith. Integrating Who We Are With What We Buy* (Chicago: Sheed and Ward, 2004).

161 cf., Wendy Farley, *Eros for the Other* (University Park PA., Penn State Univ. Press, 1996); Eadem, *The Wounding and Healing of Desire* (Louisville KY., Westminster John Knox Press, 2005).

162 Peter Black, "The Broken Wings of Eros. Christian Ethics and the Denial of Desire," *Theological Studies* 64(2003), 106-26.

는 큰 죄들은 정의를 거스르는, 즉 올바른 인간관계를 거스르는 죄들이다."라고 주장한다. 제도적 불의와 동정을 막는 우리 마음의 완고함 등이 에로스를 거스르는 가장 큰 죄악이다.

모든 문화, 각각의 신앙 유산들이 에로스의 에너지를 양성화하려고 시도한다. 계도되지 않으면 성적 매력, 열정적 욕망, 열렬한 호기심은 우리를 어두운 길로 끌어간다. 우리의 열의를 경시할 것이 아니라 그것이 향하는 곳을 찾아서 결실을 맺게 하는 것을 목표로 삼아야 한다.

성찰

자신의 사회 경험, 즉 이웃, 더 넓게는 시민 공동체, 국민으로서의 삶 등에 영향을 끼치는 중대한 '에로스의 그늘'을 확인해 본다. 그것은 이 장에서 다룬 동력 가운데 하나일 수 있다. 유명 인사, 명예, 에로티시즘, 포르노, 소비주의, 탐욕에의 몰두나 또 다른 파괴적인 사회 세력일 수도 있다.

- 이 부정적 에너지의 주요 원천(혹은 지지 세력, 자신의 지역 사회에서 작동하는 에로스의 그늘)이 무엇이라고 보는가?
- 종교 제도에 핵심적 믿음이나 도덕적 견해, 구성원들의 삶이 보여 주는 증언 등 에로스의 그늘에 대응할 만한 자원이 있다고 인식하는가?
- 에로스의 그늘에 도전하고 변화시키기 위해서 자신이 속한 신앙 공동체 구성원들이 실천할 수 있는 일은 무엇이겠는가?

결론
선물의 에로스

너희가 받은 선물은 너희도 선물로 주어라.
– 마태 10,8 참조

우리 이야기는 에로스에서 시작한다. 에로스는 우리를 살아가도록 자극하고 결실이 풍성한 친교로 끌어당기는 생명 에너지다. 우리의 에로스 생활은 성애와 그 이상의 많은 것을 포함하는데, 동정심과 호기심에 생기를 주고 경이감과 상상력을 불러일으킨다. 이 모든 역할로 에로스는 고결하고 만족한 삶으로 우리를 이끌어 간다.

그레이스, 즉 은총은 하느님의 마음에 그리고 서로 마음에 드는 길을 찾는 것을 말한다. 이 길은 우리가 축복받고 있다는 것을 알아 가는 놀라운 길이다. 로마인들에게 보낸 편지에서 바오로는 하느님의 은총이 거저 받는 선물이라고 반복해 말한다. 모든 '선하고 완전한 선물'의 원천이 되는 이 축복은 우리가 벌어들이는 것이 아니다. 애정이 담긴 선물과 감사하는 몸짓은 우리 삶을 변하게 하고 풍요로움으로 채워 준다.

친구 생일날 저녁 초대를 받아 가는 길에 꽃집에 들른다. 진열된 꽃 중에서 백합 한 다발을 골라 값을 치르고 가게를 나온다. 친구의 아파트에 도착해서 꽃을 건넨다. 친구는 눈을 빛내며 가슴에 한 손을 얹고 환하게 미소를 짓는다. 그녀의 감동적인 반응은 내 안에도 같은 감동의 물결을 일으킨다. 그녀가 기뻐하자 나도 기쁘다. 이 단순한 몸짓에서 우리는 선물의 신비로운 에로스를 엿본다.

내가 고르기 전에 꽃집의 꽃은 그저 팔리기를 기다리는 상품에 지나지 않았지만 내가 그것을 구입하면서 꽃은 새로운 의미를 갖게 되었다. 나의 의도가 상품을 선물로 변화시킨 것이다. 중국어는 이런 변화를 잘 표현한다. 단순한 '물건'物이 선택이라는 의도적 '행동'禮에 의해서 달라져 '예물'禮物이 된다. '선물하기'의 연금술에서 일상적인 사물이 다른 무엇으로, 그 이상의 무엇으로 변한다.

선물은 무절제한 창조를 상징한다. 소유물은 구입해서 쌓아 두고 보관하는 반면 선물은 획득과 손해라는 계산을 벗어난다. 사랑에 빠지면 우리는 연인에게 무절제하게 선물을 한다. 우리가 건넬 선물에서 조심스레 가격표를 떼어 내는데, 이것은 주고받는 것이 '돈의 문제가 아니라는' 표시다. 시장에서 통하는 타산적인 가격을 정하는 상품과 달리 선물의 가치는 풍요로운 세계를 가리킨다. 애정과 관심을 주고받는 것은 선물의 원천이 무진장함을 의미한다.

풍족한 선물[163]

---

[163] cf., Lewis Hyde, *The Gift. Imagination and the Erotic Life of Property* (New York, Random House, 1983); Riane Eisler, *The Real Wealth of Nations. Creating a Caring Economics* (San Francisco, Berrett-Koehler, 2007).

"만족이라는 것은 채워짐에서만 오지 않고 다하지 않을 흐름으로 채워짐에서 온다. 사랑에서는 선물을 받고 느끼는 만족감이 우리를 안심시킨다. 선물을 이용해 (우리가 바라는 만족감을) 충만하게 해 주리라는 것을 담보해 준다는 점을 우리가 알기 때문이다."

루이스 하이드는 「선물」이라는 책에서 선물의 세 가지 성격을 고찰한다. 첫째, 선물은 획득하거나 성취하는 것이라기보다 부여된 것이다. 선물은 노력하지 않고 얻어지는, 알 수 없는 유산으로 우리에게 온다. 음악, 수학, 추리 소설을 쓰는 재주 등의 재능을 발견했을 때 나는 깜짝 놀랐다. 그리고 그 근원이 무엇인지 궁금했다. 그런 능력을 예견한 적도 언제쯤 드러날 것인지도 알지 못했다. 그냥 어떤 기회에 나타난 이 재능은 아마도 나 자신을 넘어선 어떤 근원에서 온 것 같다. 하이드는 이 점을 지적했다. "선물의 순환은 신체가 아닌 우리의 영적 측면에 자양분을 준다. 이 광범위한 영의 측면은 우리의 일부이면서 '우리 것'은 아니다. 그것은 우리에게 부여된 천부의 자질이다."

선물의 두 번째 특성은 역설적이다. 우리가 받은 선물은 남에게 주어야 하는 것이다. 우리가 받은 것은 개인적 유익만을 위한 것이 아니다. 우리에게 부여된 축복(재능, 지식, 부유함)은 우리 것인 양 순환에서 제외하거나 재어 놓는 것이 아니다. 그 대신 이런 선물은 다른 이에게 건네야 한다. 하이드의 말처럼 "선물은 언제나 움직여야 한다." 아무도 내 노래를 못 듣는다면 노래를 잘하는 내 재능이 무슨 소용인가? 지식을 남들과 나누지 않는다면 훌륭한 학자라는 게 무슨 의미가 있는가? 나만의 즐거움으로 간직한 선물은 시들기 시작한다. 순환되지 못하면 선물은 생명력을 잃는다. 하이드가 눈여겨보았듯이, "남에게 건네지지 못한 선물은 선물이기를 그만 둔 것이다. 선물의 영은 지속적인 기부를 통해서 생명을 유지한다."

세 번째 특징은 더욱 흥미롭다. 선물을 주는 것 자체가 만족을 가져오는 상실을 만들어 낸다. 하이드는 이렇게 썼다. "선물은 소멸해 가는 소유이다. 우리의 선물이 내 손에서 사라지면서 우리의 허기도 사라지는 품위 있는 소멸이다." 꽃을 선물하면서 나는 아름다운 것을 친구에게 건네준다. 그 몸짓으로 나는 조금 전까지 소유했던 것을 잃었다. 내가 적지 않은 돈을 주고 산 그 꽃은 더 이상 내 것이 아니다. 그럼에도 이 상실이 깊은 만족을 준다. 기뻐하는 친구의가 미소를 보고 보상을 받은 기분 그 이상이 된다. 지식의 선물을 나눌 때에도 이와 같은 역동성이 발생한다. 교사는 학생들에게 지식을 '건네준다.' 하지만 전해진 지식은 상실이 아니라 증식이 된다. 학생들의 지식 증가는 교사의 증대되는 만족감과 상응한다.

감사와 관대함

진심 어린 선물은 관심을 받고 있다는 기쁨과 만족감까지 가져다준다. 그런 선물은 우리가 사는 이 세상에 신비롭고 고갈되지 않는 풍요로움이 있다는 사실을 일깨운다. 그리고 우리가 관대함으로 세상의 그 풍요로움에 더할 능력이 있다는 것도 깨닫게 만든다. 여기서는 흥미로운 경제 논리가 작용한다. 우리가 가진 것에 매달릴 필요가 없다는 것이다. 선물을 주는 것이 나 자신의 삶을 더 확장하고 더 부유하게 만들기 때문이다.

감사함이 우리 삶을 행복하게 해 준 사람들과 우리를 묶어 주듯이, 선물하기는 주는 사람과 받는 사람 사이에 인연을 만든다. 역설적인 일이지만 그런 관점에서 본다면 '거저 주는 선물'은 없다. 선물을 주고받는 것은 우리를 소속과 의무의 복잡한 관계로 끌어들이는 까닭이다. 선물하기에서 일어나는 상호 관계의 복잡한 패턴은 소중하지만 불확실한 관계를 만든다.

좋은 선물은 그것을 준 사람과 우리를 붙들어 매는데, 그렇다고 속박은 아니다. 어떻든 진정한 선물은 그 정도의 의존 관계는 건전한 삶의 일부라는 점을 가르쳐 준다. 자유롭게 주어진다는 점에서 선물은 우리를 확장하고 우리의 관대함을 요청한다.

반면 잘못된 선물은 이로움이 아닌 부담과 압박을 준다. 세속 문학과 성경 문학은 배반을 숨긴, 그래서 치명적이기도 한 선물 이야기로 가득 차 있다. 호머의 고전 작품 「일리아드」에서 그리스 병사들은 트로이 요새를 함락하는 데 실패하자 거대한 목마를 '선물'로 남기고 철수한다. 말의 형상을 한 구조물 안에는 그리스 병사들이 숨어 있었고, 일단 도성 안으로 목마가 옮겨지면 병사들이 튀어나와 적을 섬멸할 참이었다. 바로 이 일화에서 "선물을 들고 오는 그리스인을 조심하라!"[164]는 경고가 나왔다. 성경에서는 헤로데 왕의 약속, 살로메에게 무엇이든 원하는 것을 선물하겠다던 약속이 나온다. 그녀의 어머니의 계략으로 그녀가 요구한 선물은 세례자 요한의 목을 베는 것이었다.

우리 일상 세계에도 큰 타격을 주는 부채나 품위를 떨어뜨리는

---

[164] 로마의 시인 베르길리우스가 쓴 장편 서사시 「아이네이스」에 나오는 유명한 구절이다.

종속 관계라는 덫에 걸리게 만드는 선물이 있다. 많은 선물이 끈나풀을 달고 온다. 그런 선물은 받는 사람이 볼 수 없는 숨겨진 가격표를 달고 있다. 선물을 받고 나서야 우리는 그때부터 선물을 준 사람에게 책무를 지고 있다는 사실을 알게 된다. 어떤 동료는 호의를 베풀고 나서 곧 부담되는 요구를 해 오기도 한다. 가정생활에서도 끈나풀이 붙은 선물에 말려드는 수가 있다. 여러 해 동안 자녀를 양육하고 보살핀 다음 부모는 이제 성인 문턱에 들어선 자녀에게 '자랑이 되는' 사람이 되어 주기를 희망한다고 선포한다. 자녀의 미래를 위한 부모의 계획에 자녀가 저항하면 "우리가 널 어떻게 키웠는데…."라는 한탄이 터져 나온다. 그 선물에 감춰진 이면 계약, 구속력 있는 요구 사항이 드러나는 것이다.

자립정신을 강조하는 미국 문화는 좋은 선물로 생기는 인연까지도 의혹의 눈으로 바라보게 만든다. 이 나라에서는 개인의 자율성, 정서적 독립이 높이 평가를 받는다. 우리는 누군가에게 신세 지기를 싫어한다. 빚지지 않고 살기를 원한다. 랠프 에머슨[165]이 한 세기 전에 이렇게 썼다. "우리는 사고 팔리고 할 수 없다. …우리는 독립적이기를 원한다." 이 말이 우리의 모토가 된다면 선물을 교환하는 건전한 의존 관계에 자신을 맡기기 어려울 것이다. 개인이 살아온 역사가 이 같은 문화적 기피를 더욱 심화할 수도 있다. 어쩌면 뇌물로 이용된 선물을 받아 그것에 유혹되어 자신의 최선의 선익에 상반되는 행동을 하게 되었거나 다른 사람의 바람에 따름으로써 보답을 하게 만들었는지도 모른다. 또는 돈과 음식 못지않게 애정 결핍 문제가 있는 가정에서 성장한 사람에게

---

[165] Ralph Waldo Emerson(1803~1882) : 미국의 사상가, 시인

는 어른이 되어서도 깊은 박탈감이 따라다닐 수 있다. 결핍에 대한 기억이 영혼을 불구로 만든다. 그래서 감사와 관대함의 에로스 리듬을 감히 끌어안을 수 없게 된다.

사회학자 게오르그 지멜166은 감사를 "선물을 주고받은 사람들을 한데 묶어 주는 윤리적 기억"이라고 정의했다. 선물 교환은 관대함에서 완성을 본다. 유아기에 우리는 선물의 바다에서 헤엄친다. 우리의 첫 호흡과 그 뒤로 이어지는 온갖 관심은 은인들에게서 물려받은 무절제함의 본보기이다. 우리가 아무리 감사한다 해도 그중 많은 선물은 결코 갚을 수 없다는 것을 안다. 부모가 평생 베풀어 준 것에 과연 우리가 갚는 것이 얼마나 되는가? 어릴 적부터 우리를 이끌어 준 교사나 선배, 스승에게 얼마나 충분한 보답을 할 수 있겠는가? 충실한 동료들의 가치를 누가 시장 가격으로 매길 수 있으며, 변치 않는 우정의 적정 가격을 어떻게 산정할 수 있겠는가? 우리가 갚지 못할, 또 갚을 필요가 없는 빚이다. 이 소중한 경험을 통해서 이런 것의 에로스는 점차 '나도 그렇게 하면서 살겠다.'는 갈망으로 변한다. 우리 삶이 그처럼 헤아릴 수 없는 기부로 축복받았음을 깨달으면서 우리 자신도 선물을 주는 사람이 되겠다는 열의를 갖는다. 관대함은 감사에서 태어난다.

선물 경제

선물 교환은 선물膳物 경제라고 부를 그 나름의 규칙을 따른다.

---

166 cf., Georg Simmel, *The Sociology of Georg Simmel* (New York, Free Press, 1950).

시장 경제는 수요와 공급의 법칙을 따르고, 이윤과 하한선을 적정하게 고려한다. 일상생활의 경제학은 계산서 대금을 치르고, 임대료와 부족한 임금, 오르기만 하는 물가를 걱정하는 역학적 구조를 갖는다.

시장 경제가 늘 우리와 함께하듯이 우리는 선물 경제에도 익숙해져 있다. 재정적 보상을 생각하지 않고 시간이나 다른 자원을 기부하는 일이 많다. 교회에 돈을 내고 아이들의 학교에서 자원봉사를 하거나 가치 있는 일의 시작을 돕는 직업상의 조언을 기꺼이 제공한다. 병원에 가서 헌혈도 하고 화재로 모든 것을 잃은 가족을 위해 의류 모집도 하며, 거동이 불편한 사람들의 집으로 따뜻한 음식을 가져다주기도 한다. 이렇게 주고받는 데서 우리는 경제적 이익과 무관한 만족을 느낀다.

시장 경제와 선물 경제는 전부 풍족함을 창조한다. 시장은 인간 생활에 혜택을 제공하는 생산품의 개발에 역점을 둔다. 농민들은 더 많은 곡물을 생산하고, 제약 회사들은 더 효과 있는 의약품을 개발한다. 건축업자들은 시설이 부족한 지역에 주택을 건설하고, 발명가들은 에너지 절약 장치를 고안해 낸다. 시장 경제에서는 과잉이 결핍에 의해 조절된다. 노벨상을 수상한 경제학자 폴 새뮤얼슨[167]은 시장의 이 본질적 요인을 강조한다. "경제학의 핵심에는 우리가 결핍의 법칙이라고 부르는 부인할 수 없는 진리가 있다. 사람들이 소비하고 싶은 재화를 전부 생산할 만큼 자원이 충분하지 않기 때문에 상품이 부족하다고 주장하는 법칙이다." 개인 생활에서도 우리는 이 결핍을 끊임없이 자각한다. 우리 목표를 달성하기에 충분한 시간과 에너지, 돈이 없다는 것이다.

---

[167] cf., *Paul A. Samuelson Papers*, 1930s–2010 (Rubenstein Library, Duke University).

시장 경제는 제로섬zero-sum 세계 안에서 작동한다. 소비하는 것은 그것을 잃는 것이다. 내가 한 가지 활동에 1시간을 몰두하면 그 1시간은 사라진다. 다른 일에 그 시간을 쓸 수 없다. 저축한 돈을 어떤 일에 사용한다면 그 돈은 더 이상 다른 일에 쓸 수 없다. 그런데 선물 경제에서는 다른 계산법이 작용한다. 주는 일은 상실이지만 그 상실이 우리를 부유하게 만든다. 리 슈미트[168]의 글에 이런 말이 나온다. "선물 행위에서 우리는 공급면을 밀어 젖힌다. 시장의 생산 본위의 모델을 밀어 젖히고 극복할 수 있는 상호 교환 관계로, 이익과 상관없는 지속적 은총의 경험으로 나아간다." 무엇보다 선물 경제에서 우리는 모든 것이 상품화, 상업화할 수 있는 것이 아니라는 사실을 배우게 된다. 우리 인생에서 가장 소중한 요소인 우정, 헌신, 용기, 동정, 이런 것들은 시장의 사고방식에 맞선다. 믿음과 성실은 사고파는 것이 아니다.

시장 경제는 생산과 양量에 초점을 맞춘다. 이윤을 증대해야 하므로 생산량을 더 늘려야 하고, 그것은 더 짧은 시간에 더 많은 것을 달성해야 하는 직업 관련 스트레스를 낳는다. 그러나 여기서 선물 경제는 질質에 관해 문제를 제기한다. 생산 증대가 과연 더욱 인간다운 생활 양식으로 이끄는가? 큰 부富가 더 만족스러운 인간관계를 보장하는가? 경제 가치의 문제(생산비가 얼마 드는가?)가 보람의 문제(이 생산 활동이 우리 삶의 질을 얼마나 증진하는가?)와 균형을 이룬다.

이 두 가지 경제가 균형을 이룰 때 사회는 번영한다. 그러면 직

---

[168] cf., Leigh Schmidt, "Practices of Exchange. From Market Culture to Gift Economy in the Interpretation of American Religion." in David Hall ed., *Lived Religion* (Princeton NJ., Princeton Univ. Press, 1997).

업 선택은 소명 의식으로 풍부해지고 주간 급료는 보람 있는 노동을 하는 데서 오는 만족감에 의해 책정된다. 그렇게 생계를 유지하는 일이 더 큰 목적, 즉 인생을 가꾸는 일에 보탬이 된다.

　　에로스의 위대한 선물은 우리를 밖으로 향하게 만드는 힘이다. 우리를 움직여 편협한 자기 이익을 넘어서서 더 충만하고 더욱 고귀한 삶을 향하게 만든다. 그리스도교 신앙은 처음 선물 경제의 풍토에서 생겨났다. 예수님께서 동정과 용서를 강조하셨고 하느님 나라 건설을 헌신적으로 수행하셨다. 우리처럼 시장 경제의 무수한 위력에 함몰되어 있는 그리스도인들은 오늘날 우리의 가장 깊은 만족감은 사고팔고 하는 데서 오는 것이 아니라 좀 더 고귀한 충동인 선물의 에로스에서 온다는 사실을 기억하려고 노력한다.

　　선물을 주고받는 데서 샘솟는 관대함과 충만함에 우리가 다시 접속하는 길이 무엇일까? 에로스의 일상적인 통로, 즉 호기심의 발동, 동정하는 마음의 움직임, 고통과 외로움에 따르는 열망 등을 다시 깨닫고 함양하는 일이 신중한 첫걸음이 될 수 있다. 그러자면 에로스의 리듬 속에서 우리를 지도해 주는 복음 이야기들을 다시 찾는 여유를 갖고, 공동체처럼 우리를 '붙잡아 주는 환경'을 찾거나 만들 필요가 있다. 우리는 감사와 관대함을 발휘할 공간, 인정하고 축하하는 시간을 마련해 우리의 희망을 일깨운다. 그리고 희망의 에로스로 활기를 얻어 이제 풍요로운 생명의 약속에 의지해 살아간다.

성찰

최근에 선물을 주거나 받은 일을 생각해 본다. 그때 누가 있었고 어떤 계기였으며 상대방의 반응은 어떠했는지 자세히 생각해 본다.

- 그때 어떤 선물이 오갔는가?
- 자신이 선물을 주었는가, 받았는가 아니면 주고받았는가?
- 그 경험에서 고마움은 어느 정도였는가?
- 그 경험에서 관대함은 어떤 역할을 하였는가?